影响的感知将进一步影响居民对举办体育赛事的态度以及继续支持举办体育赛事的行为意愿。

第四，从外地观众视角，体育赛事与城市旅游形象的契合由情感形象契合和认知形象契合构成，且这两种形象的契合度均对赛事外来观众的满意度有一定的正向影响。同时，体育赛事与城市旅游情感和认知形象契合对外来观众满意度产生的影响又会进一步影响外来观众的重游意愿。

第五，在体育赛事与城市旅游经济的互动中，体育赛事可以给举办城市带来直接和间接的经济效益。实证分析表明，F1赛事对举办城市住宿业的影响具有显著性。此外，体育赛事对城市旅游经济的贡献可以通过四种互动方式来实现，即刺激赛事观众的消费、增加观众的逗留时间、留住赛事花费、创造和加强商业伙伴关系。

第六，体育赛事因其具有的聚集性特征，在提升城市知名度、打造城市形象、塑造城市品牌方面具有十分重要的作用。不同的体育赛事与城市旅游形象的契合程度不同，提高体育赛事与城市旅游形象的契合度是体育赛事与城市旅游形象互动的有效前提。体育赛事与城市旅游形象互动主要有三种方式，即品牌合作、品牌延伸及品牌特色。

第七，体育赛事与城市旅游空间互动可以增加新的城市旅游节点、改善旅游节点的基础设施条件、催生大量体育旅游者、影响城市旅游空间布局、提升城市旅游空间影响力。根据体育赛事特性、地理区位、周边产业特色的不同，体育赛事与城市旅游空间发展分为单核外溢、多核联动、核带面、能量分层和网格链态五种模式。

第八，上海体育赛事与城市旅游业互动已经从萌芽阶段过渡到初级阶段。但目前，体育赛事对上海旅游业的贡献不足，主要表现为：体育赛事对旅游经济的带动作用尚不够强劲，有待进一步加强，赛事对上海旅游形象的推动作用尚待提升，赛事场馆空间和旅游空间之间的转化和整合尚待提高，存在着认识不到位、基础不牢靠、可持续发展能力不足、政策不配套、协调机制不健全等问题。为此，上海应当以体制机制

黄海燕　著

RESEARCH ON
THE INTERACTIVE DEVELOPMENT OF
SPORT EVENTS

AND

体育赛事
与城市旅游业互动发展研究

URBAN TOURISM

社会科学文献出版社
SOCIAL SCIENCES ACADEMIC PRESS (CHINA)

黄海燕

　　教授，博士生导师，现任上海运动与健康产业协同创新中心副主任、上海体育学院体育产业发展研究院副院长、长三角地区体育产业协作会常务副秘书长。上海体育学院体育人文社会学博士，上海财经大学应用经济学博士后，美国佐治亚大学国际体育管理研究中心博士后。2011年获"全国百篇优秀博士论文作者"荣誉，2012年获"教育部新世纪人才"称号，2014年获"全国体育事业突出贡献奖"，2016年获"上海市浦江人才"称号。主持国家级及省部级课题20余项，发表科研论文100余篇，其中SSCI论文7篇，CSSCI论文50余篇。获上海市科技进步奖、上海市哲学社会科学优秀成果奖等省部级科研奖10项。参与起草国务院2014年46号文件、国办2016年77号文件，国家体育产业"十二五"规划、"十三五"规划，以及上海、浙江、福建等省市体育产业实施意见与规划。

摘　要

　　体育赛事与城市旅游互动发展研究是一个新兴的领域，目前还没有完整的理论架构和体系，为了全面、系统地认识体育赛事与城市旅游业的关系，促进赛事与城市旅游互动发展，本书综合运用文献资料法、问卷调查法、专家访谈法、数理统计法等研究方法，在全面总结国外体育赛事与城市旅游互动发展经验的基础上，构建了体育赛事与城市旅游业互动发展的理论基础，并运用结构方程模型分析了体育赛事与城市旅游互动中本地居民和外地观众的态度和行为。在此基础上，本书还从体育赛事与城市旅游的经济互动、形象互动和空间互动三个方面对体育赛事与城市旅游的互动发展模式进行了较为系统的阐述。最后，本书还通过对上海体育赛事与城市旅游业互动发展的实证分析，进一步深入探讨了体育赛事与城市旅游业互动发展的机制。本书的主要研究结论如下。

　　第一，国外体育赛事与城市旅游业互动发展的经验主要有三。一是理顺赛事管理体制与运行机制，实现体育赛事与城市旅游业的外在耦合；二是有效整合旅游资源与赛事资源，促进体育赛事与城市旅游业的内在融合；三是创新政府资助模式，推动体育赛事与城市旅游业的全方位互动发展。

　　第二，体育赛事与城市旅游互动经历了四个阶段，即萌芽阶段、成长阶段、发展阶段和成熟阶段。并不是所有的体育赛事都会对城市旅游产生较大影响，根据旅游需求和旅游价值的不同，体育赛事可以分为顶级体育赛事、标志性体育赛事、区域性体育赛事和地方性体育赛事。体育赛事与城市旅游业互动的开发模式主要有"经济互动"模式、"空间互动"模式和"形象互动"模式三种。

　　第三，从本地居民视角，体育赛事对城市旅游业的影响包括城市旅游的经济影响、旅游形象影响和旅游空间影响创新为动力，以整合体育赛事和旅游资源为核心，以重点赛事为突破口，充分发挥政府、社会和市场的力量，进一步优化赛事布局，培育赛事旅游市场主体。

关键词：体育赛事　城市旅游业　互动发展

Abstract

Sport events and city tourism interaction development is a new and immature field in the world at present. The book aims to discover the relationship between sport event and city tourism overall and systematically, advance the interaction between sport event and city tourism. Using the methods of literature study, expert interview, questionnaire and mathematical statistics, this project constructs the sport event and city tourism concepts under the guidance of the experiences from the foreign countries. In addition, in the perspective of local residents and visitors, this report builds two SEMs to research on their attitude and behaviors. On this basis, this project systematically analyzs the economy, image and space interaction methods of sport event and city tourism development. At last, through empirical analysis of the evaluation of the events in Shanghai, this paper further explored the mechanisms of sport events and city tourism interaction development.

The main conclusions are as follows:

Firstly, this project summarized three aspects that we can learn from the experience of foreign sport events and city tourism interaction development: first, sorting out event administration system and operation mechanism, realizing external coupling of sport event and city tourism; second, integrating the event resources into traveling resources, boosting the internal connection with sport event and city tourism; third, innovating the government financing patterns, pushing forward sport event and city tourism interaction and development.

Secondly, sport event and city tourism interaction went through four stages, including in embryonic stage, primary stage, developmental stage and maturity stage. Meanwhile, not all sport events played an important role to city tourism. According to the difference of tourism demand and value, sport events can be divided into maga event, major event, regional event and local event. Furthermore, there were "economic interaction", "space interaction" and "image interaction" three development model of sport event and city tourism interaction.

Thirdly, in the perspective of local residents, the influences of sport event tourism, including tourism economic impact, image impact and space impact. Furthermore, residents perception played a positive role in their attitude and support intention.

Fourthly, in the perspective of foreign visitors, sport event and city traveling image congruence consisted of cognitive image congruence and affective image congruence, which both played a positive role in satisfaction. Furthermore, cognitive and affective image congruence of sport events and city traveling can increase the revisiting intention that further advance satisfaction.

Fifthly, in the interaction between sport event and city image, sport event can bring about direct and indirect economic benefits. Empirical analysis revealed F1 Grand Prix significantly impacted on city accommodation. In addition, sport event and city tourism economy benefits were contributed to four interaction methods, which included in simulating the consumption, increasing the staying time, retaining the event spends, creating and advancing business partnership.

Sixthly, because of the aggregation, the sport event played an important role in increasing city popularity, building city image and cultivating city brand. Improving the congruence of sport event and city traveling image was the foundation of sport event and city tourism interaction. And each sport event and city traveling image congruence was different. In addition, there are three interaction methods between sport event and city tourism image, including destination branding, brand extension, destination features.

Seventhly, sport event and city tourism space interaction can increase the new city tourism nodes, improve the infrastructures, breeds more sport tourists, influence the city tourism space layout, raise the influence of city tourism space. According to the difference between event characteristics, geographic location, industrial features, the sport event space development can divided into five methods, including monocore spillover, multicore linkage, core and chunk, quantization of amplitude, network chain.

Eightly, Shanghai sport event and city tourism space interaction had gradually changed from embryo stage to primary stage. However, at present, the sport event contribution is insufficient to Shanghai tourism, which is characterized by lacking of the effect of sport event drive for tourism economy, for Shanghai tourism image, for transformation and integration between event venue and tourism space. . There has been some problems on understanding not in place, building on sand, unsustainable development capacity, not matching to the policies, mismanagement and inefficiency of coordination systems. Thus, Shanghai should give full play to the government, society and market power, optimize the event layout, and cultivate event tourism event main body.

Keywords: Sport event; City Tourism; Interaction Development

目 录

第一章　绪论

第一节　研究背景与选题意义

一　研究背景

（一）城市旅游迅速成长

当前城市已经成为国内外旅游业发展的主要载体，由旅游客源地转变为旅游客源地和旅游目的地的综合体。在国外，城市旅游是国家旅游业的重要支撑，巴黎、罗马、东京、伦敦等城市业已成为全球最主要的旅游目的地。以英国为例，该国每年接待约 2500 万国际游客，其中 54% 的游客以伦敦为主要旅游目的地。在国内，城市旅游已经成为我国旅游业发展的核心和依托。2013 年我国主要城市国际旅游外汇收入已占到全国国际旅游外汇总量的 87.5%。另《2013 年春节黄金周旅游统计报告》显示，春节黄金周期间，全国共接待游客 2.03 亿人次，实现旅游收入 1170.6 亿元，北京、天津、承德、秦皇岛等 39 个重点旅游城市共接待游客 7643 万人次，占比 37.65%，实现旅游收入 441.9 亿元，占比 37.75%，城市旅游为我国旅游业的发展做出了重要贡献。随着我国城市化进程的加快和旅游业的不断发展，城市旅游在国民经济中的产业地位不断提升。旅游业作为一种具有较强产业关联性的综合性产业，对城市交通、住宿、餐饮、购物、文娱、通信、金融、商贸等相关服务业的发展具有较大的拉动作用。因此，越来越多的城市将发展旅游业作为培育和发展第三产业的支柱产业和先导产业。有数据表明，截至 2013 年，全国 655 座城市中已有 339 座优秀旅游城市，其中北京、上海、杭州、成都等城市普遍将发展城市旅游提至城市发展的战略高度。据联合国世界旅游组织的预测，到 2020年，中国将成为世界第一大旅游目的地国家和第四大客源输出国，届时每年将有 1.3 亿游客前往中国旅游，而城市旅游也将成为这些游客的主要选择。因此，我国城市旅游成长空间还十分巨大，具有强劲的发展潜力。

（二）体育旅游蓬勃发展

作为体育产业和旅游业交叉渗透所催生的一个新领域，体育旅游的兴起和发展为体育产业拓展了巨大的发展空间，也为旅游业提供了可以持续利用的旅游资源和发展动力。据国际体育旅游委员会的统计数据，全球体育旅游的收入已经占到世界旅游业总收入的 32%。近年来，随着世界经济的持续复苏和世界旅游业的持续增长，体育旅游业在世界范围内的发展空间依然很大。我国体育旅游历经 30 多年的发展，体育旅游在经济社会中的价值日益凸显，其产业领域进一步拓展，发展规模不断壮大。根据 2011 年对湖南、浙江、广西、江西、宁夏、北京、内蒙古、安徽 8 省（自治区、市）的不完全统计，8 省（自治区、市）共有体育旅游的相关从业机构 7224 家，创造各种就业岗位 112 万余个，营业收入约 90 亿元，实现利润超过 19 亿元。其中湖北省 2010 年体育旅游共接待游客 800 多万人次，实现体育旅游总收入 24 亿多元，包括体育旅游项目（景点）营业收入 15 亿多元，体育赛事、节会活动收入 5 亿多元，其他各项体育旅游收入 4 亿多元。此外，体育旅游带动宾馆、交通、餐饮等服务业收入 200 多亿元，带动直接就业人数 3 万人，间接就业 20 多万人。近年来，国家层面促进发展体育旅游的政策密集发布。2009 年国务院下发的《国务院关于加快发展旅游业的意见》（国发〔2009〕41 号）、2010 年国务院下发的《国务院办公厅关于加快发展体育产业的指导意见》（国办发〔2010〕22 号）中均大力号召发展体育旅游业；国家体育总局把体育旅游列入了《体育产业"十二五"规划》，明确指出"大力发展体育旅游业，创建一批体育旅游示范区，鼓励各地建设体育旅游精品项目"。2014 年 10 月 20 日，国务院首次出台《关于加快发展体育产业促进体育消费的若干意见》（国发〔2014〕46 号），其中多处明确传达了布局和大力发展体育旅游业的意见。作为体育产业的核心组成部分，在国家和地方的引导和支持下，体育旅游业发展形势越来越好，体育旅游在充实和丰富旅游产品、服务经济社会发展方面的积极作用将更加突出。

（三）体育赛事产业不断发展

近年来，体育赛事产业在全球范围内得到了长足的发展，已经出现美国、英国、加拿大、澳大利亚、日本等多个体育赛事产业较为发达的国家，形成了以美国四大职业联赛、欧洲五大足球联赛等为代表的职业体育联赛，以奥运会、世界杯足球赛、F1汽车大奖赛、ATP网球大师赛等为代表的全球知名的国际体育赛事以及纽约、伦敦、墨尔本、东京等国际体育赛事之都。以美国为例，据有关资料统计，四大职业联赛进入20世纪90年代之后的收入每年都以18%～20%的速度增加，四大球的一百多支球队自身的价值也增长了25%，而整个美国500家最大的企业自身价值增长率仅为12%，不到四大职业联赛的一半。另外，IMG、IEG、瑞士盈方、八方环球等专业的体育赛事服务公司不断涌现，奥运会、世界杯等体育赛事的申办费用、转播权销售、门票销售、商业赞助等市场价值不断被刷新，以及体育赛事与旅游、传媒、房地产等相关行业的互动发展，这些都是全球体育赛事产业不断发展的突出表现。而2008年北京奥运会、2010年南非世界杯和2014年巴西世界杯的成功举办是发展中国家体育赛事产业不断发展的一个缩影。2012年巴西体育产业增加值占国家GDP的1.6%，已经达到体育产业发达国家的水平。由于2014年足球世界杯和2016年奥运会两大体育赛事的临近，巴西体育产业年增速高达20%，远超其国内生产总值的增速。在中国，从1992年以足球为突破口的职业化体育改革开始到2014年"取消商业性和群众性体育赛事活动审批"等相关政策的出台，我国体育赛事产业在不断发展的同时迎来了重要的历史发展机遇。据有关资料，我国2010年共承办国际级大小赛事350项、国家级别的赛事658项，而2011年国家级赛事超过900项、国际级比赛则超过300项，每年超过1200个项目在全国各地上演。近年来，随着全球化和城市化进程的加快，北京、上海、广州等国内很多城市纷纷将体育赛事产业作为拉动经济、促进城市转型升级的重要抓手，都将打造国际知名的体育赛事名城作为城市发展的一个目标。例如早在 2003 年北京市为适应建设现代化国际大都市的发展要求，就提出了建设国际化体育中心城市的目标，而发展体育赛事产业就是其中的一个重要举措；上海目前已基本形成了以 F1 大奖赛、网球大师赛、国际田联钻石联赛、国际马拉松赛、斯诺克大师赛、汇丰高尔夫锦标赛以及崇明自行车赛为代表的七大品牌体育赛事和上海的各区县体育局纷纷打造的"一区一品"体育赛事项目。此外，2014 年出台的《关于加快发展体育产业促进体育消费的若干意见》显示，我国要在 2025 年实现体育产业产值达到 5 万亿元的规模。面对这 5 万亿元的市场，作为体育产业的重要组成部分，体育赛事产业未来的发展空间十分巨大。

（四）产业融合的不断加剧

产业融合被视为世界产业经济发展的三大趋势之一，产业间的融合现象亦广泛存在于世界各个领域之中。20 世纪 70 年代通信技术和信息处理技术的革新推进了通信、邮政、广播、报刊等传媒间的相互合作，90 年代以来个人电脑的普及以及互联网的广泛应用又推进了出版、电影、音乐、广告、教育等产业的融合，尤其是 2000 年 1 月，世界最大的互联网服务公司（美国在线）与世界最大的媒体公司（时代华纳）的并购事件标志着国际产业融合的发展趋势日益明朗。

在此背景下，体育产业与其他相关产业的融合发展已经成为一种必然趋势。近些年，体育产业在发展过程中与相关产业互动融合的发展趋势十分明显，其中与电子游戏产业、媒体产业、旅游业的融合现象最为显著。在韩国，电子竞技运动已成长为年产值 40 亿美元的产业；在美国、英国和意大利，体育旅游年产值分别达到了 270 亿美元、90 亿英镑和 500 亿美元；在体育传媒方面，天空电视台付出的转播费用历来就是英超联赛飞黄腾达的助燃剂，该价格从 1992 年创建伊始的五年总计 1.91 亿英镑增长到 2007～2010 年三个赛季的 27 亿英镑的天价。

在中国，体育产业与上述相关产业的融合现象亦十分明显。比较具有代表意义的是，2003 年 11 月 18 日，国家体育总局将电子竞技运动作为第 99 个运动项目列入我国正式运动项目的行列，标志着体育产业与电子游戏产业的互动融合迈入了新的阶段。此外，体育产业与相关产业的融合发展还引起了政府管理部门的高度重视和支持，并出台了多项有利政策，鼓励和引导体育产业与其他相关产业的融合发展。尤其是 2014 年 10 月 20 日，国务院首次出台了《关于加快发展体育产业促进体育消费的若干意见》（国发〔2014〕46 号）。该意见将"促进融合发展"作为六大主要任务之一，并明确提出了"取消商业性和群众性体育赛事活动审批"的改革任务，释放出了政府管理部门逐步放松对体育相关领域规制的信号。因此，在我国政府部门逐步放松规制和产业融合不断加剧的趋势下，体育产业相关部门应该应机而动，把握趋势，为体育产业与相关产业的互动融合发展采取新的应对措施。

二　选题意义

（一）理论意义

体育赛事与城市旅游业互动发展问题研究涉及体育学、旅游学等多学科内容，是一个交叉综合性的问题。综观国内外现有的研究成果，学者们关注更多的要么是体育赛事与城市旅游经济、城市形象等局部问题的研究，要么是针对具体赛事对城市旅游影响的研究，缺乏对这一问题的全面系统的认识。为此，本书从赛事与城市旅游互动利益相关者的角度，深入探讨了本地居民和外地观众对于"赛旅互动"的态度和行为；此外，本书还构建了体育赛事与城市旅游业互动的基本框架，从体育赛事与城市旅游经济、旅游形象和旅游空间三个方面系统阐述了体育赛事与城市旅游业的互动发展模式。通过本书的研究，初步构建了一套较为系统的体育赛事与城市旅游业互动发展的研究体系，对进一步推进相关理论研究具有较强意义。

（二）现实意义

近期国务院公布的《关于加快发展体育产业促进体育消费的若干意见》（国发〔2014〕46 号）中明确提出了加快体育产业与相关产业融合

发展的主要任务，而体育赛事与城市旅游业的互动发展就是体育产业与相关产业融合发展的重要方面，对于 2025 年实现 5 万亿元的宏伟目标意义重大。另外，随着我国体育赛事审批权的取消，未来我国体育赛事将出现蓬勃发展的态势，而由于体育赛事的聚集性、综合性等特征，赛事对举办城市相关产业，尤其是对吃、住、行、游、购、娱的拉动效应十分明显。因此，如何进一步发挥体育赛事的价值和功能，扩大体育赛事对举办城市社会经济的贡献非常重要。本书将体育赛事视为城市旅游重要的吸引物，对赛事与城市旅游经济、旅游形象、旅游空间三个方面的互动进行了深入研究，对进一步提升体育赛事在城市经济社会中的地位和作用、建立体育赛事与城市旅游业互动发展的机制具有现实的意义。

第二节　国内外相关研究综述

为了厘清体育赛事与城市旅游的国内外研究进展，全面、系统地认识体育赛事与城市旅游业的关系，课题组综合利用图书馆、EBSCO 体育运动全文数据库、读秀知识库和中国期刊网（CNKI）等互联网资源，查阅了大量的国内外相关研究成果，并按照"体育赛事的理论研究""城市旅游的理论研究""体育赛事与城市旅游经济""体育赛事与城市旅游形象""体育赛事与城市旅游空间""体育旅游和体育赛事旅游""会展等特殊事件对城市旅游的影响""上海市体育赛事及城市旅游的发展"等多个专题进行文献的分类与整理，有针对性地进行重点分析；同时在上海市体育局和旅游局等部门及相关机构收集相关统计资料，为本书的研究打下了良好的基础。

一　体育赛事的相关研究

（一）体育赛事的基本理论研究

体育赛事是随着社会生产力的发展而形成并发展起来的。在漫长的发展过程中，由于受社会、政治和经济发展的影响，体育赛事的内容、形式、功能以及赛事运作方式等方面都在不断地发生变化。对体育赛事基本理论的研究，其目的主要在于分析体育赛事的性质、结构、特征及其之间的相互关系，从而揭示体育赛事发展所遵循的基本规律。全面、科学地认识体育赛事及其发展的规律是对体育赛事进行有效管理的前提。当前，国内关于体育赛事基本理论的研究尚处于起步阶段，其原因可能是大部分的研究都旨在直接解决体育赛事管理中的某些迫切问题。但近年来，伴随着体育赛事管理实践的蓬勃发展，部分学者也开始关注对体育赛事基本理论的研究，人们对体育赛事的认识也不断加深，视角越来越广，分别从运动竞赛、项目管理和特殊事件的角度对体育赛事进行界定。但总体而言，从运动竞赛角度对体育赛事下的定义实际是对体育赛事的狭义解释，还只是停留在竞技体育比赛的层面，并没有体现体育运动竞赛所涉及的场外因素，未能反映出当今体育赛事的时代特征；以台湾学者为代表的从项目管理角度所下的定义只是把体育赛事单纯地看作一个项目，并没有意识到体育赛事的特殊性与影响力。从特殊事件角度对体育赛事的认识，体现了体育赛事与文化活动、节庆等诸多特殊事件的共性特征，但由于特殊事件的领域广泛，它难以反映出所有不同类别特殊事件的个性特征。基于此，黄海燕、张林在全面分析国内外相关文献的基础上，从体育赛事的英文词汇"Sport Event"出发，运用逻辑学中邻近属概念＋种差的下定义方法对体育赛事的定义进行了深入探讨，最终将体育赛事定义为"以体育竞技为主题的、一次性或不经常发生的且具有一定期限的活动。它不仅能够推动举办地旅游业的发展、提升举办地知名度、改善城市形象，还能够对举办地的经济、社会、环境等诸多领域产生影响"①。关于体育赛事的起源问题，近期也有部分学者进行了深入研究，如肖林鹏、黄海燕等人。学者们一致认为，体育赛事起源于祭祀活动，萌芽于体育游戏，并从运动竞赛的传统表现形式发展成为现代的一种提供竞赛产品和相关服务产品的特殊事件。此外，关于体育赛事的性质、特征以及体育赛事的资源、功能、价值

---

① 黄海燕、张林：《体育赛事的基本理论研究——论体育赛事的历史沿革、定义、分类及特征》，《武汉体育学院学报》2011 年第 2 期。

等基本理论问题，刘琴、李燕燕、叶庆晖、黄海燕等人也都进行了初步的探讨，这里就不再一一赘述①。尽管关于体育赛事基本理论的探讨目前还处于起步阶段，但上述学者的研究成果对我国体育赛事管理研究的发展发挥了一定基础性作用。

（二）体育赛事与城市发展研究

体育赛事与城市发展关系密切。西方发达国家的经验告诉我们，体育赛事已成为旧城改造和新城建设的催化剂，是城市功能整合、规划布局调整的重要契机，在社会文化和经济发展两个方面为城市的可持续发展提供了内在动力。当然，在城市化进程不断加快的中国，体育赛事也被全国诸多城市所青睐，正逐渐成为城市名片上的重要字段、城市印象中的突出元素以及城市欲望的诉求之一。除了北京、上海、广州等国际大都市从促进城市发展的角度，纷纷提出打造"国际体育赛事之都"的目标，并竞相举办各类高级别的体育赛事以外，一些二、三线城市（如深圳、宁波、柳州等）也开始蠢蠢欲动，试图利用体育赛事打造城市品牌，实现城市转型。近年来，该领域的理论研究也与其实践同步发展，其成果主要表现在以下几个方面。

1. 从宏观上阐明了体育赛事对城市发展的影响

所谓体育赛事对城市发展的影响是指某一地区因举办体育赛事而形成的具有关系的事物间发生的相互作用及结果。在体育赛事筹办、举办以及赛后的一段时间，围绕体育赛事的相关活动产生了特定的社会经济关系和文化的运动，通过较长时间的作用，体育赛事的相关活动引起了社会资源配置的变化和社会上一部分人向体育赛事举办地及其相关行业的转移。同时，这也导致了不同文化的碰撞和交流。正是这些复杂的相互作用，使体

---

① 刘琴：《体育赛事资源的界定及其构成》，《上海体育学院学报》2008 年第 3 期，第10 ~ 13 页；李燕燕、陈锡尧：《我国体育赛事资源的构成及其类别与特点》，《体育科研》2008 年第 5 期，第 29 ~ 32 页；黄海燕、陆前安、方春妮、莫再美、师灿斌：《体育赛事的价值评估研究》，《上海体育学院学报》2008 年第 1 期，第 20 ~ 24 页。

育赛事为城市发展带来了一系列的影响①。总体而言，体育赛事对举办城市的影响可以归纳为以下几点：一是影响领域众多，既有对城市社会领域的影响，也有对城市经济、环境等领域的影响；二是影响方式多样，既有直接的影响，也有间接的影响，还有综合性的影响；三是影响时效不一，既有短期就能体现出来的影响，又有长期才能体现出的影响；四是影响效果不同，既有正面的影响，也有负面的影响，还有正面和负面混合的影响。从具体的影响领域来看，体育赛事对城市的影响主要体现在以下几个方面：第一，对城市基础设施建设的改善；第二，对城市知名度和城市形象的影响；第三，对城市相关产业的拉动；第四，对城市劳动就业的影响②。此外，黄海燕等人还运用基于可持续发展理论指导下的三重底线评估框架，通过对287篇文献和报告的内容分析，最终形成了较为权威的体育赛事综合影响框架体系。从研究所得的体育赛事综合影响框架体系可以看出，体育赛事综合影响的指标多、涵盖领域广，且不同指标对举办地的影响范围和时效都不尽相同，有力地证明了体育赛事综合影响复杂性的观点③。

2. 对赛事与城市发展的重点领域和环节进行了较为深入的探讨

现有研究成果表明，学者们在体育赛事与城市发展领域关注的重点主要有两个方面。第一，体育赛事对城市经济的拉动。学者们一致认为体育赛事对城市经济发展具有积极的拉动作用，主要体现在对城市基础设施建设的改善以及对旅游、餐饮、酒店、房地产、新闻、广告等相关产业的带动等方面。从传统的凯恩斯主义宏观经济学角度分析，体育赛事对城市经济的拉动从根源上看是一种需求冲击，即体育赛事引发对基础设施投资、旅游出口、商业贸易等需求的变化，通过直接效应和乘数效应影响举办地

①　黄海燕：《体育赛事与城市发展》，《体育科研》2010年第1期，第15~17页。
②　曹庆荣、雷军蓉：《城市发展与大型体育赛事的举办》，《西安体育学院学报》2010年第4期，第399~401页；杜林颖：《体育赛事与城市发展的互动研究》，《浙江体育科学》2011年第3期，第35~38页。
③　黄海燕、张林：《体育赛事综合影响框架体系研究》，《体育科学》2011年第1期，第75~84页。

的产出、收入和就业水平。体育赛事为举办地带来的新资金是体育赛事拉动城市经济发展的根源，它对城市经济的拉动过程可以分为直接、间接和引致三个层面①。当然，研究进一步指出，在赛事为举办地带来的资金流中，并非所有资金流都能纳入赛事为举办地带来的新资金的范畴。在我国现阶段，体育赛事为举办地带来的新资金主要来自四个方面：一是由于场馆设施和城市基础设施建设而给举办地带来的新资金；二是本地区以外的赛事相关群体为举办地带来的额外消费；三是由于赛事运作而给举办地带来的资金流动；四是本地区经济系统内由于举办体育赛事而产生的额外经济流。此外，体育赛事和举办地两个方面的诸多因素对赛事为举办地带来的新资金影响较大。其中，赛事的规模、级别、类型等都对举办地带来的新资金有直接影响；举办地的文化底蕴和旅游资源、经济发达程度、产业结构特点以及场馆和基础设施建设水平等因素也对赛事为举办地带来的新资金有较大影响②。第二，体育赛事对城市品牌和形象的塑造。学者们一致认为，体育赛事中所蕴含名称、标识、格言、物理属性、文化内涵、历史特征与核心价值及功能和服务等，是塑造城市品牌和形象不可或缺的元素。就体育赛事与城市品牌塑造的路径问题，学者们展开了深入的研究，取得了一系列成果，如黄海燕认为，体育赛事对城市品牌和形象的塑造主要是通过大量媒体报道、城市直接的广告和宣传、赛事观众的口碑效应以及间接知情者的形象传播四种途径实现的③。朱洪军基于城市外部顾客的视角，从大型体育赛事组织筹备的各个阶段分析了大型体育赛事提升城市品牌的路径④。孙有智基于城市空间理论，从城市居民的角度探讨了大型

---

① 黄海燕、张林：《体育赛事经济影响的机理》，《上海体育学院学报》2009 年第 4 期，第 5~8 页。

② 黄海燕、张林：《体育赛事给举办地带来的新资金分析》，《上海体育学院学报》2009 年第 4 期，第 16~18 页。

③ 黄海燕：《体育赛事与城市发展》，《体育科研》2010 年第 1 期，第 15~17 页。

④ 朱洪军：《大型体育赛事提升城市品牌的路径研究》，《山东体育学院学报》2010 年第 10 期，第 11~15 页。

体育赛事对城市品牌提升的路径①。王艳芳运用传播学的传播过程模式，结合城市品牌的构建理论提出"大型体育赛事对城市品牌的塑造和传播机制"②。刘东峰在对西方赛事与城市品牌联合理论以及谢菲尔德市赛事与城市形象塑造实践探讨的基础上，对我国体育赛事与城市品牌联合提出了颇有价值的建议③。

3. 较为深入探讨了体育赛事与城市共生发展的问题

尽管体育赛事具有促进城市发展的功能，但并不是所有的体育赛事都能够有效推动城市的发展。黄海燕认为，要使体育赛事能够对城市发展有积极作用，需要重点考虑三个问题。第一，体育赛事的战略规划。在赛事的规划中要站在促进整个城市经济、社会、体育、文化等方面协调发展的角度，重点考虑城市举办赛事的时间、节奏、频率，赛事与城市其他产业的互动机制、赛事与其他活动的统筹安排等；第二，体育赛事的选择。在赛事选择时一定要考虑城市特点、文化底蕴等因素，从举办体育赛事的可行性和必要性两个方面，对赛事的运行环境、财务、经济影响、社会影响和环境影响进行全面的事前评估，确保赛事选择的科学性；第三，体育赛事的运营。不仅各个部门要密切配合，确保赛事能够顺利举行，与赛事密切关联的产业，也要做好准备，抓住举办赛事的良好契机，此外，还要重视赛事的风险管理工作④。王婷婷认为，若使体育赛事和城市共生发展，城市就必须具备四个前提条件，即安全有保障、体育设施齐全、交通便利、通信设备先进，城市美化和环境保护良好，有成功举办体育赛事的经验。她还认为，在一个城市举办一项赛事要获得成功，也要注重四个方面的问题，即得到政府的大力支持、选择与城市特点具有匹配性的体育赛

① 孙有智：《大型体育赛事对城市品牌提升的路径研究——基于城市空间理论视角的探索》，《南京体育学院学报》2011年第2期，第80~83页。

② 王艳芳：《大型体育赛事对城市品牌的打造》，厦门大学硕士学位论文，2009。

③ 刘东锋：《谢菲尔德市利用大型体育赛事塑造城市形象的战略及启示》，《上海体育学院学报》2011年第1期，第30~33页；刘东锋：《城市营销中体育赛事与城市品牌联合战略研究》，《武汉体育学院学报》2008年第5期，第38~41页。

④ 黄海燕：《体育赛事与城市发展》，《体育科研》2010年第1期，第15~17页。

事、注重城市与体育赛事的特色、实施科学的赛事规划①。姚颂平进一步
分析了城市对体育赛事的选择问题，他认为城市在大型体育赛事的选择过
程中应把握"一个定位、四个视角"②。张颖慧等人从体育赛事与城市相
容性的视角，对赛事与城市相容的原则进行了研究，她认为，赛事与城市
相容包含两大原则，即质的原则和容量原则。质的原则包括与城市文化、
政治环境和安全问题三个方面相容的原则；容量原则包括投入物的容量原
则和产出物的容量原则③。

二 城市旅游业理论发展

20 世纪中叶以后，随着全球旅游业的蓬勃发展，旅游相关研究也得到
了国内外学者的普遍关注。但是相比其他旅游领域，在城市旅游领域的研
究仍然相对滞后。国外学者到 70 年代才开始重点关注城市旅游的研究。
Stanfield 是最早在研究中提及城市旅游业的重要性的外国学者，他在《美国
旅游中的城乡不平等》中第一次论述了城市旅游研究的重要意义所在。但
是由于时代等各方面条件的限制，这个时期的城市旅游基础理论研究并不
系统，因而也就没有形成统一的理论和概念。到八九十年代，城市旅游研
究逐步兴起，很多学者通过对仅有的统计资料进行综合分析和预测，也取
得了不少成果。在国内，由于城市旅游尚属于一项新兴产业，因此这方面
的研究还相对欠缺。但是改革开放以后，随着旅游业、文化产业、会展业、
体育产业等相关产业的不断发展以及不同产业间的相融相长，催生了很多
诸如文化旅游、会展旅游、体育旅游等融合性的新兴产业，进而带动了很
多相关学科开始介入旅游业的研究。但是从研究领域的视角来看，中国在这
方面的研究主要集中在以自然资源开发为基础的景区规划等方面，而对城市

---

① 王婷婷：《实现我国体育赛事与举办城市共生发展的理论初探》，《哈尔滨体育学院学
报》2010 年第 1 期，第 53～55 页。
② 姚颂平：《关于大型体育赛事选择的思考》，《上海体育学院学报》2010 年第 2 期，第
1～3 页。
③ 张颖慧、徐凤萍：《体育赛事与城市的相容性研究》，《上海体育学院学报》2011 年第 1
期，第 19～22 页。

旅游竞争力和吸引力的评价分析、城市旅游经营管理等方面的讨论较少。很明显，城市旅游业目前的研究现状与城市旅游业作为人类社会活动的政治、经济与文化的中心以及区域旅游业的重要支撑地位是十分不相称的①。

同时，城市经济发展的重要性以及旅游业涉及自然、人文、管理等多门学科所致的综合性也引起了诸多学科的重视。大多数学者认同城市旅游吸引力主要来源于旅游产品等吸引物，旅游吸引物是构成城市旅游供给的最主要来源。这里所指的旅游吸引物不仅仅是简单地指城市中有形的旅游产品，还包括城市旅游形象等无形资产。根据 Jansen 等人对城市旅游产品的分类，体育已经成为城市旅游第一要素的一分子。其中，作为体育产业的重要组成部分以及城市的一种特殊事件，体育赛事也已经成为城市旅游动机的诱因之一。尤其是近些年，随着体育赛事产业的蓬勃发展，体育赛事与城市旅游业等各方面融合发展的趋势愈加明显，在双方互动发展中所发挥的作用越来越大。因此，很有必要加强体育赛事与城市旅游的互动发展研究，理论指导实践，引导体育赛事与城市旅游更好地融合发展。

然而，通过现有文献的梳理发现，国内关于城市旅游的研究较国外来说起步要晚些，同时在研究涉及面上也更窄。国内学者在该领域的研究大多局限于城市旅游的开发和规划、旅游者的实际旅游行为等方面，而对社会学方面的研究尤其是度假旅游、文物旅游、体育旅游等新兴事物较少涉及，且这些城市旅游资源在很多城市的发展也并不如人意。例如很多城市在热衷申办各类体育赛事的同时，却并没有意识到体育赛事与举办地的旅游业等相关产业的互动发展问题，更谈不上各个方面的统筹规划和协调发展了，以至于体育赛事等大量相关资源的浪费以及体育赛事发展的步履维艰。

尽管近些年国内外对城市旅游业的研究日益重视，研究手段和方法也日趋多样，但是由于城市旅游自身涉及面和影响面的广泛性，城市旅游某些方面的研究还有待于进一步的研究与探讨，主要包括：城市旅游业的社

---

① 聂献忠：《安庆市旅游形象定位及其系统策划研究》，《安徽师范大学学报》2004 年第 4 期，第 465～468 页。

会学影响（包括对体育赛事产业的影响），城市旅游业的经营管理及对实际工作的指导（例如，如何有效地实现与体育赛事业的产业融合），城市旅游国内客源市场的进一步开发（如与当地大型体育赛事结合，共同创造旅游吸引物），具有可操作性的城市旅游宣传推广（如何借助体育赛事来推广等），旅游对城市各领域的影响（如规划体系等）。面对当今全球化趋势日益明显的大环境下城市旅游市场的激烈竞争，中国城市旅游业亟须加强对这些领域的研究与探讨，以提升中国城市旅游业的核心竞争力，强化中国城市旅游业的独特个性特征。

三　体育赛事与城市旅游的相关研究

作为城市更新改造的催化剂和城市旅游发展的新型驱动力，体育赛事近些年得到了国内外学者的普遍关注。通过现有研究成果的分析发现，就体育赛事与城市旅游的相关研究，国内外学者主要论证了体育赛事同城市旅游的关系和体育赛事与城市旅游的影响两个方面的内容，而体育赛事对城市旅游的影响又主要体现在体育赛事对城市旅游经济的影响、体育赛事对城市旅游形象的影响、体育赛事对城市旅游空间的影响三个方面。实质上，体育赛事与城市旅游互动发展的理论基础就源于二者之间的这些影响和关系。因此，本书根据研究需要，结合国内外的研究成果，从上述几个方面梳理体育赛事与城市旅游的相关研究成果。

（一）体育赛事与城市旅游的关系

体育赛事与城市旅游的关系可以追溯到体育赛事所具有的多元化特征。前面已经提到，体育赛事因具有多元化的特征会对赛事举办地的诸多方面产生影响。而作为城市社会经济的重要组成部分，城市旅游业受体育赛事的影响亦十分显著。国内外学者已经从理论和实证等多个方面证实了体育赛事与城市旅游之间这种显著的影响关系。

国外学者 Getz 和 Rithchie 指出，作为城市拥有的众多旅游吸引物之一，大型体育赛事具有吸引国内和国际关注体育赛事举办地的能力，也具有足以将旅游者从其惯常居住地吸引到赛事主办地的相关因素。这些因素主要包括体育竞赛项目、体育赛事文化活动、体育赛事商务活动、为运动会顺利举行而修建的体育场馆设施、赛事观赏、体育休闲娱乐、体育参与，以及其他与体育赛事相关的对旅游者有吸引力的事物等。Mccartney也认为体育赛事作为一种促进观众认识举办地的工具或旅游吸引物的功能日益明显。Jago和Chalip指出，如果事件举办地的各类旅游吸引物（如文化风俗、商业及娱乐活动等）能够与事件活动本身所推崇的价值、主题相吻合，那么，事件的成功举办就能有效促进该地旅游形象的提升[①]。Baulm和Hagan亦指出，作为城市旅游的动态吸引物，体育赛事对旅游城市的季节性作用也是十分明显的，或者延长旅游高峰季节，或者在淡季营造出新项目，从而使"淡季不淡"。在此基础上，James Highama等人以新西兰橄榄球联盟为例，运用访谈抄录的方法进一步分析了体育与旅游的季节性，得出旅游和体育之间的季节性有着明显的相关性的结论。

国内部分学者认为，作为一种动态的旅游吸引物，体育赛事不仅丰富了城市旅游资源，增强了城市旅游吸引力，而且与原有静态旅游资源形成互补，促进城市旅游吸引物结构的优化升级。如盖宏君和周静言就指出，大型体育赛事会对城市旅游业造成结构性影响，即通过举办大型体育赛事可以调整举办城市的旅游淡旺季结构，进一步优化旅游资源季节分配。除此以外，举办大型体育赛事可以改善举办城市旅游市场的客源结构，促进旅游产业换代升级。与此同时，大型体育赛事尤其是国际性大型赛事对举办城市旅游企业的服务质量提升亦有促进作用[②]。比如奥运会的举办能加快举办城市的旅游企业与国际接轨的脚步，同时提高企业经营管理水平、加强相关人才培养、改善旅游环境，从而提高旅游服务的质量、加速旅游企业的成熟过程。

通过上述的研究分析，我们发现，体育赛事对城市旅游具有多维度的影响，反之，城市旅游业也对体育赛事的各个方面起着相应的作用。

---

① Jago L，Chalip L，Brown G，"Building Events into Destination Branding：Insights from Experts"，*Event Management* 8（2003）.

② 罗秋菊：《世界大型事件活动对旅游业的影响及对中国的启示——以历届奥运会和韩国世界杯为例》，《商业研究》2003年第11期。

Donnelly 等很早就提出了城市旅游业对体育赛事具有促进作用，比如旅游市场的开发与繁荣也为体育赛事的举办提供设施、服务等多种支持等。Donnelly 还提出，与体育赛事相关的旅游者在一定程度上对当地的体育供应提供了支持。Higham 和 Hinch 通过新西兰的超级橄榄球研究了体育赛事和旅游之间的共生关系。他们指出游客对区域旅游目的地形象的发展似乎与人们观看比赛从而获得了区域曝光或观看有关橄榄球队的媒体报道有关。而国内相关研究目前刚进入初步研究探索阶段。楼诗予通过对体育赛事与城市旅游之间互相影响等问题的研究发现，旅游市场的开发与繁荣可以为体育赛事的举办地提供设施、服务等多种形式的支持，同时常规性城市旅游的发展也可以在一定程度上为举办地提供客源保障支持。

但总体而言，在体育赛事与城市旅游关系的研究上，大部分的研究都还停留在定性分析上，对体育赛事与城市旅游之间的"单向"影响研究居多，只有小部分学者分析了城市旅游对体育赛事的作用。而且，这种"单向"影响研究还主要集中在体育赛事对城市旅游经济的影响上，就体育赛事对城市旅游形象和城市旅游空间影响的分析相对较少。值得欣喜的是，体育赛事作为城市旅游贡献者的角色已经得到越来越多的学者的肯定。目前，通过体育赛事与城市旅游业的互动发展来促进城市发展的相关问题正在成为学术界研究的热点。

（二）体育赛事与城市旅游经济发展研究

在上述体育赛事与城市关系的研究中，我们发现，体育赛事对城市旅游经济具有显著的拉动作用。但是，通过文献的梳理发现，就体育赛事与城市旅游经济发展的研究，早期的研究主要集中在奥运会上，大多数专家学者认为大型特殊事件能带动举办地旅游者数量的增加，而且这一增加的积极影响的大小取决于该事件的规模与显著性水平[1]。国内部分学者认为

---

① Ritchie J R B, Lyons M, "Olympics? A Post – event Assessment of Resident Reaction to the XV Olympic Winter Games", *Journal of Travel Research* 1990 (winter)：14 – 23；Brown G, "Emerging Issues in Olympic Sponsorship：Implications for Host Cities", *Sport Management Review* 2000 (1)：71 – 92.

奥运会对中国旅游业的推动作用之一就是迅速提升了旅游人数和旅游收入，也有部分学者认为奥运会能促使旅游者尤其是国际游客数量的剧烈猛增。郭瑞华在《2008年北京奥运会对中国旅游业的影响研究》中指出，从洛杉矶奥运会开始，商业开发和运作在奥运会中占据越来越重要的地位，主办国政府和企业也相应加大了宣传力度，使越来越多的人开始聚焦奥运会并且亲自参与到其中来，就这样为举办地带来了数量庞大的客源量①。

除了在短期内吸引大量观光者方面的作用之外，体育赛事对城市旅游经济可持续发展所做出的长期贡献也逐渐得到学者们的肯定。Jackson和Weed指出，举办大型体育赛事能推动城市旅游支持系统的完善，同时能提高社会公共服务水平。体育赛事和城市旅游互动发展对本地居民来说最大的益处就是能改善基础设施。其中交通灯、道路等基础设施的改善与升级对于举办城市的旅游业来说是很有积极意义的。Bone结合经济规模的倒"U"形曲线指出，无论是赛事举办城市居民还是观众游客都有对高品质设施的需求。以北京为例，北京在筹办奥运会的几年间投入巨额资金带动城市基础设施的建设，城市硬件设施得到了极大改善。此外，北京为奥运新增的多种多样的休闲娱乐设施及场地在奥运会后也能作为健身或游乐场所加以利用，丰富了北京的生活与旅游资源。除此之外，北京还新建了一些郊野公园等以更好地满足旅游者娱乐休闲等需求②。姚颂平等人以东京奥运会等多届奥运会为例，提出举办城市为了赛事的成功举办，往往会在赛事之前的筹备阶段就进行较大规模的投资，且主要投资方向就是与经济发展、旅游发展有紧密联系的基础设施建设③。

此外，国外有些研究机构还就奥运会以外的其他类型的体育赛事进行了调查和分析。例如，《2007墨尔本世界游泳锦标赛报告》中指出，这届

① 郭瑞华：《2008年北京奥运会对中国旅游业的影响研究》，《集团经济研究》2007年第22期，第167～168页。
② 朱达：《上海都市旅游的创意升级》，《上海经济》2009年第10期，第23～24页。
③ 肖锋、姚颂平、沈建华：《举办国际体育大赛对大城市的经济、文化综合效应之研究》，《上海体育学院学报》2004年第10期，第24页。

世锦赛超过了 2003 年巴塞罗那举办时所创造的 20.5 万到场观众的纪录，在两周的赛事里，有来自 167 个国家超过 2150 名运动员齐聚墨尔本，总计达到了 21.9317 万人。此外，通过电视转播和各类新闻媒体的报道，全球有超过 10 亿的观众看到墨尔本世锦赛的画面，间接推动了维多利亚州旅游经济的发展。《2008 年美国高尔夫球公开赛经济影响分析》报告采用在赛事期间对 1450 个现场观众调查和支出模型 RIMS II 经济乘数对南加州体育赛事评估的方法，分别估算了美国高尔夫球公开赛（U. S. Open Golf Championship）对圣地亚哥旅游经济的直接影响和间接影响。最终结果由经济分析局（Bureau of Economic Analysis）提供，数据显示，总的直接影响为 7362 万美元，由此也产生了 6846 万美元的间接影响，总体财政经济影响达到 1.4208 亿美元[①]。

通过上述分析，我们发现，体育赛事与城市旅游经济之间的显著影响关系已经得到国内外学者一定程度上的论证，同时二者之间的影响关系主要体现在体育赛事通过吸引短期观光者为举办地提供客源支持和投资城市基础设施、改善城市旅游支持系统、提高城市社会公共服务能力两个方面。但是，就体育赛事与城市旅游经济之间互动方式，即二者之间相互影响的作用方式的专门研究十分欠缺。鉴于此，本书将在后面的章节中深入分析体育赛事与城市旅游经济的互动方式，以期补充和完善该领域的理论体系。

（三）体育赛事与城市旅游形象的发展研究

1. 体育赛事形象与城市形象的定义

对于"形象"这一概念的研究开始于 20 世纪 50 年代，并且广泛出现在各个领域里。当时，"形象"的普遍定义是"人们对于一个事物所有印象中的几个特定印象进行创造性的深化、修饰和重组以后形成的一个主观性、态度化的构造"。[②]

---

① 《圣地亚哥州立大学酒店与旅游研究中心发布的报告》，http://www2.cybergolf.com/kemper/images/232/2008 - US - Open - Economic - Impact - Analysis.pdf.
② Reynolds，H.，"The Role of the Consumer in Image Building"，*California Management Review* 3（1965）：69 - 76.

在体育赛事领域，体育赛事的形象普遍蕴含在名称、口号、Logo、文化内涵、历史背景等各个方面，所有这些构成要素都是体育赛事之所以能够塑造和提升城市形象的重要途径。目前，国内外很多学者就体育赛事形象的概念进行了界定。孙健等人认为，体育赛事形象是指公众对体育赛事的各个方面综合主观评价的集合，以及体育赛事组织者结合组织目标，通过体育赛事所获得的影响力提升等利益的预期设计。体育赛事的形象主要通过公众的反应与评价来进行衡量，通过体育组织的全方面科学管理与组织实施来实现[1]。李进指出，所谓体育赛事形象是指能引起人的思想、心理或感情活动的具体形式和表象姿态。赛事形象即基于赛事的基本属性、蕴含并倡导的赛事价值和所坚持的赛事宗旨等而专门设计和使用的，能够引起人们符合赛事理念、感情、价值和宗旨的心理联系和思想活动的各类感知觉要素符号，包括基本色彩和各种相关的视觉图形符号等[2]。Gwinner尝试过定义特殊事件形象，他认为，特殊事件形象是由一系列的内外部因素共同形成的，是一个特定的细分市场对于一项活动总体的主观的看法[3]。然而，Kaplanidou 和 Vogt 认为，Gwinner 的定义并不适合于体育赛事，因为该定义忽略了体育赛事具有竞赛、社会性、技能要求等特点。他们认为体育赛事的形象是体育旅游参与者对于体育赛事的组织、环境、体育活动、社会性、满意度和情感参与的综合反馈[4]。本书综合考量上述研究成果认为，体育赛事形象是一种主观的认知。它是赛事组织者运用各种方式附着于体育赛事之上，通过体育赛事的申办、宣传、举办和后期全过程中展现出来，最后通过赛事参与者的思想、心理和情感的吸收及整合后

---

[1] 孙健、王跃：《浅谈体育赛事形象管理》，《河南教育学院学报》（自然科学版）2009 年第 1 期，第 88 页。

[2] 李进：《体育赛事形象管理机制的研究》，《赤峰学院学报》（自然科学版）2010 年第 5 期，第 159 页。

[3] Gwinner, P., "A Model of Image Creation and Image Transfer in Event Sponsorship", *International Marketing Review* 3 (1997): 145–158.

[4] Kaplanidou, K., & Vogt, C., "The Interrelationship between Sport Event and Destination Image and Sport Tourists' Behaviors", *Journal of Sport & Tourism*, 2007: 183–206.

得出的主观评价。

关于"城市形象"的研究始于 20 世纪 60 年代。在城市形象理论的发展史上，美国的著名学者 Kevin Lynch 是个不能被忽略的人物。作为城市规划专家，Lynch 首先提出了城市形象的概念，并将其应用于城市设计与规划中。他认为，城市形象是人们对物质环境的感知以及形成的心理意象，即外部世界的主观反应，同时创造性地提出了城市形象的构建过程是一个城市环境和城市居民互动的过程。他还抽象出了城市形象的五个构成要素：道路、边界、区域、节点、标志物①。但遗憾的是，Lynch 将城市形象的内容仅仅局限于物质形式。Lawson 和 Bond-Bovy 将城市形象定义为一个人或一群人对于某个特定地方的认知、印象、偏见、想象和情感的总体评价②。Milman 和 Pizam 认为城市形象是人们对于一个地方的普遍的视觉和心理上的印象③。Ashworth 和 Kotler 从城市营销的角度对城市形象进行了论述，认为城市形象是人们对某一城市的信念、观念和印象的总和，是人们对城市相关信息的联想与简化，是人们对城市大量原始数据进行加工和提炼的产物。张卫国等人对城市形象的定义几乎如出一辙，他们认为城市形象是城市给予人们的综合印象和观感，是城市与人之间形成的一种心理关系，具体指一个城市的内部公众对该城市内在的综合实力、外显活力和未来发展前景的综合评价和总体印象④。然而他们将城市形象的受众局限于城市内部公众，忽略了外来人群甚至从未来过该城市的人群对于城市形象的感知。还有些研究从广义和狭义来定义城市形象。广义的城市形象是城市物质文明和精神文明的外在表现，是反映一座城市时代性、地域性和民族性的文明数值和特色风貌，也是给予社会公众或来访者的总体印

---

① Lynch，K，*The Image of the City*（The MIT Press，1960），pp. 46 – 90.

② Lawson，F. & Bond-Bovy，M，*Tourism and Recreational Development*（London：Architectural Press，1977）.

③ Milman，A.，& Pizam，A.（1995）."The Role of Awareness and Familiarity with a Destination：The Central Florida Case"，*Journal of Travel Research*，3：21 – 27.

④ 张卫国、何宛夏：《城市形象设计理论探讨》，《重庆大学学报》（社会科学版）1999 年第 3 期，第 128 页。

象和综合评价；狭义的城市形象是指由城市规划、城市建设、城市环卫和生态保护等城建部门所塑造出的有形的、物化的城市形象，是一座城市的自然环境风貌和人工建设风貌的复合展示，也是它的历史发展状态和现实建设水平的综合体现①。通过以上文献分析，本书认为，城市形象应包含三层含义：首先，城市形象资源丰富，不仅包括物质的，也包括非物质的，具体来说，城市的自然环境、人文资源、历史文化、城市建设、经济发展、政府政绩、市民素质、文明程度等都是城市形象的构成要素；其次，和赛事形象一样，城市形象是人们对城市形象资源的感知与印象，具有主观性；最后，城市形象的目标受众广泛，包括城市的居民、旅游者、投资者、商旅人士等所有与城市有直接或间接关联的人。

2. 体育赛事形象与城市形象的构成与衡量

(1) 体育赛事形象的构成与衡量

放眼国内外相关领域的研究，对于体育赛事形象的衡量都没有明确、成熟的方法。不过有学者建议运用城市形象的构成因素来测量体育赛事形象，并提出从情感、认知和意动等角度对赛事形象进行衡量。例如，Koo et al. 及 Lee 和 Cho 曾提出从情感和认知两方面来测量体育赛事形象②。遗憾的是，他们都没有建立起明确的衡量体育赛事形象的框架体系。有极少数学者尝试过从体育赛事形象概念的角度来确定体育赛事形象的衡量指标。例如，Kaplanidou 等从情感、组织结构、环境、历史意义、社会意义和物理表现等六个赛事属性，定量地测量体育赛事形象。细究这些指标同

① 汤正刚：《现代城市形象的内涵和塑造》，《长江论坛》1997 年第 4 期，第 54 页。

② Koo, G. - Y., Quarterman, J., & Flynn, L., "Effect of Perceived Sport Event Fans Sponsor Image Fit on Consumers' Cognition, Affect, and Behavioural Intentions", *Sport Marketing Quarterly*, 15 (2006), 80 - 90; Lee, H. - S., & Cho, C. - H., "The Matching Effect of Brand and Sporting Event Personality: Sponsorship Implications", *Journal of Sport Management*, 23 (2009), 41 - 64.; Kaplanidou, K., Funk, D. C., Buta, N., & Goutzioupas, G.: The Event Image of the Athens Marathon from the Sport Tourist Marathon Runners' Perspective: A Qualitative and Quantitative Approach. (Paper presented at the 17th Annual European Sport Management Conference: Best Practice in Sport Facility & Event Management, Amsterdam, The Netherlands 2009).

样可以归类于情感因素和认知因素①。另外还有一种观点，即 Gwinner 提出的体育赛事形象包括三个部分：赛事类型、赛事特征和与形象有关的独特因素，然后从这三个维度对体育赛事形象进行定量测量。赛事类型指的是该赛事是体育活动还是文化活动。赛事特征包括赛事的规模、地位、历史、场馆情况和宣传包装②。值得注意的是，这一观点没有提及旅游者的主观感受。不过，Gwinner 还指出宏观层面的因素同样会影响体育赛事的形象，例如体育赛事的规模。Maening 和 Feddersen 认为城市形象的宏观层面是体育赛事形象构成的重要部分，具体的指标可以包括娱乐设施、文化名胜、基础设施、体育场馆等③。

综上所述，体育赛事形象的衡量可以从旅游者的主观感受（即情感因素）和赛事举办城市的宏观概况（即认知因素）两大方面进行。

尽管学者们在"城市形象"这一概念的理解上争论不休，至今未达成一致的定义，但在城市形象的构成因素上似乎不谋而合。城市形象的研究者们最先提出了认知形象，并且较长一段时间内将其作为城市形象衡量的唯一维度，而后才逐步提出了情感形象和意动形象。在经历了数十年的研究与推敲后，学界将城市形象的构成分为认知形象、情感形象及意动形象。认知形象是指人们对于一个城市的看法与观点；情感形象，顾名思义，是指人们对于一个城市的情感上的好恶；而意动形象指的则是人们的意向，比如是否会选择再次来某个城市旅游。

（2）城市形象的构成与衡量

城市形象的衡量通常是将城市形象的维度分解成多个指标来进行的。

---

① Gwinner, K. , "A Model of Image Creation and Image Transfer in Event Sponsorship. International Marketing Review", 14（1997）：145 – 158.

② Maennig, W. , & Feddersen, A.（2002）. Image effekte von Sportgroßveranstaltungen：Möglichkeiten und Grenzen der Messung. In M. – P. Büch, W. Maenning & H. – J. Schulke（Eds.）, Regional – und sportö konomische. Aspekte von Sportgroßveranstaltungen：Dokumentation des Hamburger Workshops "Sport und Ö konomie" anla.

③ Blich der HEW Cyclassics vom 17. – 18. 8. 2001, pp. 101 – 121. Cologne：Sport und Buch Strauß GmbH.

而城市形象的维度和每个维度下的指标则因研究对象和研究目的的不同而有些差异。Russel 等在测量旅游者对其旅游目的地的效应时建立了一个环形结构模型。该模型只涉及情感形象，包含两个双向指标：①愉悦 – 不愉悦、振奋人心 – 枯燥无味；②激动人心 – 情绪低落、轻松 – 压抑[1]。Fakeye 和 Crompton 在研究"城市形象是怎样在游客心中形成的"时调查了城市认知形象的五个指标，分别是社会机遇和吸引力，自然和文化的舒适度，住宿、交通和基础设施，食物、居民的友好程度，酒吧等夜间娱乐设施[2]。Echtner 和 Ritchie 发现城市形象具有功能特征（如风景、设施、活动和住宿）和心理特征（如市民友好度和城市氛围）。功能特征主要指有形的（认知）方面，心理特征则侧重于无形的（情感）方面。这与之前学者提出的城市形象包括认知形象和情感形象的理论是一致的[3]。与此相类似地，Baloglu 和 Brinberg 通过一个多维度模型方法检验了 Russel 等的模型，证明了双向情感指标能够为旅游业研究提供更准确的信息。同时，Baloglu 和 Brinberg 还发现综合认知形象和情感形象比单单考虑某一城市的认知形象更好地解释了旅行者对该城市形象的感受[4]。Chalip 等在对澳大利亚和新西兰两国的城市形象的测量中包含了 9 个认知形象指标，分别是发展环境、自然环境、价值、观光机会、风险、新颖性、气候、便捷性、家庭环境。为了确定新加坡城市形象的测量模型[5]，Hui 和 Wan 针对入境旅游的游客开展了一项调查，确定了 8 个认知形象指标：休闲和游客舒适感、购物和食物、当地居民及夜生活、政治稳定性、冒险（或奇

① Russell, J. A., Ward, L. M. and Pratt, G. (1981), "Affective Quality Attributed Environment: a Factor Analytic Study", *Environment & Behavior*, 13 (1981): 259 – 288.

② Fakeye, P. C. and Crompton, J. L., "Image Differences between Prospective, First Time, and Repeat Visitors to the Lower Rio Grande Valley", *Journal of Travel Research*, 30 (1991): 10 – 16.

③ Echtner, C. M. and Ritchie, J. R. B., "The Meaning and Measurement of Destination Image", *The Journal of Tourism Studies*, 2 (1991): 2 – 12.

④ Baloglu, S. and Brinberg, D., "Affective Images of Tourism Destinations", *Journal of Travel Research*, 35 (1997): 11 – 15.

⑤ Chalip, L., Green, B. C. and Hill, B., "Effects of Sport Event Media on Destination Image and Intention to Visit", *Journal of Sport Management*, 17 (2003): 214 – 234.

遇）与天气、文化、整洁、个人安全与舒适度①。另外，还有很多研究采用了认知－情感形象模型来测量城市形象。Baloglu 和 McCleary 研究了"在实际旅行中城市形象是怎样形成的"。他们运用了三个认知形象指标（旅游质量、风景名胜、娱乐设施）和两个双向情感指标（愉悦－不愉悦、振奋人心－枯燥无味；激动人心－情绪低落、轻松－压抑）。为了检验2002年世界杯对韩国形象的影响②，Lee 等建立了五个指标的模型，对看过三场2002年世界杯比赛的观众和游览过韩国著名旅游景点的外国游客进行了调查③。这一模型是由四个认知形象指标（吸引力、舒适度、消费情况、异国氛围）和一个多级量化的情感形象指标组成的。

从上述研究成果分析看来，城市形象的衡量应当同时考虑认知形象和情感形象，因为城市形象是旅游者对于城市的认识和感受的集合。认知形象包括公共设施、服务质量、自然、文化、活动及氛围等；情感形象则需根据不同的调查对象和研究目的来选择和确定。

（四）体育赛事与城市旅游空间发展研究

1. 城市旅游空间发展研究

旅游空间系统是旅游活动得以开展的物质载体，旅游空间本身并不是处于静止状态，而是动态变化过程，是伴随着旅游者数量、旅游地开发的程度等变量而不断进行演变和优化的过程。对旅游空间结构的研究有利于对旅游地进行科学有效的规划。

西方有关旅游空间结构的研究起步要比国内早很多。其中很重要的一部分是关于旅游空间基础理论的研究。Miossec 和 Gormsen 从空间结构和空间动力学角度出发，研究了目的地旅游演变过程，并结合旅游者的行为和类型同旅游者的地理分布模型综合考虑。Hills、Lundgren、Lundgren 以

---

① Hui, T. K. and Wan, T. W. D., "Singapore's Image as a Tourist Destination", *International Journal of Tourism Research*, 5 (2003): 305 – 313.

② Baloglu, S. and McCleary, K. W., "A Model of Destination Image Formation", *Annals of Tourism Research*, 35 (1999): 868 – 897.

③ Lee, C. K., Lee, Y. K. and Lee, B. K. (2005), Korea's Destination Image Formed by the 2002 World Cup.

及 Britton 建立了关于核心—边缘理论模型（core - periphery model），他们强调了在旅游行为中边缘地区对核心地区的依赖[1]。Gunn 建立了目的地模型，其认为一个完整的旅游空间系统由吸引物组团（attraction clusters）、服务社区（community）、对外通道（cir - culation corridor）和区内连接通道（linkage corridor）四方面的要素构成。在这四大要素中，吸引物组团（景区）的等级和吸引力决定了旅游目的地的吸引范围；对外和对内通道状况分别决定了景区和社区的可达性；社区提供服务的好坏决定了旅游服务的质量。

旅游流模式与空间结构的研究也受到了西方学者的重视。国外旅游流模式研究有两类，一类强调旅游目的地的旅游流模式，一类是强调旅游客源地的旅游流模式。国外关于目的地旅游流的模式有两个代表性流派。一派是美国学者 Gunn 提出的目的地圈（tourist destination zone）模式，其认为目的地带是旅游吸引物的集聚，使旅游者通过联系通道与居民地服务中心社区实现产品消费。阐明了旅游流与吸引物、旅游通道和社区的关系，给出了区域旅游的一种理论模式。另一派是澳大利亚 Dredg 博士在 Gunn 的基础上提出的目的地区域模式（destination region），认为目的地是指旅游者选择访问并至少停留一夜的地方，在该地方旅游者可以获得预期的旅游经历。其模式强调目的地具有一定的区域，同时突出目的地区域交通口岸的位置，指出交通口岸目的地与旅游交通的连接体，在区域旅游目的地空间结构研究中应当重视交通口岸。

国内旅游空间结构研究领域主要包括旅游空间结构模式、演化与优化这三方面。首先是旅游空间结构模式分析，主要研究空间分布、空间格局。卞显红论述了城市旅游空间结构 6 种基本要素，包括城市旅游目的地区域、城市旅游客源地市场、绿旅游节点、城市旅游区、循环路线以及城市区域出入口通道。在对各要素进行分析的基础上提出了三种城市旅游发

---

① Hiller H., "The Urban Transformation of a Landmark Event: The 1988 Calgary Winter Olympics", *Urban Affairs Quarterly*, 26 (1990): 118 - 137.

展空间规划布局模式，即单节点城市旅游空间模式、多节点城市旅游空间模式以及链状节点城市旅游空间模式①。张凡在《西安城市旅游空间结构初探》一文中从旅游节点、通道要素、域面要素、城市旅游客源地市场四个要素，对西安旅游节点、旅游交通现状、区域发展实力及旅游客源地域空间结构进行分析，给出了西安城市旅游空间结构及规划布局模式②。闫友兵从理论上首次对于旅游圈进行了探讨。其认为，旅游圈是为了获得最佳经济、社会和环境效益，以旅游资源为核心组成的具有一定地理范围的协作区域，是一定区域内各种旅游经济要素间相互联系、相互作用而形成的区域空间组织形式。1999 年颁布执行的北京市旅游发展总体规划，就是对城市旅游圈层空间布局模式的一次成功应用。在该规划中，北京市的旅游功能分区规划被划分为 3 个圈层，即中心城区旅游圈、近郊旅游圈和远郊旅游圈。

其次是旅游空间演变研究，主要研究空间结构构建和空间结构演化问题。如高勇善在《青岛市旅游业空间布局演变及其机理研究》中提出了青岛市旅游空间一体化网络开发模式和"一带三圈"的总体演变趋势③。熊伟以"六运会"、"九运会"、亚运会对广州市城市空间的布局做了深入分析。其认为，筹办大型的体育赛事活动，调动了各方面的资源及能动性，往往会促使城市在常规发展阶段实施大规模的城市建设活动，从而对城市空间和景观环境产生实质性的影响。广州在自身发展的过程中，通过大型体育赛事的举办不断推动城市的发展与进步。1987 年"六运会"的举办加速了天河新城的崛起，使广州突破了围绕旧城过度集聚发展的空间结构，实现了城市的快速"东进"。2001 年九运会扩大了广州的城市规模，促进了城市的功能提升与品质改善。2010 年亚运会的筹备使广州形

---

① 卞显红：《城市旅游空间结构研究》，《地理与地理信息科学》2003 年第 1 期，105～108 页。
② 张凡、薛惠锋：《西安城市旅游空间结构初探》，《西北工业大学学报》（社会科学版），2004 年第 3 期，第 9～12 页。
③ 高勇善：《青岛市旅游业空间布局演变及其机理研究》，青岛大学硕士学位论文，2009。

成了"两心一走廊"的多中心城市结构,实现了城市核心区域的"南拓"①。

最后是优化研究,主要是在以上两点的基础上提出空间结构合理优化建议。孟庆娇通过对哈尔滨市域旅游资源空间结构现状的分析,利用点—轴系统理论模型研究哈尔滨市旅游资源空间结构演变的过程,并根据分析结果对哈尔滨市优化旅游资源空间结构提出114式空间格局的设想②。

整体而言,国外就城市旅游空间的研究较为重视,成果也较多,而国内起步虽晚,但发展速度较快。目前,国内相关研究依然集中在传统旅游领域,对体育赛事旅游等新兴事物的研究十分有限。因此,本书围绕体育赛事对城市旅游互动发展的问题,将重点探讨体育赛事对城市旅游空间的影响问题。

2. 体育赛事对城市旅游空间发展影响研究

体育赛事对举办地产生多维度、多领域的影响,对城市旅游空间的影响尤为突出。目前有关体育赛事与城市旅游空间的研究刚刚起步,有关于此的研究并不多,国内学者多从大型节事活动的角度进行旅游空间的相关研究,总体可分为以下四大方面。

第一,对大型节事活动对城市旅游空间发展影响表现的研究。首先,体育赛事的举办吸引大量体育旅游者来举办地参观、旅游。大量旅游者的进入对举办地对城市功能空间提出了更高的要求,有利于旅游节点基础设施条件的改善。吴国清认为大型节事对城市旅游提供的可预期的巨大需求、基础设施建设的要求、标志性场馆的兴建等将城市的各类资源调动起来,成为城市旅游发展的"调节器"③。孙有智从城市居民的角度对大型体育赛事进行了研究,其认为,大型体育赛事的举办拓展了城市功能空

---

① 熊伟:《旅游规划与设计》,中国建筑工业出版社,2011,第62~73页。
② 孟庆娇:《哈尔滨市旅游资源空间结构演变与优化研究》,《商业经济》2010年第11期,第10~11页。
③ 吴国清:《大型节事对城市旅游空间发展的影响机理》,《人文地理》2010年第5期,第137~141页。

间，促进了城市社会空间的融合，扩大了城市的公共空间、文化空间，优化了经济空间①。其次，随着某旅游节点的不断发展，可能形成新的旅游增长极。吴国清认为上海世博会的举办形成以世博会标志性场馆为中心的上海都市旅游新增长极②。再次，随着大型节事旅游空间的不断发展，将影响城市旅游空间的布局，加快城市旅游空间的更新与扩大。冯淑华认为会展旅游有利于将城市游憩带"生地熟化"，通过会展旅游空间的扩散，形成会展旅游空间与城市游憩带外延空间的耦合，从而进一步加速城市游憩空间的外延与成长。最后，当大型节事旅游空间不断成长为一个标志性的旅游吸引物，其影响力将会大大提升城市旅游空间的形象。孙有智从城市居民的视角研究大型体育赛事，其认为，大型体育赛事的举办有效推动了城市品牌的提升。吴国清认为，大型节事的强大号召力，对媒体报道的吸引力，与主办城市形象的结合使大型赛事成为城市旅游空间发展的"催化剂"。其对城市形象的改善作用，对城市竞争力的提升及对城市旅游整体发展程度与质量起到"指示器"的作用。目前西方国家就大型体育赛事对建立城市或国家形象的作用等问题进行探究，另外对城市基础设施及生态环境等的影响也极为关注，在对以上两方面影响整合的基础上提出城市重建（Urban Regeneration）概念。Schimmel 从美国城市社会状况为介入点，印证了举办大型体育赛事对后工业时代美国城市化发展的作用。Harry H Hiller 在此方面进一步深入探究，从城市形象的建立与宣传、城市经济转型、城市休闲消费的促进、多中心大型城市的建设及城市安全的巩固五大方面具体阐述了举办奥运会对城市实现城市重组的作用③。虽然众多研究都表明举办大型体育赛事对城市的软件和硬件都有积极的作用，但国外研究偏向于认为大型体育赛事仅仅是城市重建的加速器或催化

---

① 孙有智：《大型体育赛事对城市品牌提升的路径研究——基于城市空间理论视角的探索》，《南京体育学院学报》（社会科学版）2011 年第 4 期，第 11～15 页。

② 吴国清：《大型节事对城市旅游空间发展的影响机理》，《人文地理》2010 年第 5 期，第 137～141 页。

③ Hiller H., "The Urban Transformation of a Landmark Event: The 1988 Calgary Winter Olympics", *Urban Affairs Quarterly*, 26 (1990): 118－137.

剂，而非引擎，城市的发展与转型依旧取决于自身的长期发展规划。而其中最亟待解决的问题则是体育场馆设施的赛后利用问题，为举办大型体育赛事新建的体育场馆若不能正确、充分利用，或将成为城市风景线上的一个污点，甚至成为城市经济的负担。

第二，对大型节事活动旅游空间发展路径的研究。综观大型节事活动城市旅游空间发展路径研究相关文献，大型节事活动对城市旅游空间发展的路径研究对象主要围绕为节事活动新建的场馆，研究方向多在场馆的区位选择、区域节事活动空间发展这两个角度。部分学者从理论与实践、定量与定性的角度综合考虑了节事活动新建场馆的区位选择问题。黄凤娟以各项赛事总收益、各项目对场馆的适应程度、新建场馆带来的社会效益、新建场馆所需花费的资金四个方面为单个场馆的规划建设建立了数学模型，并采用优化软件 CPLEX11.0 对随机产生的算例进行了求解，通过改变赛事的时间跨度和投资限额，研究了这两个因素对决策问题的影响①。田至美根据德国学者克里斯塔勒（Walter Christaller）的中心地方理论（central place theory）提出了体育服务设施空间组织优化问题。其认为，体育服务设施的建设要充分考虑"体育地方"及其等级序列，体育产业（服务业）的门槛人口及体育的空间需求。对于场馆建设区位选择的研究也在不断细化，不仅有关于场馆区位选择影响因素的研究，还出现了场馆建设科学评价的标准研究②。另一部分学者的研究着重于节事活动空间发展现状的研究，对国内外不同城市节事活动空间发展的现状做了一定的总结，宏观研究从时间、空间、活动主题的角度出发，微观研究则以节事活动新建场馆为主体，从其数量、面积、布局等方面体现其空间发展的现状，充分运用定性及定量的研究方法，并涉及地理信息系统等地理软件的运用。付兰描述了长沙市体育产业空间布局的总体情况：以长沙市体育新

①　黄凤娟：《大型体育赛事管理中的体育场馆选址问题的建模与分析》，《沈阳体育学院学报》2010 年第 6 期，第 9～13 页。
②　田至美：《北京山区产业结构特征及其优化开发模式》，《地域研究与开发》1995 年第 6 期，第 7～9 页。

城、新世纪体育文化中心以及两者之间沿着长沙城市发展方向，形成了长沙市体育产业设施的发展轴，而长沙河西依托高校的体育设施形成高校体育产业带，由此构成了长沙市体育产业的"两点一轴一带"的空间总体布局现状。戴林琳利用波士顿矩阵分析方法，将北京郊区 10 个区县节事活动举办情况划分为明星类、幼童类、瘦狗类、金牛类等四个象限区间，将京郊节事旅游发展空间分布的特征定量化①。

第三，对大型节事活动旅游空间发展的影响因素研究。大型节事活动旅游空间发展的影响因素是指决定大型节事活动旅游空间发展路径的因素。这种因素是多方面的，一般通过举办大型节事活动的场馆建筑产生影响。众多的学者从宏观与微观两个角度对大型节事活动旅游空间发展的影响因素进行了研究。从宏观角度来看，研究主要针对所在举办地政治、经济、社会、文化环境的特征；从微观研究来看，研究主要针对节事举办场馆的区位条件、交通条件、基础设施条件等因素。其中经济因素、交通条件是大型节事活动旅游空间发展的重要影响因素。原玉杰认为影响体育场馆布局的因素主要有自然因素和经济、社会、技术因素这两个方面。朱丽娜认为山东省地级以上城市体育场馆布局与城市经济发展水平、竞技体育发展水平、大型赛事举办情况密切相关。戴林琳在波士顿矩阵分析的基础上，通过空间分层设色等分析方法，总结出京郊区域乡村节事地域分布的特征：地域分布异质性、节事发展水平与经济发展水平的非正相关性、节事类型地域分布与城市旅游功能分区的一致性②。

第四，关于大型节事活动旅游空间发展模式的研究。大型节事活动旅游空间发展模式是指在大型节事活动举办的影响下，该区域旅游空间结构的发展路径。目前相关的研究主要以点－轴理论、核心－边缘理论为重要的理论基础，在此基础上对大型节事城市旅游空间模式的发展阶段、发展

① 戴林琳：《节事旅游对乡村聚落影响的居民感知差异研究——以京郊江水河村和长哨营村为例》，《人文地理》2011 年第 8 期，第 9~10 页。
② 戴林琳：《节事旅游对乡村聚落影响的居民感知差异研究——以京郊江水河村和长哨营村为例》，《人文地理》2011 年第 8 期，第 9~10 页。

模式做了相关研究。综观相关文献，一般的大型节事活动旅游空间发展模式是以一项大型节事活动拉动一主要旅游节点的发展，逐渐形成单一中心的旅游吸引物。以单一中心拉动周边旅游空间的发展，最终形成双中心旅游空间互动发展，多中心旅游空间聚集体。邢亮以山东为例，提出了区域体育旅游空间布局结构的三种模式："核心－圈层"模式、增长极模式、"点－轴"开发模式。李亚青认为体育赛事旅游主体功能区主要有单核外溢、多核联动、核带面、能量分层、网格链态五种成长模式。部分学者认为，在大型节事活动旅游空间发展功能需要的空间，其发展模式是有差别的，应根据实际情况进行空间发展模式的合理规划，同时在分析体育赛事旅游主体功能区成长机制和模式的基础上，以上海市闵行区为例，深入探究赛事旅游主体功能区产业链模式和绩效评估方法，弥补在赛事旅游主体功能区成长阶段、成长机制、成长模式、产业链延伸模式、产业链延伸瓶颈等方面的研究空白[①]。高娜等认为奥运主要赛区布局可以划分为内聚型、外拓型和内聚－外拓混合型三种模式；从纬度方向作用于城市空间结构是内聚型模式，从经度方向作用于城市空间结构的是外拓型模式，从经度和纬度两个方向作用于城市空间结构的是内聚－外拓型的作用；北京市旅游空间结构呈核心边缘明显的环带状布局模式和成轴向延伸态势；奥运赛区布局从核心区和边缘区的极化与模糊化和旅游发展轴的提升两方面对于北京城市旅游空间结构产生了影响[②]。

四　小结

体育赛事与城市旅游互动发展的理论和实践还不成熟，尚处在探索研究阶段，还没有形成可以借鉴的成熟理论和方法体系，面临着许多需要在理论和实践中不断探讨和完善的新课题。虽然现有研究对体育赛事与城市

---

① 李亚青：《体育赛事旅游主体功能区研究——以闵行体育赛事主题功能区为例》，华东师范大学，2011。

② 高娜：《大型事件对城市旅游空间结构影响研究——以2008北京奥运为例》，《商业经》2010年第3期，第105~108页。

旅游互动发展的诸多领域进行了有益探索，如在体育赛事与城市旅游经济、城市旅游形象、城市旅游空间等方面取得了很多颇有价值的成果，但一方面，现有成果还只是对体育赛事与城市旅游互动发展问题的局部研究，缺乏对整体理论框架的探讨；另一方面，我国正处在社会转型的重要时期，体育赛事和城市旅游的发展环境以及背景时刻处在动态变化中，并且国内外的发展环境和背景亦存在很大的差异，不能完全照搬国外的发展经验。因此，现阶段我们很有必要结合我国的实际需求，构建体育赛事与城市旅游互动发展的理论体系，并在此基础上探讨我国体育赛事与城市旅游互动发展的模式，以期科学指导赛事举办城市统筹考虑赛事与旅游业的发展问题。

第三节　研究目的与任务

本书的主要目的是在全面总结国外体育赛事与城市旅游互动发展经验的基础上，构建体育赛事与城市旅游业互动发展的理论基础，分析体育赛事与城市旅游互动中利益相关者的态度和行为。在此基础上，系统阐述体育赛事与城市旅游的经济互动、形象互动和空间互动的模式，进一步探讨体育赛事与城市旅游业互动发展的机制。具体研究任务包括以下四方面。

（1）系统总结和分析国外体育赛事与城市旅游业互动发展的经验；

（2）构建体育赛事与城市旅游业互动发展的基本理论；

（3）分析体育赛事与城市旅游互动中本地居民和外地观众的态度和行为；

（4）系统阐述体育赛事与城市旅游经济互动、形象互动和空间互动的发展模式。

第四节　研究方法

为了达到研究目的，完成研究任务，本书主要采用以下几种方法。

（1）理论研究与实证分析相结合的方法。总体来看，全书以理论分析为主，侧重于对体育赛事与城市旅游经济互动、形象互动和空间互动机制的探讨；但在理论分析的同时，本书还注重对具体问题的实证分析，在分析体育赛事与城市旅游互动中利益相关者的态度和行为，探讨赛事与城市旅游经济、形象、空间互动机制等内容时均有实证分析的内容。此外，本书还通过对体育赛事与上海旅游业互动发展的实证分析，进一步深入探讨了体育赛事与城市旅游业互动发展的机制。

（2）抽象与具体分析相结合的方法。本书中体育赛事与城市旅游业互动发展是一个从抽象到具体的过程。体育赛事与城市旅游互动发展的历史回顾，相关概念界定，赛事旅游利益相关者分析以及体育赛事与城市旅游业互动基础、表现和模式等部分的内容属于抽象的、概括的研究；而关于体育赛事与城市旅游互动中利益相关者的态度和行为，体育赛事与城市旅游经济互动、形象互动、空间互动三个子系统的研究则属于对体育赛事与城市旅游业互动发展的具体分析过程。通过由抽象到具体的分析过程，较为全面地探讨和分析了体育赛事与城市旅游业互动发展的机制。

（3）定性分析与定量分析相结合的方法。定量分析是对事物进行具体的量化分析，而定性分析则是对事物的性质、特征、形式等方面进行抽象的理论思考。本书在探讨体育赛事与城市旅游业互动发展时，将两者有机地结合起来。定性分析阐述体育赛事与城市旅游业互动发展的基本理论以及对体育赛事与城市旅游经济、形象和空间互动的部分内容；定量分析用于对体育赛事与城市旅游互动中本地居民和外地观众的态度和行为，体育赛事对城市旅游经济影响的评估，体育赛事与城市旅游形象的契合等内容的研究。

具体的研究方法有以下五种。

（1）文献资料法。在本书的写作过程中，通过图书馆、互联网等多种途径查阅了国内外大量的相关文献。其中所涉及的领域包括经济学、社会学、管理学、旅游学、城市学、体育学等。这些文献一方面开阔了本书的研究视野与思路，丰富了研究资料，为确保本研究的创新性和顺利进行提供了有力的理论支持和指导。

（2）问卷调查法。本书在对体育赛事与城市旅游互动中利益相关群体的态度和行为、体育赛事与城市旅游的互动发展模式等内容的实证研究部分，通过问卷调查的方式进行研究。根据课题的研究需要，课题组共设计了七份问卷（问卷具体名称见表1-1，问卷内容见附件），具体问卷的内容、信度、效度以及发放过程均在本书的相应部分进行了阐述。本次问卷的调查对象主要是针对2011~2013年上海市举办的三大赛事，即F1大奖赛上海站、上海ATP1000大师赛和上海国际马拉松赛。

表1-1　调查问卷一览表

调研时间	调研内容	赛事名称	有效问卷数(份)	附件
2013年5月	本地居民对体育赛事的态度和未来行为意愿关系	F1大奖赛上海站	600	附件1
2012年10月	赛事形象和举办地形象契合度对外地观众满意度和重游意向的影响	上海ATP1000大师赛	459	附件2
2012年10月		F1大奖赛上海站	1313	
2012年4月	体育赛事与城市旅游经济的互动	F1大奖赛上海站	2628	附件3
2012年10月		上海ATP1000大师赛	1021	
2012年10月		上海国际马拉松赛	754	
2012年4月	体育赛事与城市旅游形象的互动	F1大奖赛上海站	1464	附件4
2012年10月		上海ATP1000大师赛	255	
2012年10月		上海国际马拉松赛	259	
2012年4月	体育赛事与城市旅游空间的互动	F1大奖赛上海站	1413	附件5
2012年4月	观众旅游消费需求和行为分析	F1大奖赛上海站	1500	附件6
2011年12月	参赛者及观众旅游消费需求和行为分析	上海国际马拉松赛	452	附件7

（3）访谈法。在本研究课题设计和写作过程中，针对其中所要解决的具体问题，课题组对从事体育赛事、城市旅游业、体育旅游等领域实务或理论研究方面的多位专家进行了面对面的访谈①，在本书框架设计的构建等方面获得了许多有益的指导。

---

① 来自国家体育总局体育科学研究所、国家旅游局政策法规司和上海体育局等机构的18位专家。

此外，在本书对体育赛事与上海旅游业互动发展的实证分析部分，围绕课题研究问题，课题组设计了访谈提纲，并在上海市体育局和上海市旅游局的协助下，进行了广泛的走访调研①。

（4）小型座谈会。针对体育赛事与上海旅游业互动发展的实证分析部分，在上海体育局支持下，课题组专门召开了课题座谈会。上海体育局竞赛处、上海体育局政策法规处、田径大奖赛主办方、马拉松主办方、斯诺克赛事主办方、东方体育中心等相关负责人员参加了座谈。在会上，与会代表围绕上海体育赛事的运作现状，体育赛事和上海城市发展的关系、互动现状、问题、深层次障碍及其对策等方面问题进行了深入座谈和分析，并与课题组进行了深入的交流。

课题组还参加了上海旅游局政策法规处的体育赛事、文化和上海城市旅游发展的座谈会。在会上就体育赛事和城市旅游、体育赛事和文化之间的互动发展进行了深入探讨。

（5）数理统计法。本书在体育赛事与城市旅游互动中本地居民和外地观众的态度和行为分析，体育赛事与城市旅游经济互动、形象互动等方面的研究过程中均运用了数理统计的方法，采用描述性统计、探索性因子分析、验证性因子分析和结构方程模型分析等方法，对问卷调查的结果进行了统计处理。

第五节　研究基本思路、框架结构与主要内容

一　研究的基本思路与框架结构

为了能够达到"深入探讨体育赛事与城市旅游业互动发展机制"的研究目的，本书先对国外体育赛事与城市旅游业互动发展的经验进行梳理，并从体育赛事与城市旅游业互动发展的基本理论入手，分析体育赛事与城市旅游业互动发展的历程，相关概念体系，体育赛事旅游利益相关

---

① 调研单位包括上海市旅游局、崇明体育局、崇明旅游局等。

者，体育赛事与城市旅游业互动发展的基础、表现和模式；在此基础上，研究体育赛事与城市旅游互动对相关群体的影响，构建对本地居民及外地观众影响的两个结构方程模型，进而研究体育赛事与城市旅游互动发展的三种开发模式。最后通过实证分析，进一步探讨赛事与城市旅游业互动发展的机制。本书的具体框架结构见图1-1。

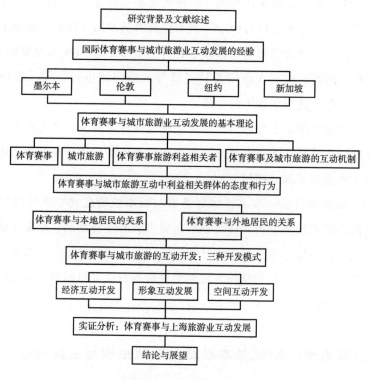

图1-1　本书框架结构图

二　研究的主要内容

本书共分为九章，其主要内容的顺序安排如下。

第一章为绪论部分。该部分系统阐述了研究背景、研究意义、研究目的、研究方法、基本思路、框架结构以及主要内容等，对后续研究起到了提纲挈领的作用。

　　第二章为国际经验总结与借鉴部分。该部分对墨尔本、伦敦、纽约、新加坡等国际发达城市中体育赛事与旅游业互动发展的经验进行总结，试图较为系统地呈现这些城市在推动体育赛事活动与城市旅游业互动发展方面的主要做法，归纳和总结经验及启示。

　　第三章为体育赛事与城市旅游业互动发展基本理论研究部分。该部分介绍了体育赛事与城市旅游业的基本理论，试图较为系统地呈现体育赛事与城市旅游发展的概念性框架结构，为进一步阐述体育赛事与城市旅游发展做准备。

　　第四章为体育赛事与城市旅游互动中相关利益相关者的态度和行为研究部分。该部分以体育赛事主办地的本地居民和外地居民为研究对象，构建两个结构方程模型，探究体育赛事与城市旅游对本地居民及外地观众的影响，并提出相关意见及发展建议。

　　第五章为体育赛事与城市旅游经济互动研究部分。该部分对体育赛事给举办城市旅游业带来的经济贡献进行科学的评估，并进一步对体育赛事与城市旅游经济关系的显著性进行分析，提出体育赛事与城市旅游经济互动的方式。

　　第六章为体育赛事与城市旅游形象互动研究部分。该部分从形象契合、互动方式两个方面对体育赛事与城市旅游形象之间的互动展开研究，并归纳和总结经验。

　　第七章为体育赛事与城市旅游空间互动研究部分。该部分研究体育赛事对城市旅游空间发展影响及其影响因素，探讨体育赛事与城市旅游空间的内在相关性，大型体育赛事旅游空间发展路径、发展模式，并对 F1 大奖赛上海站旅游空间发展进行实证分析，归纳和总结经验启示。

　　第八章为本书的实证分析部分。该部分以上海为研究对象，通过资料搜集、文献整理和逻辑分析，试图较为系统地呈现上海在推动体育赛事活动与城市旅游业互动发展方面的主要做法，提出存在的问题，归纳和总结经验与启示。

　　第九章为总结与展望部分。该部分对全书进行了总结，提出了研究课题创新之处及不足，并对后续进一步的研究方向进行展望。

本章小结

　　本章为全书的开端，介绍了本书的研究背景及选题的意义，在此基础上，阐明了本书的研究目的与任务、研究方法、研究思路、框架与主要内容，对全书的后续研究起到了提纲挈领的作用。

第二章　国际体育赛事与城市旅游业
互动发展的经验

本章以纽约、墨尔本、伦敦、新加坡等国家和地区体育赛事与城市旅游业互动发展较为典型的城市为研究对象，通过资料搜集、文献整理和逻辑分析，尝试较为系统地呈现这些城市在推动体育赛事活动与城市旅游业互动发展方面的主要做法，归纳和总结经验及启示。

第一节　国际体育赛事与城市旅游业
互动发展的主要做法

墨尔本、纽约、伦敦和新加坡是全球促进体育赛事与城市旅游融合发展的典型代表。墨尔本是世界体育之都，也是澳大利亚著名的旅游城市，在全球享有盛誉；纽约作为世界城市，其职业体育赛事极为发达，在赛事与旅游的结合方面的做法经验丰富；伦敦既是多届夏季奥运会的举办城市，也是全球体育赛事的重要阵地，其在奥运与旅游的结合方面的做法成效显著；新加坡作为极具现代气息的城市化国家，拥有先进的赛事资助理念，并在促进赛事与旅游结合的体制机制建设方面做出了有益的尝试。

一　墨尔本

墨尔本是澳大利亚第二大城市，位于澳大利亚的东南部，是有"花园之州"美誉的维多利亚州的首府。2002 年、2004 年和 2005 年，墨尔本三次被英国独立机构《经济学人》评为世界最适宜人类居住的城市，同时还被誉为最安全的城市。作为澳大利亚首屈一指的体育之都，墨尔本是享有世界声誉的体育赛事举办地，拥有悠久的体育传统和浓厚的运动氛围。2006 年、2007 年和 2008 年，总部位于伦敦的国际体育咨询机构 Ark Sports 评出世界举办顶级赛事的热门城市，墨尔本连续三年高居第一。2009 年，在伦敦举行的"国际体育管理评奖"典礼上,墨尔本荣获"世界最佳体育城市"称号。2010 年,墨尔本再度蝉联"世界体育之都"称号。

作为维多利亚州的中心城市,墨尔本拥有许多世界一流的体育设施,吸引了众多顶级体育赛事在此举办。其中包括 1956 年夏季奥运会、2006 年英联邦运动会、2007 年世界游泳锦标赛、一年一度的澳大利亚网球公开赛、一级方程式赛车澳大利亚站等赛事在内(见表 2 - 1)。

表 2 - 1　墨尔本举办的大型赛事一览

时　间	赛事名称	类　别	级　别
1956 年	第 16 届夏季奥运会	一次性	国际顶级
2006 年	第 18 届英联邦运动会	一次性	国际顶级
1 月	澳大利亚网球公开赛	周期性	国际顶级
3 月	F1 大奖赛澳大利亚站	周期性	国际顶级
3 月	墨尔本国际龙舟节	周期性	国际顶级
3 ~ 9 月	澳式足球比赛(AFL)	周期性	国内顶级
10 月	澳大利亚国际摩托车赛车大赛	周期性	国际顶级
10 月	春季赛马会(墨尔本杯)	周期性	国内顶级

资料来源:根据墨尔本各大赛事官方网站资料进行整理。

体育赛事产业的发展成为墨尔本城市旅游业的重要助推器,并有力地促进了城市经济的快速发展。据 2005 ~ 2006 年维多利亚旅游局的年报,重大体育赛事在当年为该州吸引了 23 万的国际游客,占澳大利亚全国游客的 42%,重大体育赛事为该州创造了约合 60 多亿澳元的旅游收入。另根据澳大利亚马术协会援引的一份调研报告,赛马产业每年为澳大利亚 GDP 的贡献量约合 62 亿美元。其中,各种赛马比赛以及育种、博彩等行业贡献了一半的收入。单就各种赛马活动来说,每年就能够产生 7.8 亿美元的收入。墨尔本因为举办一系列具有影响力的国际著名赛事,如 F1、澳网公开赛、职业联赛等,而被称为澳大利亚的赛事之都。据统计,维多利亚的春季赛车嘉年华、F1 大奖赛和澳网公开赛为该州带来的经济效益分别高达 1.74 亿澳元、9600 万澳元和 7000 万澳元。总体来看,墨尔本体育赛事与旅游互动融合发展的主要做法如下。

（一）注重通过赛事塑造良好城市形象

首先，在澳大利亚，赛事被认为通过媒体的曝光，给主办地城市塑造了正面的形象，提升了知名度。例如，南澳大利亚多年以来因为两年一度的阿德莱德艺术节和主办阿德莱德 F1 大奖赛而被誉为"节日之州"。而维多利亚近年来也以强势推行赛事战略大造赛事之州而著称，维多利亚旅游部还声称，因为举办国际大型体育和文化赛事，墨尔本的认知度已经超越了悉尼、阿德莱德、布里斯班和伯斯等其他澳大利亚著名旅游城市。其次，墨尔本市政府通过各种渠道和平台进行城市宣传时，往往将在墨尔本举办的各类赛事作为城市宣传的重要内容，如维多利亚州政府官方网站、墨尔本市政府官方网站、墨尔本旅游局官方网站、维多利亚投资局官方网站等。墨尔本还专门建立了墨尔本体育旅游网站，用来全面介绍城市的体育文化、体育旅游产品、居住条件、赛事信息等。

（二）设计并开发体育赛事旅游的主题产品

墨尔本每年举办的各类体育赛事种类繁多，且具有较强的国际影响力，包括澳大利亚网球公开赛、一级方程式锦标赛和墨尔本杯在内的国际顶级赛事和民族传统赛事已经成为墨尔本重要的旅游吸引物。与此同时，各类旅游中介机构把体育赛事作为旅游产品的重要主题进行开发，如"凯撒旅游"将"万人空巷赛马节之澳大利亚 9 日体验之旅"作为"澳洲主题月"的主打产品；中青旅的"直击澳网——澳大利亚 11 日墨尔本澳网炫动之旅"等。另外，体育赛事主办方将墨尔本的其他旅游资源作为吸引观众的重要手段。如墨尔本一级方程式锦标赛组委会为来自世界各地的观赛者提供各种旅游信息，包括如何计划观赛期间的其他观光活动、墨尔本重要旅游景点介绍等。

（三）注重城市基础设施建设和体育场馆建设

体育赛事的成功举办离不开完善的城市基础设施建设。2009 年，全球咨询机构——"美世集团"的城市基础设施排名中，依据电力、供水、通信、交通运输、交通拥堵和机场便利度等因素，将墨尔本排在阿德莱德、布里斯班、珀斯和奥克兰等城市之前。近 10 年来，政府对基础设施的投资翻了四倍，2008～2009 年投资总额预计达 40 亿澳元。

政府对基础设施建设的大力投资，进一步确保了墨尔本"体育赛事之都"的全球地位。墨尔本市政府长期以来注重在体育硬件设施及其他基础设施上的投资，维多利亚州政府每年给地方政府提供 400 万澳元场地建设经费。州政府和博彩公司每年还提供约 250 万澳元用于小型体育场地建设。2010 年 5 月，耗资 2.68 亿美元的 AAMI 公园矩形体育馆正式投入使用，座席可容纳 31000 人，这里是墨尔本风暴队与墨尔本胜利队的主场。AAMI 公园与墨尔本另外两座世界级体育场馆相映生辉，分别是历史悠久的墨尔本板球场以及一流的 Etihad 体育馆。这三座体育场馆位置优越，距中央商务区步行均不超过 10 分钟。此外，耗资 3.63 亿美元的墨尔本公园改造项目也在进行当中，该项目将确保澳大利亚网球公开赛的场地设施保障。

另外，墨尔本交通发达，主要公共交通工具是市内火车。墨尔本的巴士（公共汽车）是除火车以外的辅助交通工具，它能到达相对火车无法到达的区域。墨尔本拥有全球最大的有轨电车网络，也是全澳大利亚唯一拥有有轨电车的城市，墨尔本的电车网络四通八达，承担着重要的公共交通工具角色。总之，墨尔本体育场馆资源丰富，加之城市交通等基础设施建设较为完善，有力地促进了墨尔本体育赛事产业的良性发展。与其他很多城市不同，墨尔本的体育设施大部分分布于市区或者交通便利的近郊，既方便市民参加体育互动，又方便体育爱好者观看体育赛事，形成了重要的区位竞争优势。

（四）政府对赛事旅游活动的重视与投入

墨尔本具有悠久的体育历史和传统，政府长期致力于申办各类具有国际影响的体育赛事。早在 1956 年，墨尔本就成为南半球首个举办夏季奥运会的城市，也是全球第一个举办夏季奥运会的非欧美城市；2006 年 3 月，墨尔本又举办了第 18 届英联邦运动会；1972 年，澳大利亚网球公开赛固定落户于墨尔本；墨尔本随即在 1996 年代替阿德莱德成为澳大利亚 F1 大奖赛的举办地；而作为澳洲最古老的传统狂欢节日，墨尔本杯则创办于 1861 年，至今已有 150 年的历史；墨尔本澳式足球的首次比赛可追溯到 1858 年。上述一系列具有国际影响力的体育赛事的举办表明了墨尔本政府对体育赛事的重视程度。

与此同时，墨尔本政府十分注重对市民参与体育活动以及体育消费意识的培育。墨尔本所在的维多利亚州，政府体育部门预算中约有 42.7% 用于设施和基础建设，12.3% 用于普及型体育活动，9.2% 用于残疾人体育，5.3% 用于体育协会，其他则用于运动员培养。墨尔本市不仅建造了大量的体育设施并以极其低廉的价格向市民开放，并在政策上要求每位超过 35 岁的市民必须选择一项经常从事的体育锻炼项目。因此，政府的重视与投入是墨尔本体育赛事旅游产业良性互动发展的重要保障。

二 伦敦

作为世界城市和国际著名的体育之都，英国伦敦在体育赛事与旅游业的结合方面做出了很多有益的探索和尝试。特别是自 2008 年以来，英国爆发债务危机，经济发展长期低迷，为了振兴经济，英国政府以举办 2012 年伦敦奥运会为契机，借助奥运会筹备阶段带来的旅游经济刺激，强化国际旅游胜地形象、吸引国际游客入境，为开辟商务旅游客源创造了机遇。因此，我们以 2012 年伦敦奥运会与旅游的结合为切入点，分析伦敦在促进赛事与旅游发展中的做法。

为了更好地利用 2012 年伦敦奥运会契机实现国家旅游产业新的发展目标，带动国家经济发展，英国文化传媒及体育部门（UK Department for Culture，Media and Sport，即 DCMS）联合奥运专项工作小组 "Visit Britain" "Visit London" 于 2007 年共同制定《2012 奥运旅游战略》[①]（*Winning*：*A tourism strategy for 2012 and beyond*），为伦敦乃至全英国借助奥运契机发展旅游产业构建工作蓝图。具体而言，伦敦借助奥运会带动城市旅游的做

---

① UK Department for Culture，Media and Sport. Winning：A tourism strategy for 2012 and beyond [R]．2007.

法主要体现在如下几个方面。

（一）注重顶层设计与战略规划

英国针对 2012 年伦敦奥运会召开所制定的推动城市及国家旅游发展战略涉及面相当广泛，既包含城市基础设施建设，酒店宾馆服务设施改善，残疾人设施高效利用等硬件建设，也包含提高员工职业技能，树立服务意识，弘扬国家特色文化等软实力建设。同时明确了如何在奥运会中整合利用有限资源，通过可持续发展手段实现社会与经济发展有机统一，以及借助奥运契机增强商务游客游览体验愉悦度，以发展商务旅游，吸引外部投资。其举措涵盖了对经济、文化、社会等各方面因素，并根据自身实际情况制定切实可行的旅游发展战略。

（二）成立不同工作小组，权职明确，合理分工

在 2012 年伦敦奥运旅游发展战略执行过程中，奥运会筹备委员会根据各项工作的实际需要，设立不同的工作小组。各小组之间既有各自明确的工作目标及内容，彼此间又充分沟通，相互合作，确保各项工作合理有序开展。例如 "Visit Britain" 和 "Visit London" 是专门针对打造城市文化内涵，树立品牌形象的工作小组，分别负责国家整体及伦敦市的品牌形象构建；"Event Britain" 和 "Event London" 分别为全国性的和城市性的工作组织，专门负责与奥运相关的文化娱乐活动，运动竞赛衍生项目的策划与执行；"Welcome to Britain" 则是通过英国机场、港口树立良好城市窗口形象，整体改善城市交通运输能力，为游客带来便捷旅游体验而专门设立的工作小组。各小组各尽其职协调沟通，共同保证了奥运会筹备期间各项工作有序高效开展（见表 2－2）。

表 2－2　参与 2012 年伦敦奥运旅游战略实施的相关组织

组织英文简称	中文名	组织英文简称	中文名
AA	汽车协会	IOC	国际奥委会
ACAS	咨询、调解及仲裁服务	LDA	伦敦发展委员会
AEO	展览组织协会	LGA	地方政府组织
BAA	英国机场管理机构	LOCOG	伦敦奥运会组委会

续表

组织英文简称	中文名	组织英文简称	中文名
BOA	英国奥林匹克组织	NOC	国家奥委会
BSI	英国标准建立机构	ODA	奥林匹克信息递送机构
DCLG	会议及当地政府部门	OGC	政府会议办公室
DCMS	文化、传媒及体育部门	RDA	地区发展机构
DBERR	商业、企业及管理改革部门	UNWTO	联合国世界旅游组织
DFT	运输部门	DRC	残障人士权力保障协会
ICCA	国际会议组织	ICC	国际会议中心
EIA	公平影响评定机构	GLA	大伦敦机构

（三）工作计划明确，各项工作有明确的时间节点

为保障各项筹备工作能够合理有序地开展，英国制定了 2008～2012 年完整的工作规划（见表 2-3），其内容涵盖了奥运旅游发展战略的制定与具体实施，各部门之间职责的明确分工与相互协调关系的构建，同时包含对奥运遗产整合开发与利用的总体规划。这为各项筹备工作有条不紊地开展提供了依据。

表 2-3　2008～2012 年英国旅游市场开发年度工作计划

时间	工作规划
2008 年	开展文化奥运活动；发起为期 4 年的欢迎世界游客到来的市场开发活动
2009 年	向世界展示英国、伦敦品牌形象，通过外交手段吸引游客
2011 年	着力开展奥运主题活动，把握赛前市场发展机遇
2012 年	向世界游客提供详细旅游信息和热情招待
2012 年后	充分利用奥运遗产进行旅游市场开发活动

（四）构建完善的进程监督和政策落实追踪体系

为了保障奥运期间促进城市旅游发展的各项措施能够得到切实有效的落实，在奥运旅游战略中对政策执行的监督和追踪方式做了详细的论述，比如建立旅游经济数据分析体系，评估举措有效性，从服务技能、服务质量、服务可利用性三方面评估各项服务举措落实情况。在执行过程中穿插

监督、追踪与及时反馈手段，也是此战略的特点之一。

（五）整合国家赛事、旅游资源，实现奥运利益全国化

2012英国伦敦奥运会的举办不仅为主办城市伦敦带来巨大的旅游经济效益，同样也为英国其他城市的旅游发展带来巨大契机。英国各郡借助奥林匹克运动会本身、奥运项目训练营以及文化奥运项目，充分开发区域特色资源，开展不同形式的活动，吸引游客，实现奥运利益全国化。如奥运会前安排世界冠军赛和测试赛；针对国际奥委会选定开展特定项目训练营的城市，引进相关的赛事和文化活动；开展能够展示地方特色的独具一格的文化庆典活动，充分挖掘英国独特的国家文化内涵。

西米德兰兹郡借助奥运契机将自身打造成为世界一流旅游参观、商务会议地。作为世界著名文学大师莎士比亚的故乡，西米德兰兹郡以此为主题，着重发展文化休闲和奥运旅游活动。英国东北部地区致力于发展以"休闲"为主题的体育旅游，开展打造"体育"品牌的宣传及市场活动，建设世界一流的体育设施，以吸引来自世界各地的游客。英国通过采取相关措施，在时间、空间上扩大奥运会对城市旅游的影响。

（六）借助奥运契机，树立商务旅游国品牌形象

英国已是世界著名的商务旅游地，但是借助奥运会的举办契机，国家开始大范围地更新城市基础设施，以为游客提供更好的旅游感观体验。同时赛事及相关活动的举办吸引大批的游客进入英国境内，而这些游客中不乏潜在的商务旅游游客，奥运观赛时在英国的完美旅游体验，很可能成为吸引他们再次前来的因素。因此，伦敦奥运的举办就为商务旅游的更好更快发展提供了契机。

商务旅游可以为英国的旅游发展带来巨大的经济效益，但是作为一个竞争激烈的领域，必须拥有雄厚的实力，才能持久保持竞争的活力。为了更好地利用奥运契机，英国特制定商务旅游发展战略，积极打造热情、开放、包容的国家形象，欢迎世界各地商务游客造访，延续旅游热潮；为迎接奥运会的举办，英国在全国进行基础设施建设，改进商务中心、商务会议室等基础设施建设，配备具有专业技能的商务服务人员，营造良好商务

投资，增加游客商务体验愉悦度，吸引海外商业投资者在境内的长期稳定投资。同时，有意识地对某些季节性旅游景点进行重新开发建设，将其打造成为商务旅游胜地。

（七）借助酒店质量评测体系，提高全国酒店质量

2012 伦敦奥运会是全面提升英国住宿服务提供了契机。良好的旅游体验是吸引游客再次前来英国观光游览的重要因素之一。尽管目前英国已经拥有众多世界一流的酒店，但是在全国范围内住宿配套设施水平总体偏低。为了全面提升住宿服务质量，满足 2012 英国伦敦奥运会所带来的巨大需求，增加吸引游客再次前来的可能性，英国国家旅游机构专门制定国家质量鉴定体制（National Quality Accreditation Schemes，NQAS），以统一标准评估、监管酒店住宿服务质量，并试图通过相关鼓励措施吸引更多酒店加入该体系（见表 2 - 4），这是提升英国整体住宿服务质量最有效的途径之一。

表 2 - 4　NQAS 体制预期目标

单位：%

NQAS 体系参与度	2008 年	2012 年	2016 年
伦敦	55	75	85
英国	60	85	90

截至 2010 年，英格兰已有 49% 的酒店参与该体系，这个比例在威尔士达到 53%，在苏格兰高达 70%。为了吸引更多的住宿服务商加入NQAS 体系，以达到对全国范围内酒店的统一管理与智能监控，英国政府还特别规定，只有加入此评估体系的酒店才能作为政府接待贵宾的指定酒店。这为 NQAS 体系的推行提供了动力。同时，英国启用知名的用户信息反馈网站和电子信息反馈系统，收集游客对于有关住宿服务的反馈意见，为进一步提高住宿服务质量提供信息支援。

（八）确定可持续旅游发展框架："VICE" 原则

2012 伦敦奥运会的举办为英国国家旅游的发展带来巨大的契机，但

是随之而来的是旅游产业不断发展而带来的对环境、气候的负面影响。为提高体育旅游产业发展的可持续性，英国政府制定旅游可持续发展框架，确定"VICE"原则，即 Visitor（游客）、Industry（产业）、Community（社区）、Environment（环境）互动机制。在游客层面，通过完善服务，增加游客游览愉悦体验，以达到吸引游客再次参与英国旅游的目的。在产业层面，全面提升旅游服务业人员职业技能，建立专门的服务人员技能培训系统，提高服务行业整体水平。在社区层面，通过奥运活动开展，提高当地就业率，带动地区经济发展，鼓励当地居民享受旅游设施入手，提升社区发展旅游活力。在环境层面，最大限度减少资源利用，最低程度消耗能源，实现资源的再利用，减少旅游发展对环境的影响，实现环境与旅游业的平衡发展。

三 纽约

纽约是世界特大城市之一，是美国最大的金融、商业、贸易和文化中心。作为世界著名的体育大都市，纽约拥有几乎全年无休的体育赛事。纽约的体育赛事主要包括美国四大职业体育联盟的联赛、纽约国际马拉松赛、美国网球公开赛等。纽约职业体育发达，体育赛事运动项目分布广，既有规模大、影响广、级别高的体育赛事，同时群众性、传统型的体育赛事也非常多。如每年5月是纽约市的自行车月，纽约会举办百余项大小赛事，以呼吁每一位纽约市民成为城市12万骑自行车大军中的一员。此外，广泛的群众基础对纽约的城市精神、市民素质的培育，城市风貌的展示都有积极的促进作用。纽约市的群众体育赛事往往都有运动主题，这些主题往往不与国家或城市政府的大事或号召相关，更多的是与社会的公益事业或者市民的切身利益相关，一些极具特色、风趣的群众赛事，如"掰手腕"大赛吸引了各国的选手来参赛。纽约在赛事与旅游产业的互动发展方面的主要做法如下。

（一）通过举办赛事提升城市的旅游环境

职业体育赛事的举办对纽约城市环境将产生巨大的影响，而且这种影响更是积极良好的影响占据主导地位。纽约举办职业体育赛事对城市环境的影响分为对城市硬环境的影响和城市软环境的影响。硬环境的影响是指体育赛事的举办给城市体育场馆设施、交通环境、餐饮旅游环境等城市基础设施和城市自然环境的影响；软环境的影响是指体育赛事的举办对城市形象和个性的确立与发展，对城市就业环境，对城市的和谐发展所带来的影响。这两种影响不是能够直观区分的，它们总是相互交织，并相互影响的。职业体育赛事在纽约的举办，促进了纽约新建一批具有纽约城市代表性的体育场馆，这些体育场馆不仅用于体育赛事的举办，为纽约市民开展体育活动提供了运动场所，而且使其成为纽约具有个性的地标性的建筑，并不断被宣传，扩大其影响力。

职业体育赛事对纽约旅游环境的完善，城市形象和个性的确立与发展起着重要的催化作用。纽约是一个外向型、多功能、现代化的国际化都市，长期以来作为国际经济、金融、贸易、航运中心，这一品牌在旅游市场上具有巨大的感召力和市场震撼力。纽约凭借其个性化的资源优势，主打都市旅游品牌，以其独特的都市风貌与都市文化构建起自身独特的旅游形象。纽约优越的自然地理环境，丰厚的文化资源，具有兼收并蓄、世界合璧特点的"海派"文化，举世闻名的"总部大楼"群都是为都市增添异彩的新的城市标志性建筑，兼容传统和现代风尚的民风节俗等，使纽约成为具有相当魅力的旅游目的地。四大职业体育联盟的赛事是世界上最好的职业体育赛事之一，比赛场地分布在纽约的五个区，时间涵盖全年，观众则分布在欧洲、北美洲、亚洲、澳洲、南美洲的不同城市和地区。赛事给纽约所带来的人流、物流、信息流与资金流均效果显著，同时大量的媒介报道大大提升了纽约的国际地位及城市整体形象，对纽约"世界之都"的总体形象产生巨大的烘衬作用。

（二）通过举办赛事带动城市景观的建设与完善

城市体育的发展必将促使城市景观的建设与改善。纽约职业体育的发展催生了一批具有代表性的城市景观，其中最具代表性的是麦迪逊广场花园球场。这里是多加职业体育俱乐部的主场所在地，现场能够容纳 2.3 万观众。在麦迪逊广场花园球场能够看到激情的职业篮球赛事和职业棒球赛事，因此这里已变成国内外游客游览纽约的必经一站。

职业体育的发展使纽约涌现出新的一批城市景观，也促进已有城市景观的修复和完善。体育赛事的特殊性使游客，尤其是体育爱好者游客产生一览城市体育建筑的心理，这为体育场地成为城市景观提供了受众的可能，此外，体育场地的修建总是具有一些特殊的元素融入其中，从外形风格和内在含义都促使这体育场地，尤其是大型体育场地成为纽约市的地标性建筑，成为纽约市的城市景观。

（三）创新管理体制促进赛事与旅游的融合

纽约体育赛事的管理者主要是政府和政府指定的非营利性组织，这些管理部门对纽约体育赛事的管理均进行宏观管理和战略规划。纽约管理组织的最高一级是市长，在政府部门中设有纽约市体育委员会具体负责体育赛事的规划与管理，而具体执行与实施体育赛事规划的是政府指定的非营利性组织 NYC & Company，该组织负责体育赛事的申办、执行与评估。纽约市政府通过设置机构、制定相应的赛事规划和财政支持来实现市政府对体育赛事的影响。纽约市政府没有专门编制赛事规划，但同赛事规划有关的有两部分工作：一是制定站在城市发展高度的长期战略目标，而且将这一目标落实到对赛事的评估和选择；二是城市规划中含有赛事的用地规划。这些都是基于纽约城市发展，更具体地除发挥赛事的体育功能外，要为旅游业的发展做出贡献。

纽约市体育委员会和 NYC & Company 是政府管理的核心组织。从职能上讲，体育委员会是在"发展城市经济，给市民提供参与体育的途径，刺激旅游业的发展"的城市发展目标下"促进整个纽约市的业余和职业体育的发展"，以促进整个纽约市的业余和职业体育的发展为他们的目的，他们致力于发展城市经济、给市民提供参与体育的途径、刺激旅游业的发展；他们的主要工作是"吸引各种体育比赛和体育活动到纽约举行"，鼓励、协助各种体育组织或商业企业在纽约开展体育比赛和活动，劝说、鼓励、协助各种全国性、国际性的比赛到纽约举行；该委员会与纽约市政府、企业、赛事及它们的常驻创新团队合作，制定以客户为导向的市场营销战略，选择具有活力的赛事，有效评估赛事的结果及赛事为纽约和赞助商带来的影响。该委员会还为市、州和联邦政府认可的机构提供设备及合作，来共同保护城市的安全；体育委员会还为赛事提供纽约最好的体育场馆。而 NYC & Company 的职能则更为广泛，是"官方营销、旅游和合作伙伴关系的组织"，其具体任务不限于体育，在体育赛事方面它既可以组织申办赛事，又可以运作赛事。

四 新加坡

新加坡位于马来半岛南端，被称为"城市国家"。近年来，新加坡通过发展体育和举办大型活动来加强自身城市形象的推广，有力地促进了旅游业的发展。政府的支持成了新加坡发展体育事业的动力，越来越多的体育赛事落户新加坡，如世界首个夜间 F1 赛事、沃尔沃环球帆船大赛、游泳世锦赛、2009 首届亚洲青年运动会等，还获得了 2013 年东南亚运动会的主办权。

表 2 - 5 新加坡主要赛事一览

单项商业性体育赛事	
地方性单项商业赛事	国际性单项商业赛事
新加坡羽毛球公开赛	女子高尔夫锦标赛
新加坡国际三项全能赛	短池游泳赛
新加坡保龄球公开赛	新加坡一级方程式赛车大奖赛
水上嘉年华	环球帆船赛
乒乓球公开赛	世界沙滩排球巡回赛
新加坡高尔夫公开赛	游泳世界杯
新加坡国际马拉松	铁人三项赛
国家无网篮球赛	水上滑板世界杯

新加坡促进体育赛事与旅游互动发展的主要做法是创新和完善体育赛事的政府资助模式，通过各种政策手段不断提升体育赛事与旅游业的融合

力度，并将体育赛事和旅游视为一个整体协同发展。

新加坡体育资金主要是来自社会发展、青年与体育部（MCYS）和新加坡体育理事会（SSC），而新加坡体育理事会负责体育经费的总体管理与分配。政府每年拨出一定的款项给 MCYS 用于体育事业的发展。MCYS 则按照年度计划把体育产业经费中的一部分划分给 SSC。新加坡博彩公司是 SSC 的主要合作机构，在许多赛事中以赛事赞助商身份为赛事提供资金。国家体育总会（NSAs）按照要求向 SSC 提出资金的申请，将得到的资金部分用于赛事的运作。

对于不同类型的体育赛事，新加坡政府的资助方式存在差别，主要资助类型包括以下三种（见图 2 - 1）。

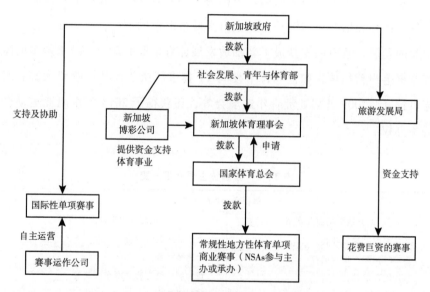

图 2 - 1 新加坡体育赛事政府资助模式

第一，常规性地方性体育单项商业赛事，通常由 NSAs 主办或承办。其部分经费可以由 NSAs 向 SSC 递交赛事拨款申请。SSC 遵循赛事拨款原则，以补贴的方式给予赛事一定的拨款。在赛事举办前拨款总补贴额的70%，赛后审核赛事的报告及审计报告后再支付剩余的30%。政府鼓励赛事通过自主经营筹措赛事的资金。为此，SSC 还增设了赛事相应的奖励经费，用于激励体育组织通过寻找新的赞助商提高自主运营的能力。

　　第二，对于国际性单项赛事，政府通常给予支持及协助，但是赛事运作的经费需要赛事运作公司通过自主开发运作自筹资金。如沃尔沃环球帆船大赛，在申办的阶段，政府给予了很大的帮助，新加坡旅游局、城市发展部、公共事业局都对赛事的申办工作给予支持，地方的俱乐部也以赞助商的身份提供赛事场地。

　　第三，对于一些需要花费巨资的赛事，政府仍对赛事提供资金支持，并承担赛事的部分经济损失。以新加坡举办 F1 夜间赛为例。在新加坡举办一站 F1 夜间比赛的成本约每年 1.5 亿美元。新加坡旅游发展局承担其中 60% 的成本，另外 40% 的费用则大部分为赛事自主开发运作。除此之外，政府还会根据比赛的运营情况，在 F1 期间征收宾馆不超过 30% 的额外税。

　　总之，以墨尔本、伦敦、纽约和新加坡为代表的国外体育赛事与城市旅游业的发展表明，良好的管理体制和运行机制、先进的整合理念与产品设计、完善的政府资助与财政保障等因素是实现城市赛事旅游产业可持续发展的重要方面。

第二节　国际体育赛事与城市旅游发展的经验总结

　　国外体育赛事与城市旅游业的发展经验主要体现在三个方面：一是理顺赛事管理体制与运行机制，实现体育赛事与城市旅游业的外在耦合；二是有效整合旅游资源与赛事资源，促进体育赛事与城市旅游业的内在融合；三是创新政府资助模式，推动体育赛事与城市旅游业的全方位互动与发展。

一　体育赛事与城市旅游业的外在耦合

　　理顺赛事管理体制与运行机制，实现体育赛事与城市旅游业的外在耦合。无论是国内还是国外，体育赛事的举办以及城市旅游业的发展均离不开政府的参与和支持。政府的准确定位是实现体育赛事与城市旅游业互动发展的重要前提和保障。作为节事活动的组成部分，体育与文化、艺术等具有天然的联系，都是不同种族、不同地域间的人们进行沟通交流的有效手段和载体。因此，从认识上而言，国外通常将体育赛事视为文化娱乐活动的有机组成，并与其他节事活动一起构成了展现城市独特魅力的重要阵地。以此认识为基础，在管理体制与运行机制的构建上，国外政府注重体育、文化、旅游等产业的全面发展与共同促进，在体制机制上确保体育赛事与城市旅游产业的协同发展。

国外体育赛事的管理体制与运行机制可以简要表述为：政府宏观管理与资助—市场专业化运作与执行—文化、旅游及商务活动全方位参与（见图 2 - 2）。

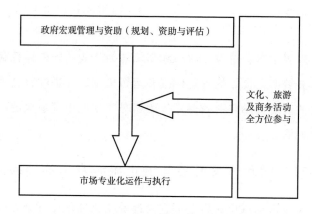

图 2 - 2 国外体育赛事管理体制与运行机制示意图

具体而言，政府成立专门的大型活动管理部门，或由政府隶属的体育事业发展部门，承担赛事宏观管理职能；而赛事运作职能则由单项协会或赛事公司承担。例如，新加坡体育理事会是新加坡发展体育最重要的组织机构，隶属于新加坡社会发展、青年与体育部。在赛事管理方面，该机构负责体育赛事发展规划的制定、赛事资助、赛事评估以及赛事举办过程的协调等工作；又如，维多利亚大型活动公司是由澳大利亚维多利亚州政府全额投入经费的非营利性公司，其作用在于为维多利亚州发现和申办那些能够带来经济效益、媒体曝光、文化和社会活动的大型活动。总之，国外赛事管理体制与运行机制的建立，客观上保证了赛事组织及运作的市场化与专业化；另外，政府在赛事管理中的资助与评估功能促进了体育赛事与城市旅游等相关产业的互动与融合。

二 体育赛事与城市旅游业的内在融合

有效整合赛事资源与旅游资源，促进体育赛事与城市旅游业的内在融合。赛事资源与旅游资源的有效整合是促进体育赛事与城市旅游业内在融合的主要途径。国外的典型做法与经验表现在以下几个方面。

（一）体育赛事成为城市重要的旅游吸引物

体育赛事，特别是国际著名赛事，因其具有广泛的全球影响力和关注度，往往能够成为城市重要的旅游吸引物。澳大利亚是较早运用体育赛事发展旅游业的国家之一，维多利亚州申办英联邦运动会的目的在于进一步开发墨尔本的滨海旅游区；申办悉尼奥运会的一个主要目的也是发展旅游业。2005~2006 年维多利亚旅游局的年报显示，重大体育赛事在当年为该州吸引了 23 万人次的国际游客，占澳大利亚全国游客的 42%，重大体育赛事为该州创造了约合 60 多亿澳元的旅游收入。

——1998 年，澳大利亚网球公开赛观众人数达到 44 万人次；1999 年达到 45 万人次，其中 10% 以上的观众来自国外；2009 年，超过 60 万人次来现场观看澳网，其中 1/3 的观众来自澳大利亚其他各州或者海外，为维多利亚州创造了近 1.6 亿澳元的收入。

——墨尔本奥林匹克公园通过与当地旅游部门的积极合作，使罗德拉沃尔球场不仅是一座体育场馆，同时也成为供游人参观的著名旅游景点。

——2003~2006 年，墨尔本杯的平均观赛人数约 10 万人（见图 2-3）。2010 年，"阿联酋航空墨尔本杯嘉年华"吸引了 37 万多名观众聚集弗莱明顿赛马场，包括 1.9 万多名海外游客，为澳大利亚经济贡献了约 48.2 亿人民币的收入。

（二）体育赛事成为城市旅游产业的推广平台

体育赛事的举办能够为城市旅游产业提供营销和推广的重要平台。一

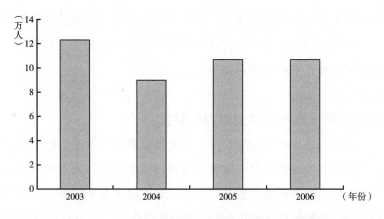

图 2 - 3　墨尔本杯 2003 ~ 2006 年观赛人数分布

方面，借助体育赛事这一平台，各种文化、娱乐等主题活动的开展在提升赛事自身影响力的同时，还为城市旅游空间的拓展创造了条件。例如，在 2008 年 F1 显著拉动旅游经济之后，2009 年，新加坡旅游局继续以 F1 赛事为平台举办各种配套活动，包括娱乐文化表演、大赛主题活动以及美食购物优惠等，还举办了 F1 大型摇滚音乐会。这些活动为人们提供了一场 "F1 娱乐盛宴"，巩固了新加坡 "娱乐盛事之都" 的地位。另一方面，体育赛事能够成为城市旅游资源的推广媒介。例如，墨尔本市政府通过各种渠道和平台，如维多利亚州政府官方网站、墨尔本市政府官方网站、墨尔本旅游局官方网站等，进行城市宣传时，往往将在墨尔本举办的各类赛事作为城市宣传的重要内容。墨尔本还专门建立了墨尔本体育旅游网站，用来全面介绍城市的体育文化、体育旅游产品、居住条件、赛事信息等。体育赛事主办方同时将墨尔本的其他旅游资源作为吸引观众的重要手段，如墨尔本一级方程式锦标赛组委会在其官方网站为来自世界各地的观赛者提供各种旅游信息，包括如何计划观赛期间的其他观光活动、墨尔本的重要旅游景点等。

（三）体育赛事重塑和改善城市旅游形象

大型体育赛事所带来的 "集聚效应" 和 "眼球效应" 为改善城市形象提供了绝佳的契机。精彩纷呈的大型体育赛事能够成为包括电视台、电台、报纸、互联网等在内的各类媒体关注的焦点，从而提升城市旅游的知名度、增强城市旅游的号召力。

例如，巴塞罗那政府在申奥成功后就结合城市发展的各种因素制订了符合其自身特点的投资计划，以筹办奥运会作为提升城市功能、提高城市国际知名度，以及实现城市跨越式发展的积极动力。首先，与赛事相关的城市改造工程提高了城市旅游服务的质量及城市内部的通达性，机场扩建提高了巴塞罗那外部的通达性；其次，赛事本身提供了大量的城市形象宣传契机，关于巴塞罗那的新闻每天在全世界超过 1.5 万种报纸的头版出现，内容包括城市的文化遗产和旅游咨询等。1992 年以前，巴塞罗那在世界旅游组织旅游目的地排名中仅名列第 16 位，而在奥运会后的 1993 年其排名已经跃至第 3 位，奥运会为巴塞罗那带来巨大的"广告效应"，使这座城市迅速跻身国际知名旅游城市的行列。

（四）体育赛事成为旅游创意产品开发的重要元素

将赛事作为旅游创意产品元素组合进入旅游产品中，是赛事资源与旅游资源融合的重要手段。在英国，伦敦旅游局网站和伦敦各主要旅游网站中，体育赛事是网站旅游产品推介的重要内容；在澳大利亚，墨尔本旅游中介机构也把体育赛事作为旅游产品的重要主题进行开发，如"凯撒旅游"将"万人空巷赛马节之澳大利亚 9 日体验之旅"作为"澳洲主题月"的主打产品、中青旅的"直击澳网——澳大利亚 11 日墨尔本澳网炫动之旅"等；在荷兰，鹿特丹政府制定的赛事发展规划中，"住宿与旅游"方案便是专门针对 2000 年欧洲足球锦标赛举办期间而精心设计的。其中包括两个具体方案：一是组织赛事观众在鹿特丹的一日游项目；二是鹿特丹通行证计划，赛事观众凭此通行证可以参观鹿特丹所有的名胜及博物馆，并免费乘坐公共交通。

三　体育赛事与城市旅游业的全方位互动与发展

创新政府资助模式，推动体育赛事与城市旅游业的全方位互动与发展。随着全球一体化进程的加快以及全球竞争的不断加剧，体育赛事早已摆脱运动竞技的单一功能与角色，成为彰显城市形象、凝练城市文化以及促进城市更新的重要平台。国外政府对赛事的资助，基于对体育赛事价值与功能的再认识与再定位。当前，包括体育赛事在内的大型节事活动对推广旅游的价值已经得到联合国世界旅游组织的认可。正是体育赛事所具有的独特辐射作用和产业拉动效应，使得国外政府不惜花费巨资加大对赛事资助的力度。

世界各地的城市，包括美国、加拿大、新西兰、中国香港、新加坡、中国澳门等国家和地区均致力于吸引著名的文化、艺术和体育盛事在当地举行。与此同时，当地政府往往通过创新各类资助模式，直接或间接地对体育赛事进行扶持与资助。例如，澳大利亚维多利亚州政府通过体育与休闲部、艺术部和旅游部等部门为大型赛事提供资金支持。据估计，1994～1995 年澳大利亚各州共计花费了 25 亿美元用于吸引各类体育赛事等特殊事件，而维多利亚州则花费了 6.38 亿美元，占全国总额的 25.5%。1995 年，在总计 5.34 亿的产业资助中，其中共计约 26% 的资助用于大型活动和旅游等行业，其中包括摩托车大奖赛的资助则高达 3100 万美元。

国际上政府对赛事资助模式的特点主要表现在以下三方面。

一是设立专门的扶持基金。如"香港盛事基金"是香港特别行政区政府于 2009 年成立的一支用以支持在香港主办文化、艺术及体育赛事的基金，它是香港政府资助体育赛事的一种主要途径，近年来该基金先后资助了香港网球精英赛、香港龙舟嘉年华等重大赛事；"澳门体育发展基金"以及"澳门旅游基金"则分别对体育部门和旅游部门举办的体育赛事进行资助；新西兰政府对大型体育赛事的资助模式是通过"大型赛事发展基金"，还有一小部分赛事可以直接从政府取得赛事赞助资金，用于资助能够为新西兰带来巨大经济效益和社会效益的大型赛事。

二是赛事资助方式的多样化。就新加坡而言，常规性地方性体育单项商业赛事通常由新加坡体育理事会以补贴的方式给予资助；对于一些需要花费巨资的赛事，政府仍对赛事提供资金支持，并承担赛事的部分经济损失。美国则主要对职业体育以及奥运会等超大型体育赛事进行资助，原则上不给商业性体育赛事财政资金支持。

三是加强对资助对象的评估与审查。在体育赛事资助方面，国际上主管部门注重对资助对象的审查与评估。例如，香港盛事基金对申请机构提出了明确要求，必须为注册非营利性机构（如在港注册的体育组织、非政府机构、艺术会、艺术节主办机构等），并明确了评估准则，包括经济效益、公共关系、赛事规模、技术可行性与财政可行性等。墨尔本则成立了维多利亚大型活动公司，负责赛事的审查与推荐，并由维多利亚大型活动内阁委员会批准资助，资助标准包括经济影响、就业影响、旅游影响、国际形象等。新西兰政府也建立了严格的赛事审核机制，并成立专门审核机构——IAEG，该机构由九个与赛事利益相关的政府部门派出的代表所组成，分别是商贸局、旅游局、文化局、体育与休闲局、文化与遗产部、外交部、经济发展部、旅游部、毛利人发展部。该机构对赛事申请进行审核并向新西兰经济发展部推荐，由经济发展部确定资助对象和金额。

本章小结

国际体育赛事与城市旅游业互动发展的经验表明，由于体育赛事活动与城市旅游业具有先天的融合性，因此不宜将体育赛事与城市旅游业的发展相互割裂开来。从观念意识来看，应将体育赛事纳入大文化范畴，主动融入包括会展、旅游等相关行业的发展中来；从管理体制来看，政府管理部门应根据实际情况做好制度建设和顶层设计，打破体育与旅游的隔阂与界限，从体制机制上保证赛事与旅游的融合；从产品设计来看，应坚持以城市旅游资源和禀赋为基础，创新赛事资源与旅游资源的产品设计，使体育赛事成为城市重要的旅游吸引物；从城市基础设施建设来看，城市应注重交通、餐饮、住宿、体育场馆等基础设施的完善，为赛事与旅游的融合发展提供坚实的物质条件。

第三章 体育赛事与城市旅游业
互动发展的基本理论

本章介绍了体育赛事与城市旅游业的基本理论，以体育赛事及城市旅游为研究对象，通过资料搜集、文献整理和逻辑分析，试图较为系统地呈现体育赛事与城市旅游发展的概念性框架结构，理顺体育赛事与城市旅游的概念体系、利益相关者与内在联系，为进一步阐述体育赛事与城市旅游互动发展做准备。

第一节 体育赛事与城市旅游发展的阶段

一 萌芽阶段：体育赛事与城市旅游关系的起源

古代奥运会既是体育赛事起源的一个重要标志，同时也是体育赛事与旅游产生关联的萌芽。古代奥运会起源于公元前776年，是当时古希腊最盛大的综合性运动赛会，也是全国人民的一个重大节日。古代奥运会每4年举行一次，为期5天，通常在夏季举办。赛事举办期间，来自希腊各地的运动员、农民、贵族、政治家以及各国的外交大使云集奥林匹亚，届时，奥林匹亚附近的空地上各种帐篷如雨后春笋般地搭建起来[1]。由于古希腊时期，人们没有其他聚集的机会，因此在古代奥运会举办期间，数以万计的人群通过陆路或者水路到达奥林匹亚[2]。有学者预计，现场观看古代奥运会比赛的观众达到4万人以上。但当时一个最重要的问题就是住宿问题。比赛期间，无论是前来参赛的运动员还是观众都

---

[1] Dalen, V., & Benett, B. (1971). A World History of Physical Education. Englewood Cliffs, NJ: Prentice Hall: 51.

[2] Finley, I., & Pleket, W. (1976). The Olympic Games. Edinburgh, Great Britain: R. and R. Clark: 55.

没有住的地方，只能在露天休息，直到公元前 4 世纪，奥林匹亚为参赛的运动员提供了宿舍。就观看比赛的人群而言，真正意义上的古代奥运会的赛事旅游者，即为了观看比赛而进行较为专业旅行的观众，则出现在公元前 186 年的罗马地区[①]。

随着古希腊文明的解体和罗马王朝的发展，体育竞赛变得更加健康、社会化，更加崇尚公平竞争，但对罗马人来说，这类竞赛则显得较为平淡。那个时候罗马观众更喜欢角斗、温泉和洗浴。拥有天然温泉的城市变得更加繁华，而那些没有温泉的城市则席间了很多人工的洗浴设施。仅在罗马城就有近 900 个洗浴场所，最大的一个洗浴设施能同时容纳 3200 人。由于帝国的扩张以及出行更加便利，一些国外的城市也出现了大量温泉和洗浴设施，如比利时、英国、德国和以色列的部分城市，这些城市也逐渐成为罗马官员旅行的目的地[②]。

正是由于这些城市洗浴设施的发展，前往看体育竞技的观众越来越多，这些观众也逐渐成为较为专业的赛事旅游者，这也是体育赛事与城市旅游产生关联的萌芽阶段。

二　初级阶段：体育赛事旅游价值被逐步认知

自 1984 年美国洛杉矶奥运会开创市场营销赢利纪录以来，商业营销成为体育赛事运作管理极其重要的内容。体育赛事活动的内涵和外延发生了很大变化，原有"运动竞赛"的概念被打破。体育赛事活动再也不是纯粹由运动员、裁判员参与的活动，观众、媒体、赞助商等其他主体纷纷加入到体育赛事活动中。体育赛事已经发展成为集社会、政治、经济、文化等多因素于一体的、复杂的、综合的特殊活动。体育赛事所赋予的目的和目标也越来越多样化，对经济、政治、文化、科技等方面的影响力和冲击力也越来越大。并且，受经济的影响和商业利益的驱动，市场营销在体

①　Baker, J. (1982). Sports in the Western World. Totowa, NJ: Rowman and Littlefield: 28.

②　Standeven, J., & Knop, D. (1999). Sport Tourism, Human Kinetics: 15.

育赛事中地位和价值也越来越突出①。与此同时，随着全球竞争、经济转型、技术变化和政府权力转移等因素的变化，很多城市面临经济发展速度减缓、失业率上升、城市特色丧失的危机，导致人口外迁、投资减少和收入下降。例如，美国 2/3 的州和 3/4 的城市都在遭遇财政危机，这种收支上的失衡导致了城市经济的衰退。欧洲作为现代工业文明的起源，其城市问题的出现更具普遍性，英格兰北部、法国西部、意大利南部的很多城市都出现了危机，造成了整个区域的经济衰退。发展中国家的城市同样遇到类似问题，1988 年巴西最大城市里约热内卢宣布城市破产，而更多发展中国家的城市则面临"黎明前的黑暗"，难以突破现有的发展瓶颈，同时又受到"不进则退"的威胁②。因此，很多西方发达国家的城市，如美国的波士顿、洛杉矶、印第安那不勒斯，英国的伯明翰、谢菲尔德、曼彻斯特，澳大利亚的墨尔本、悉尼等纷纷制定了相关的体育政策，试图通过申办和举办体育赛事实现城市的产业转型和结构调整。

正是在这一阶段，体育赛事的旅游价值和功能逐渐被学者和城市决策者所认知，他们逐步发现：体育赛事不但对举办城市的旅游业具有短期效应，同时还有巨大的长期效应；体育赛事不仅会促进城市旅游经济的发展，同时还能促进城市旅游形象的提升，促进城市旅游环境的改善。但与此同时，他们发现体育赛事在给城市旅游业带来积极影响的同时，也会给城市旅游业带来负面的影响，如旅游经济的挤出效应、生态环境的破坏、社会秩序的紊乱，等等。

三 发展阶段：体育赛事旅游功能的开发

随着城市间旅游业竞争的加剧，旅游者日趋偏好体验性、动态性的城市旅游活动，传统的、静态性旅游景点的吸引力较以往有所降低，而参与性强、体验机会多、氛围热烈的体育赛事尤其是大型体育赛事本身就成为

---

① 黄海燕、张林：《体育赛事的基本理论研究——论体育赛事的历史沿革、定义、分类及特征》，《武汉体育学院学报》2011 年第 2 期，第 22～27 页。

② 黄海燕：《体育赛事综合影响事前评估》，上海体育学院博士学位论文，2011，第 1 页。

城市旅游吸引力体系的一部分。体育赛事的举办既丰富了城市旅游资源，又增强了城市号召力和吸引力，与城市原有的静态旅游资源互补，实现城市旅游业的创新及优化。因此，越来越多的城市将举办体育赛事尤其是大型体育赛事作为推动城市旅游业发展的重要手段，而体育赛事的旅游功能也在这一背景下逐渐被开发。例如，巴塞罗那、墨尔本、悉尼等城市从战略上提出了利用举办体育赛事的机会，打造具有体育特色的国际著名旅游胜地；南非政府提出了"体育赛事振兴旅游业"的计划；迪拜以"奢华的消费天堂和贵族体育赛事王国"作为旅游业的主题定位。就国内而言，政府也在大力推进旅游与体育产业的融合发展，以大型体育赛事为平台，培育新的旅游消费热点①。如《国务院关于推进海南旅游岛建设发展的若干意见》提出：支持海南举办国际大帆船拉力赛、国际公路自行车赛、高尔夫球职业巡回赛等体育赛事，筹建体育赛事基地②；青海等省市计划探索"环湖赛"等体育赛事与旅游业的互动发展，结合青海特色生态、文化、赛事旅游资源，促进地方经济社会的全面发展。此外，很多国家和城市为了利用举办大型体育赛事的机会推动国家和城市旅游业的发展，专门制定了相应的赛事旅游战略，例如，为了更好地利用 2012 年伦敦奥运会契机实现英国旅游产业新的发展目标，英国文化传媒及体育部门联合奥运会专项工作小组"Visit Britain""Visit London"于 2007 年共同制定 *Winning*：*A Tourism Strategy for* 2012 *and Beyond*③，为伦敦乃至整个英国借助奥运契机发展旅游产业构建了宏伟的战略蓝图。

一言以蔽之，体育赛事的旅游功能在这一阶段得到了充分发挥，且它作为城市旅游重要吸引物的事实也逐渐被大多数城市所认同。体育赛事在城市旅游发展战略中占据了较为重要的地位。

---

① 国务院关于加快发展旅游业的意见 [EB/OL] [2009 - 12 - 03]. http：//www.gov.cn/zwgk/2009 - 12/03/content_ 1479523. htm。

② 国务院关于推进海南旅游岛建设发展的若干意见 [EB/OL] [2010 - 01 - 04]. http：//www. gov. cn/zwgk/2010 - 01/04/content_ 1502531. htm。

③ UK Department for Culture, Media and Sport. Winning：A Tourism Strategy for 2012 and Beyond [R]. 2007.

四　成熟阶段：体育赛事与城市旅游的可持续发展

随着体育赛事逐渐成为城市旅游发展战略中的重要组成，城市举办体育赛事的数量逐渐增多，体育赛事与城市旅游的可持续发展问题也逐渐被关注，这预示着体育赛事与城市旅游之间的关系趋于成熟。西方发达国家的政策制定者在关心体育赛事对城市旅游经济影响之外也越来越关心体育赛事旅游对城市环境所带来的影响，他们已经开始将举办体育赛事与城市旅游的可持续发展目标联系起来①。体育赛事的举办与举办地的自然环境要素和自然环境系统之间相互影响、相互作用、相互联系、相互制约。一方面，体育赛事的举办可能改善举办地的自然环境，其途径主要有以下两种。一是提高居民的环保意识。如法国就让体育赛事与环保"联姻"，通过体育赛事宣传环保意识，2007 年世界杯橄榄球赛中，法国卫生、青年与体育部长罗斯利娜·巴舍洛 - 纳尔坎、环境与可持续发展部长让—路易·博洛等官员以及法国世界杯橄榄球赛组委会主席拉帕塞联合宣布将本次比赛办成"环保型比赛"，并采取在赛场及举办城市张贴环保行为宣传画等方式宣传环保意识②；二是进行城市环境治理。通常而言，赛事举办之前，举办地都要对城市环境进行一定程度的综合治理，尤其是一些大型的、综合性赛事。2008 年北京奥运会从降低颗粒物污染、控制工业扬尘和机动车污染，大力种草植树入手，对北京市环境进行综合治理。另一方面，体育赛事还有可能对举办城市的环境产生破坏，主要表现为以下三方面。（1）体育场馆等基础设施的建设会对自然环境的面积产生一定的破坏。如 2010 年温哥华冬奥运计划修建的北欧滑雪赛场就对当地灰熊的生存环境产生了较大影响；（2）大量人流的涌入会对城市的环境产生严重

---

① Collins, A., Flynn, A., Munday, M., & Roberts, A., "Assessing the Environmental Consequences of Major Sporting Events: The 2003/04 FA Cup Final", *Urban Studies*, 44 (2007): 457 - 476.

② 让环保与体育赛事"联姻" ［EB/OL］ http://www.view.sdu.edu.cn/news/news/gjxw/2007 - 08 - 30/1188469462.html.

污染，如城市垃圾、二氧化碳排放，等等。据法国环境及能源管理署评估，2007 年世界杯橄榄球赛举办过程中，250 万观众留在赛场的垃圾将达780 吨，整个比赛活动将产生 57 万吨二氧化碳温室气体排放，其中 84%由运动员及观众的交通运输造成；（3）体育赛事作为一项大型的活动势必会消耗大量的资源。据法国环境及能源管理署评估，2007 年世界杯橄榄球赛，12 个赛场的照明用电将超过 470 万千瓦时。

正是由于体育赛事作为一种城市旅游的吸引物，可能会对举办城市的自然环境造成一定的影响，从而影响体育赛事与城市旅游的可持续发展，因此很多城市管理者和赛事运营者开始关注赛事的环境影响问题。例如，为提高 2012 年伦敦奥运会与英国和伦敦旅游产业发展的可持续性，英国政府在《2012 奥运旅游战略》中特别制定了旅游可持续发展框架，确定"VICE"原则，即 Visitor（游客）、Industry（产业）、Community（社区）、Environment（环境）互动机制。在游客层面，通过完善服务，增加游客游览愉悦体验，以达到吸引游客再次参与英国旅游的目的。在产业层面，全面提升旅游服务业人员职业技能，建立专门的服务人员技能培训系统，提高服务行业整体水平。在社区层面，通过奥运活动开展，提高当地就业率，带动地区经济发展，鼓励当地居民从享受旅游设施入手，提升社区发展旅游活力。在环境层面，最大限度减少资源浪费，最低程度消耗能源，实现资源的再利用，减少旅游发展对环境的影响，实现环境与旅游业的平衡发展。

总之，在体育赛事举办过程中，增强环保意识，树立与城市旅游产业各部门和谐统一、共同发展的办赛理念，实现体育赛事与城市旅游的可持续发展是体育赛事与城市旅游关系达到成熟阶段的重要标志。

第二节 相关概念界定

一 体育赛事的概念

（一）体育赛事的界定

目前国内对体育赛事的定义并没有达成共识。从人们对体育赛事认知的角度大致可以分为三个阶段。第一个阶段是运动竞赛阶段。在这一阶段，体育赛事通常指"在裁判员主持下，按统一的规则要求，组织与实施的运动员个体或运动队之间的竞技较量"①。这时候，人们对体育赛事的认识尚停留在竞技体育比赛的层面，关注的只是运动员、裁判员等构成运动竞赛的相关主体，对比赛所涉及的场外因素不太关注。第二个阶段是赛事的项目化阶段。在这个阶段，人们已经将体育赛事作为一个项目来运作，并从项目管理的视角来审视赛事活动，如程绍同认为："体育赛事是特定的组织团体依其本身举办之目的，透过科学化的管理与筹备过程，在特定的时间与地点下，召集运动竞技活动的相关人员（运动员、裁判、工作人员和观众等）及团体（运动组织、运动器材供应商、媒体、赞助商等）共同参与所形成的综合性集会。"② 这一阶段与运动竞赛阶段相比有了较大的进步，这时人们已经将体育赛事看作一个有众多利益相关者参与，需要经过有计划的筹备、营造和管理的系统工程。第三个阶段是特殊事件阶段。在这一阶段，人们不仅将体育赛事作为一个项目，还将其与赛事举办地联系起来。如叶庆晖认为，"体育赛事是一种提供竞赛产品和相关服务产品的特殊事件，其规模和形式受竞赛规则、传统习俗和多种因素的制约，具有项目管理特征、组织文化背景和市场潜力，能够迎合不同参与体分享经历的需求，达到多种目的与目标，对举办地社会和文化、自然和环境、政治和经济、旅游等多个领域产生冲击影响，能够产生显著的社会效益、经济效益和综合效益。"③ 纵观人们对体育赛事认识的三个阶段可以明显地看出，只有在第三个阶段，人们才将体育赛事与城市发展联系起来，也就是说，从本质上来看，体育赛事与城市发展之间的关系并不是与生俱来的，并不是说，举办体育赛事就一定能够推动城市的发展④。

---

① 田麦久：《运动训练学词解》，北京体育大学运动训练学教研室，1999 年第 6 期。
② 程绍同：《运动赛会管理：理论与实务》，扬智文化，2004，第 12～18 页。
③ 叶庆晖：《体育赛事运作研究》，北京体育大学，2003，第 15～16 页。
④ 黄海燕：《体育赛事与城市发展》，《体育科研》2010 年第 1 期，第 1～3 页。

结合本书的研究需要，本书将体育赛事视为举办城市的一项特殊事件，具体定义为：以体育竞技为主题，一次性或不经常发生，且具有一定期限的活动。它不仅能够推动举办地旅游业的发展、提升举办地知名度、改善城市形象，还能够对举办地的经济、社会、环境等诸多领域产生影响。从上述定义我们可以看出，对于举办地来说，一项体育赛事只是一个不经常发生的活动，延续的时间很短。但由于举办一项体育赛事通常要动用举办地的众多资源，且在赛事举办期间会有大量的媒体和观众云集。因此，它将对举办城市的各个方面产生一定的冲击和影响①。

（二）体育赛事的分类

分类是划分的一种特殊形式，是根据对象的本质属性或显著特征进行的划分，具有较大的稳定性。按照不同的原则和实际需要，可以将体育赛事进行不同的分类。如从体育赛事的规模、体育赛事的影响范围、体育赛事包含的项目数量、赛事持续的时间、赛事举办的地点、赛事举办权的获取方式，等等。根据本书研究的需要，结合国外相关研究成果，本书将体育赛事分为以下四类，即超大型体育赛事（Mega-event）、标志性体育赛事（Hallmark Event）、区域性体育赛事（Regional Event）以及地方性体育赛事（Local Event）（见图 3 - 1）。这一分类主要依据两个标准：一是赛事的旅游需求，通常以吸引赛事旅游者及游客的数量来衡量；二是赛事的旅游价值，即赛事的举办为城市旅游业发展其他目标的实现的贡献度，如媒体覆盖率、城市形象的提升、城市主题文化的发展以及赛事的可持续发展等。需要说明的是，赛事的可持续发展是评判赛事旅游价值的重要因素。如果一项体育赛事能够得到主办社区的长期支持，并且财务状况良好，还非常注重环保，那么它对于举办地的旅游发展将具有战略性意义。关于赛事旅游价值的评判点主要有以下几个方面：赛事的增长潜力、赛事的市场份额、赛事的质量、赛事对城市形象提升的作用、主办社区的支

---

① 黄海燕、张林：《体育赛事的基本理论研究——论体育赛事的历史沿革、定义、分类及特征》，《武汉体育学院学报》2011 年第 2 期，第 22～27 页。

持、赛事对环境方面的价值、赛事对旅游经济的价值、赛事的可持续发展能力、赛事与城市的匹配性等①。

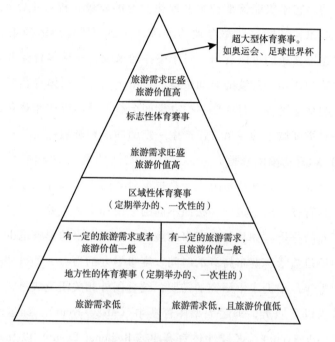

图 3 - 1　体育赛事分类示意图

根据这一分类，我们可以看出几乎所有的体育赛事都可能对城市旅游业产生一定影响，但只有部分体育赛事可能对举办城市的旅游业产生较大的影响。对于一个城市来说，绝大多数的体育赛事都是地区性的体育赛事，对城市旅游影响很小。它们难以成为举办地的旅游吸引物，也基本没有什么旅游价值，当然也不排除其中有部分体育赛事具有未来成为当地旅游吸引物的潜质；另外有少部分属于区域性体育赛事，对城市旅游有一定的影响。在这些区域性体育赛事中，有的既具有一定的旅游吸引力，同时又有一定的旅游价值；有的可能具有一定的旅游吸引力，但旅游价值较

① Getz, D. （1997）. *Event Management and Event Tourism* （New York: Cognizant Communication Corporation, 1997）, p. 113.

低；还有的则可能是旅游吸引力较低，但它具有一定的旅游价值。当然，对于一个城市来说，超大型体育赛事和标志性体育赛事则更少。他们通常都具有较强的旅游吸引力，同时也具有较高的旅游价值，例如提升城市形象、拉动城市旅游经济，等等。

考虑到本书所研究的是体育赛事与城市旅游发展的问题，对于一个城市的旅游业来说，最重要的是既具有较强旅游吸引力，又具有较高旅游价值的超大型体育赛事和标志性体育赛事，因此，本书将研究对象限定为超大型体育赛事和标志性体育赛事。关于超大型体育赛事界定，目前一直受到国外学者的关注。学者们主要从量化指标和所具有的特征两个角度对其进行探讨。但总的来说，目前关于超大型体育赛事的界定还没有得到学者们的公认，在衡量指标的确定方面尚存在分歧，在指标的量化方面也存在困难。[1] 本书初步认为，超大型体育赛事应该具有两个方面的特性：一是国际性的盛事；二是在一定时期内对于举办地来说是一次性的，如奥运会、足球世界杯等。关于标志性体育赛事的界定同样也受到了很多学者的高度关注。本书认为标志性体育赛事是指与某一特定地点紧密相连、举办频率较低，且已成为举办地的重要标志的大型体育赛事。它具备以下四个特征：（1）不经常发生；（2）在同一地点举办；（3）规模相对较大；（4）赛事已经成为举办地的名片。[2] 如上海举办的 F1 大奖赛上海站、上海 ATP1000 大师赛；北京举办的中国网球公开赛、北京国际马拉松赛等都是国内较有影响力的标志性体育赛事。

二 城市旅游的概念

目前国内外关于城市旅游定义的不多，也没有达成共识。有学者认为，定义"城市旅游"要以人们为什么选择城市作为旅游地为出发点，

---

[1] 黄海燕：《体育赛事综合影响事前评估》，上海体育学院博士学位论文，2011，第35～37页。

[2] 黄海燕、张林：《体育赛事的基本理论研究——论体育赛事的历史沿革、定义、分类及特征》，《武汉体育学院学报》2011年第2期，第22～27页。

需要分析旅游者行为的社会心理，特别是旅游者的旅游动机。但是就一般的抽象概念认为：旅游者被城市所吸引，是因为城市提供的专业化功能与一系列的服务设施。也有其他学者认为，城市旅游是指旅游者在城市中的旅游活动，及其对社会、经济和环境的影响。结合研究需要，本课题认为城市旅游是指以城市为旅游吸引物来招揽游客的一种旅游活动，其实质是人们对都市文明的向往和追求。

三 互动的概念

从词典上的解释，"互"是交替、相互，"动"是起作用或变化。归纳起来，"互动"是指一种相互使彼此发生作用或变化的过程。但相互作用有积极的过程，也有消极的过程，过程的结果有积极的，也有消极的。显然消极的过程以及消极的结果都不是我们所追求的。因此，本书中所指的"互动"是一种使对象之间相互作用而彼此发生积极的改变的过程。另外，值得指出的是，从当前我国体育赛事与城市旅游业的发展看，城市旅游业为体育赛事举办提供了重要基础和支撑，但更重要的是体育赛事怎样积极融入城市旅游业的发展中去，为此，本书所研究的两者之间的"互动"更多地从体育赛事的视角入手，探讨体育赛事如何最大化地促进对城市旅游业的积极作用，同时本书还兼顾探讨城市旅游业怎样为体育赛事做好支撑的问题。

第三节 体育赛事旅游的利益相关者

利益相关者是指"受一件事的原因或结果影响的任何人、集体或者组织"[①]。该理论研究起步于 20 世纪 60 年代，它极大地挑战了以股东利益最大化为目标的"股东至上理念"，随后该理论得到了管理学、伦理学、法学和社会学等众多学科的关注，其研究主体也从企业逐渐扩展到政府、社会、城市、社会团体以及其相关的政治、经济和社会环境等，一些

---

① Bryson and Crosby, 1992.

会展、旅游、工业项目也纷纷开始利用利益相关者理论分析有关问题。体育赛事旅游业是一个融合性的新兴产业，其利益相关者既涉及旅游业更包含体育产业里的众多部门和人员，利益关系错综复杂。近些年，国家大力提倡发展体育旅游，并颁布了多项新政策。作为体育旅游业的重要组成部分，我国体育赛事旅游业的发展迎来了重要发展机遇。在此背景下，识别我国体育赛事旅游的利益相关者，厘清各利益相关者之间的关系将为我国体育赛事旅游的健康发展创造更有利的条件。

一　我国体育赛事旅游利益相关者框架

作为旅游业的一个新生事物，体育赛事旅游不同于传统的旅游活动，它突出了"体育"和"旅游"的双重主题，尤其是"体育赛事"这一主题是吸引旅游者前往举办地的核心要素，观赏或参与体育赛事是旅游者的首要动机。换句话说，体育赛事旅游是以体育赛事为核心旅游吸引物，并整合举办地其他旅游资源所开展的旅游活动，是体育赛事和传统旅游空间的融合和再生产，是体育赛事与举办地结合之后所产生的多种旅游产品的集合。从系统的角度讲，体育赛事旅游是一个与赛事举办地特定资源条件密切相关，涉及赛事旅游者、举办地政府和社区、体育赛事相关产业部门和人员、旅游企业以及其他外部环境等要素的复合系统（见图 3 - 2）。

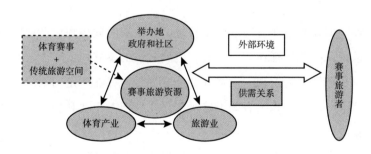

图 3 - 2　体育赛事旅游所涉利益相关者的复合系统

根据 Bryson 和 Crosby 的观点，利益相关者是受一件事的原因或结果影响的任何人、集团或者组织。这就意味着在运用利益相关者理论分析赛事旅游相关问题的过程中，需要明确受到影响的各方都是谁，其法定代表人是谁。基于以上对体育赛事旅游的理解和认识，并充分考虑当前我国赛事旅游发展的实情，我们认为，我国体育赛事旅游利益相关者主要涉及赛事旅游者、旅行社、赛事所有权人、赛事主办机构、举办地政府以及其职能部门（主要涉及体育局和旅游局）、体育场馆管理者、举办地景区经营者、当地社区、媒体、旅游服务企业、行业协会、科研机构及学术人员、社会公众、中央政府及其职能部门。另外，根据利益相关者理论，各个利益相关者并不是同质的，不同类型的利益相关者对于管理决策的影响以及被管理活动影响的程度是不一样的。因此，运用利益相关者理论分析赛事旅游相关问题时，在界定出赛事旅游利益相关者的基础上，需要进一步明确赛事旅游各个利益相关者的特性以及它们之间的层次关系，以利于管理部门给予不同的关注。目前，多维细分法和米切尔评分法是国内外应用较为广泛的分类方法。多维细分法的原理是依据某些标准或者分析的维度对众多的利益相关者进行分类，它在 20 世纪 80 年代初期至 90 年代中期逐渐成为利益相关者分类中最常用的分析工具。米切尔评分法从合法性、权力性和紧急性三个属性上对可能的利益相关者进行评分，然后根据分值的高低来确定某一个体或者群体是不是企业的利益相关者，是哪一类的利益相关者。实际上，米切尔评分法将利益相关者的界定与分类结合了起来。很明显，多维细分法偏重于理论上的分析，米切尔评分法在实践中更具有可操作性。但在我国体育赛事旅游领域，其发展时间较短，产业形态尚不健全，进行调研分析存在现实困难，但其较快的发展速度对于其利益相关者的认识和理解更为迫切。而多维细分法尽管尚存在一定的缺陷，但其从多个维度来细分利益相关者的思路对于深化人们对企业利益相关者的认识大有裨益。

因此，本书借鉴多维细分法的分析思路，并结合国内学者陈宏辉和贾生华的观点，从利益相关者的主动性、利益相关者的重要性以及他们实现利益要求的紧迫性三个维度将已经界定出来的十五个我国体育赛事旅游利益相关者分为三类。一是以体育赛事旅游者、旅行社、赛事所有权人、赛事主办机构、举办地政府、体育局、旅游局为代表的核心利益相关者。他们是体育赛事旅游业不可或缺的群体，与体育赛事旅游业有紧密的利害关系，甚至可以直接左右体育赛事旅游业的生存和发展。二是以体育场馆管理者、举办地景区经营者、当地社区、媒体、旅游服务企业为代表的蛰伏利益相关者。他们与体育赛事旅游业形成了较为密切的关系，所付出的专用性投资实际上使他们承担着一定的体育赛事旅游活动的经营风险，在正常经营状态下，他们也许只是表现出一种体育赛事旅游的显性契约人而已，然而一旦其利益要求没有很好地得到满足或者受到损害，他们可能就会从蛰伏状态跃升为活跃状态，从而直接影响体育赛事旅游业的生存和发展。三是以行业协会、科研机构及学术人员、社会公众、中央政府及其职能部门为代表的边缘利益相关者。他们往往被动地受到体育赛事旅游业的影响，在体育赛事旅游业看来，他们的重要性很低，其实现利益要求的紧迫性也不强（见图 3 - 3）。

图 3 - 3　我国体育赛事旅游利益相关者框架

注：框架图中，位于内圈上的要素同中心要素"赛事旅游者"属于核心利益相关者，位于外圈上的要素属于边缘利益相关者，同时位于内外两个圈上的要素属于蛰伏利益相关者；连接线"—"表示相关利益相关者之间具有直接的利益关系。

正如图 3 - 3 所示，很明显，体育赛事旅游业以体育赛事旅游者为核心，以旅游者参与或观赏体育赛事的需求作为其发展的首要内在驱动力。

一般情况下，体育赛事旅游其他利益相关者向体育赛事旅游者提供可以满足其需求的产品和服务，保障赛事旅游活动的顺利开展。但需要指出的是，首先，体育赛事旅游业是一个融合性的新生事物，现阶段各个利益相关者之间不是简单的服务和被服务的关系，而是一种协调和合作的关系。因此，体育赛事旅游业需要所涉及的利益相关者之间建立良好的合作机制，从而使上述主体形成一个整体以推动其健康发展。其次，该框架所示仅仅是现阶段我国赛事旅游利益相关者的关系动态，随着我国体育赛事旅游的发展，其各个利益相关者之间的关系层次势必会发生变化。

二　我国体育赛事旅游主要利益相关者分析

（一）核心利益相关者

一是体育赛事旅游者。在体育赛事旅游中，旅游企业向体育赛事旅游者提供可以最大限度满足其需求的产品和服务。换句话说，体育赛事旅游者是体育赛事和举办地其他旅游资源的消费者，是体育赛事旅游企业的服务对象，他们的满意程度直接关系到体育赛事旅游业的生存和发展。另外，体育赛事旅游者是赛事旅游业的利润源头，其规模大小直接影响体育赛事旅游各个利益相关者的经济收入，没有体育赛事旅游者的参与，体育赛事旅游业就如同无源之水，难以生存。因此，在体育赛事旅游发展过程中，必须把体育赛事旅游者的利益诉求摆在核心位置。目前，我国体育赛事旅游者涉及观战、参赛、商务、宣传、交际等多种类型的消费群体，其规模伴随国内赛事旅游产品的不断丰富呈递增之势，为赛事举办地带来了显著的经济效益。以广州亚运会为例，在亚运举办期间的 16 天内，广州市接待游客 866 万人次，同比增长 42.10%。其中过夜游客 386.19 万人次，同比增长 32.22%；海外旅客 85.45 万人次，同比增长 83.80%。全市旅游收入 70.47 亿元，同比增长 50.13%。

二是旅行社。在传统旅游业中，旅行社是旅游产品的分销渠道，是介于旅游者和旅游产品之间的连接纽带。但在体育赛事旅游业中，体育赛事旅游资源的整合，体育赛事旅游产品的设计、包装、市场宣传以及销售都是旅行社的业务范畴。准确地说，旅行社在体育赛事旅游业中既扮演"销售者"的角色，更扮演"生产者"的角色。从供需的角度讲，旅行社是体育赛事旅游市场的供给方，如果缺少了旅行社，体育赛事旅游市场就不是一个完整的市场。事实上，作为一个以追求经济利益最大化的旅游企业，旅行社会最大限度地满足体育赛事旅游者的需求，尽最大努力推出具有足够吸引力的体育赛事旅游产品，吸引尽可能多的旅游者前往体育赛事旅游目的地消费。这种企业逐利的本性和旅行社实现经济利益的迫切诉求将会直接影响到体育赛事旅游者的规模，体育赛事旅游市场的大小，并最终影响体育赛事旅游活动的经济效益。正因如此，旅行社也是体育赛事旅游的核心利益相关者。然而，就我国而言，旅行社在体育赛事旅游产业中的核心地位远远没有被扶正。以上海为例，根据我们对上海旅游局的访谈结果所知，目前上海马拉松赛事中，旅行社组织的参赛者占到了20%左右，其他赛事尽管尚没有官方数据，像春秋、港中旅都曾在上海F1大奖赛、国际田联钻石联赛上海站等体育赛事旅游活动的组织中发挥明显作用，但谈不上核心作用。这里面有企业自身追求利润最大化，不愿意承担额外风险的原因，更多的可能是整个体育赛事旅游产业尚不成熟的原因。

三是举办地政府以及体育局和旅游局。体育赛事旅游是一个融合性的产业，涉及体育、旅游、交通、消防、公安等多个不同职能和层级的部门，体育赛事旅游的发展势必将要牵涉这些政府部门的权责分配和利益格局。在这样的局面下，就需要一股行政力量来推动各个相关部门的协调和配合。作为一个新兴产业，体育赛事旅游业在产业发展初期迫切需要制度环境等方面的支持和引导，而当地政府作为体育赛事旅游目的地实际上的行政主管部门，既负有保护之职责，更肩有发展之重任。更重要的是，体育和旅游的互动发展所带来的社会效益和经济效益是举办地政府最愿意看到和实现的，可以说，政府才是体育赛事旅游最大的需求方。因此，举办地政府也是体育赛事旅游的核心利益相关者之一。

体育局和旅游局之所以成为体育赛事旅游核心的利益相关者，原因在于二者是与体育赛事旅游业关系最为密切的两个职能部门，它们不仅掌握着大量的优质体育赛事旅游资源，同时体育赛事旅游业的发展规划、行业制度以及政策等关系其生存和发展的软要素，或者由二者直接牵头制定，或者直接由二者执行、监督和管理。如果把体育赛事旅游比作一台缓缓行驶的大车，那么，体育局和旅游局就是这台大车最重要的两个轮胎，无论是两个轮胎缺少一个，还是二者之间无法通力配合，都将直接左右体育赛事旅游的发展命运。就我国而言，当前我国体育赛事旅游发展面临的诸多困局，很大程度上与体育局和旅游局无法形成有效的合作机制和合理的利益分配格局密切相关。

四是体育赛事所有权人和主办机构。在体育赛事旅游中，优质的体育赛事是吸引旅游者前往体育赛事旅游目的地的核心要素，参与或观赏精彩的体育赛事是体育赛事旅游者的首要动机。因此，能否争取到优质的体育赛事资源直接影响目的地体育赛事旅游的经济效益。而体育赛事所有权人是依法对体育赛事享有占有、使用、收益和处置等权利的个人或组织，其有权决定体育赛事的举办地、举办时间、竞赛规则、赛事的定位以及赛事发展方向等一系列与赛事自身休戚相关的重大问题。例如奥林匹克运动会的所有权人为国际奥林匹克委员会，世界杯足球赛的所有权人为国际足球联合会等。准确地说，体育赛事所有权人就赛事举办地的处置权直接左右旅游目的地体育赛事旅游业的命运。以上海 F1 大奖赛为例，如果 F1 大奖赛没有落户上海，就不会有以下数字：仅 2004 年因 F1 前来上海的境外游客约有 5 万人，游客平均停留 3 天，为上海带来约四五亿美元的收入，在比赛期间，共有 26 万人现场观看；自 F1 大奖赛落户上海以来，上海 F1 大奖赛不仅丰富了上海的旅游产品，直接促进了旅游业的发展，而且还带动了保险、金融、房地产的发展。据计算，F1 大奖赛将带动赛场周边 20 平方公里的土地 5 年内增值 10 倍，每年产生上百亿元的营业收入和 325 亿元的间接收入。

体育赛事主办机构是体育赛事在举办地的实际所有者和管理者。当然，在有些情况下，赛事主办机构同赛事所有权人是同一个主体，但更多情况下，赛事所有权人和主办机构并不是同一个主体。尤其就大型综合性体育赛事而言，体育赛事主办机构还可以有若干个机构。作为体育赛事的运作和管理机构，体育赛事主办机构不仅仅承担着办好比赛的工作，更肩负着体育赛事同赛事举办地融合发展的重任。在体育赛事旅游的开发中，体育赛事主办机构的态度和行为更直接关系到目的地体育赛事旅游的最终效益。例如在体育赛事旅游产品的设计和市场宣称方面，体育赛事主办机构能否同旅行社等相关者积极合作，为体育赛事旅游者做一些特殊的活动安排来满足旅游者的一些需求，包括体育赛事的市场启动、形象宣传、票务等启动时间能否与体育赛事旅游产品的市场宣传时间相配合，能否实现同周边旅游景点的有效串联以及票价的及早制定和让利等，以便于旅行社在全国进行提前的搜客、宣传。这是体育赛事主办机构成为体育赛事旅游核心利益相关者的重要原因。根据我国体育赛事旅游业的发展实情分析，目前很多赛事主办机构并没有认识到体育赛事旅游的价值，眼中只有比赛没有活动，同旅行社等旅游企业的合作较少，方式较为简单。这是我国体育赛事旅游业发展缓慢的一个重要原因，也从侧面反映了赛事主办机构的态度和行为对体育赛事旅游所产生的重要影响。

（二）蛰伏利益相关者

一是旅游服务企业。体育赛事旅游的旅游服务企业主要指满足体育赛事旅游者出行、吃饭、睡觉、购物、娱乐等基本需求的交通、餐饮、宾馆、零售、娱乐等旅游企业，涉及"行、食、住、购、娱"旅游五要素。在传统旅游业中，"行、食、住、游、购、娱"被简称为旅游六要素，它们构成了旅游产业机构的主体。在体育赛事旅游业中，"游"这一要素当然指以参与或观赏体育赛事为首要动机的旅游活动，是赛事旅游产业的核心部分和主导要素。而"行、食、住、购、娱"自然是体育赛事旅游业的配套要素，居于次要位置，但都是体育赛事旅游活动中不可或缺的主体。一般情况下，旅游服务企业都会竭尽全力为体育赛事旅游者提供优质的服务以招揽更多的游客，创造更多的营业收入。但是，当在这些方面出现诸如危害旅游者人身安全的重大问题或者游客大规模投诉事件等问题时，旅游服务企业就会由蛰伏状态转变为活跃状态，直接影响体育赛事旅游活动的顺利开展。

二是举办地景区经营者和体育场馆管理者。体育赛事旅游是体育赛事和传统旅游空间融合和再生产的产物。这里的传统旅游空间主要指赛事举办地的旅游景区和体育场馆。它们既是体育赛事旅游资源重要的组成部分，也是吸引体育赛事旅游者出门旅行的另一重要吸引物。因此，举办地景区和体育场馆经营管理者的水平、对体育赛事旅游价值的认同程度以及发展体育赛事旅游的意愿直接影响体育赛事旅游业的发展情况。举办地景区经营者和体育场馆管理者作为蛰伏利益相关者，会同旅行社等相关者积极配合，向体育赛事旅游者提供优质的体育旅游产品和服务。但是当出现利益分配不合理，营业收入不抵成本等未满足他们利益诉求或者损害他们利益的情况时，举办地景区经营者和体育场馆管理者也会走上体育赛事旅游这个大舞台的前台，直接左右体育赛事旅游业的健康发展。

三是媒体。媒体又称"媒介"、"传媒"、传播媒体，是指传播信息资讯的载体。根据巫宁的观点，旅游业是典型的信息密集型和信息依托型产业。在旅游业中，旅游者的出游行为以旅游信息的收集和比较为前提；旅游目的地及旅游产品被游客所认知取决于信息的有效传递；旅游产品的预订、各类旅游机构之间的协作、旅游服务过程的实施都伴随有信息传递的过程。这就意味着旅游业对信息传播媒介的依赖性十分强，媒体在旅游业中的作用至关重要。作为一种特殊的旅游活动，体育赛事旅游活动的顺利开展也离不开媒体这种重要的信息传播工具和营销平台。当然，媒体作为一种信息传播的媒介，既可以传播正面信息以发挥其积极作用，也能够传递负面信息影响相关者的正常发展。前段时间因农夫山泉"质量门"事件引发的"媒企大战"以及21世纪网涉嫌敲诈案都是媒体作为一种信息传播媒介亦正亦邪的有利佐证。在体育赛事旅游活动中，如果媒体的利益诉求没有得到满足或损害，其势必会由蛰伏状态跃升为活跃状态，直接影响体育赛事旅游活动的开展。这是媒体成为体育赛事旅游业蛰伏利益相关者的重要原因。

　　四是当地社区。如前所述，体育赛事旅游是一个与赛事举办地特定资源条件密切相关，涉及多重要素的复合系统。其中，当地社区是体育赛事旅游复合系统中重要的支撑要素。根据国内学者的观点，社区是指居住在一定地域的、以一定的社会联系和社会关系为纽带、以同质人口为主体的人群生活的共同体，是一个相对独立的地域社会。在这个地域社会中，社区政府、居民以及宾馆、餐饮等服务设施是关系当地体育赛事旅游活动顺利开展的重要方面。事实上，作为体育赛事旅游活动开展的直接发生地，当地社区政府以及居民的支持和配合是赛事旅游活动顺利开展的重要保证；而赛事旅游活动的顺利开展不仅仅会显著改善社区基础设施和促进当地社区经济的增长，更对社区居民生活质量、居民凝聚力和归属感等价值观的有效提升具有直接的促进作用。目前，在我国体育赛事旅游业中，当地社区整体上参与层次较低，以象征性参与、被动性参与和咨询性参与为主，而参与的形式则主要以社区周边居民自发的、分散的旅游商品经营和餐饮、导游、住宿等旅游服务为主。换句话说，当地社区实际上已经被边缘化了。这种边缘化可以归纳为两点：一是在体育赛事旅游的决策机制中，当地社区的参与程度较低，决策建议权较弱；二是在利益分配机制中，当地社区的话语权较弱，社区居民不能平等享受到发展体育赛事旅游所带来的红利。究其原因，首先，我国体育赛事旅游发展时间不长，当地社区政府以及居民尚没有意识到体育赛事旅游所蕴含的重大经济价值；其次，受传统政治文化的影响，居民民主意识淡薄，习惯被动服从而不是积极参与；最后，我国自上而下的垂直管理决策机制也阻碍了社区的参与途径。因此，在我国体育赛事旅游目前的发展状态下，当地社区处在一种蛰伏状态，不会对体育赛事旅游的发展产生重大影响。但是，随着体育赛事旅游经济价值的逐步凸显以及居民民主意识的加强，当地社区要求更多地参与利益分配和决策制定等的利益诉求将会越来越强烈。如果这些利益诉求得不到满足甚至损害，当地社区就会从蛰伏状态跃升为活跃状态，直接影响体育赛事旅游的顺利发展。这是当地社区成为我国体育赛事旅游蛰伏利益相关者的主要原因。

三 边缘利益相关者

一是中央政府及其职能部门。中央政府及其职能部门对体育赛事旅游的作用集中体现在通过政策手段来鼓励和引导其健康有序发展。例如国务院下发的《国务院关于加快发展旅游业的意见》（国发〔2009〕41号）、《国务院办公厅关于加快发展体育产业的指导意见》（国办发〔2010〕22号）以及国家体育总局制定并印发的《体育产业"十二五"规划》等相关政策文件，都在不同程度上表达了大力促进体育产业同旅游业融合发展的思想。而作为体育产业和旅游业融合发展的产物，体育赛事旅游自1994年以来，一直保持着30%~40%的增长速度。尤其是国家旅游局和国家体育总局两个职能部门，它们对体育赛事旅游的发展具有不可忽视的作用。二者如果能够协调有关各方，牵头成立一个具有全国领导性质的体育旅游管理机构，必将对我国体育赛事旅游的发展产生深远影响。

二是行业协会。行业协会作为协调企业同政府之间关系的非营利性组织，能够有效推动企业间、企业同政府之间的合作。目前，与体育赛事旅游业相关的协会主要涉及以中国旅游协会、中国旅游饭店业协会、中国旅行社协会等为代表的旅游行业协会和以中国高尔夫球协会、中国自行车协会、中国体育场馆协会等为代表的体育行业协会。理论上讲，作为企业和政府沟通与联系的纽带，上述行业协会若能在体育赛事旅游领域充分履行其服务、沟通、协调、自律和监督等职能，将会有效促进体育赛事旅游的持续发展。但在现阶段，我国体育赛事旅游业仍较适宜"政府主导模式"，将政府与市场有机地结合起来，通过政府力量的强制性干预，实现体育赛事旅游业的快速增长。当然，在政府主导产业发展的管理体制下，很多行业协会形同虚设，其相关职能被削弱或被政府替代，缺乏生存的空间等问题十分普遍。因此，随着体育赛事旅游业的发展，未来加强我国体育赛事旅游行业协会的建设和发展将是十分紧迫的任务。

三是其他边缘利益相关者。主要包括社会公众、学术界和科研教育机构。作为边缘利益相关者，上述主体对体育赛事旅游业的影响程度同核心和蛰伏型的利益相关者相比较，相对弱一些，但是其对赛事旅游业的发展也具有不可忽视的作用。学术界和科研教育机构在体育赛事旅游发展进程中发挥着为体育赛事旅游提供理论指导和人才培养的重任，其作用具体表现为：一是通过理论倡导和学术成果影响政府的政策选择和社会公众的价值观、行为方式；二是自然科学对技术进步的推动和社会科学对社会制度的改进也对体育赛事旅游的运行和管理有所促进。社会公众是指参与社会活动的民众群体，从更广泛的意义上讲，他们也受到体育赛事旅游的影响。例如对体育赛事旅游休闲、娱乐、教育等价值和功能的宣传、报道以及体育赛事旅游的实际发展会对社会公众的价值观念和生活方式产生影响。然而，目前我国普通公众对体育赛事旅游所知甚少，更谈不上积极参与。

第四节　体育赛事与城市旅游的互动机制

一　体育赛事与城市旅游互动的基础

西方发达国家的经验表明，体育赛事要与城市旅游业实现良性互动发展，应具有以下几个基础。

（一）优质的体育赛事资源

优质的体育赛事资源是一个城市实现赛事与旅游业互动的前提。纽约、伦敦、巴黎、墨尔本等著名城市的经验显示：一个拥有优质体育赛事资源的城市，首先应具有一批国际顶级的周期性体育赛事，持续、定期地引起全球关注，如高尔夫、网球、赛车、马拉松等；其次，还要不定期地举办一次性的大型国际体育赛事以吸引更多全球目光，如奥运会、洲际运动会等大型综合性运动会和足球世界杯、单项世界锦标赛等国际单项体育赛事；最后，城市还需要具备能够聚集大量人气的其他大型事件资源，例如嘉年华和演出活动。

表 3 - 1 世界著名城市拥有的优质体育赛事资源

	纽 约	伦 敦	巴 黎	墨尔本
国际顶级的周期性体育赛事	美国网球公开赛 纽约国际马拉松赛 田径钻石联赛 纽约室内田径赛 纽约城市铁人三项赛 纳斯卡房车系列赛 职业体育联盟赛事 环五区自行车赛 贝尔蒙特大奖赛	温布尔顿网球公开赛 伦敦国际马拉松赛 斯诺克温布利大师赛 ATP 年终总决赛 环伦敦职业自行车运动赛 英格兰足球超级联赛 全英越野障碍赛马会 考斯帆船赛	法国网球公开赛 ATP 巴黎大师赛 田径钻石联赛巴黎站 环法自行车赛 巴黎 - 达喀尔汽车拉力赛	澳大利亚网球公开赛 F1 大奖赛（澳大利亚站） 春季赛马会（墨尔本杯） 墨尔本国际龙舟节 澳大利亚国际摩托车赛
一次性大型国际体育赛事	1994 年美国世界杯	2012 年伦敦奥运会	1998 年法国世界杯 世界田径锦标赛 第四十七届世界乒乓球锦标赛	奥运会 英联邦运动会 世界游泳锦标赛

（二）良好的城市形象和丰富的城市旅游资源

体育赛事是城市旅游的吸引物，但城市形象和城市旅游资源则是影响潜在观众前来观赛，并延长外地观众逗留时间的重要因素。良好的城市形象和城市旅游资源是由城市自然资源和服务资源所形成的，这里的自然资源包括城市中的公园、山、岩石、温泉、海滩、湖泊、河流、开放式设施和空地，服务资源包括旅行社、旅游经营者（国内、入境、出境）、器材和服装营销网点、旅游信息局、设施和事件管理、货币交换、保险、餐饮、管理信息系统、设备租赁、地图和旅游指南等。良好的、独具特色的城市形象以及丰富、多样的城市旅游资源是城市旅游业发展的动力，它能形成一种强大的凝聚力、吸引力和带动力，使体育赛事作为旅游吸引物的功能充分发挥，不断扩大赛事旅游的效益。

（三）城市旅游业的转型与升级

体育赛事旅游属于高端的城市旅游业态，是城市旅游业发展到一定阶段的产业。因此，传统的旅游产业发展方式难以满足体育赛事与城市旅游业互动发展的要求，这就需要城市旅游业本身的转型升级，由粗放型、低水平的旅游业经营模式向现代的、高端的旅游业发展模式转变。

（四）完备的基础设施和旅游设施

对于大规模、国际化和强影响的体育赛事活动来说，其旅游功能作用的发挥需要配套较为现代和完备的基础设施和旅游设施，其中包括交通、餐饮、体育设施和住宿设施。如果没有这些硬件的强力保障，赛事与旅游产业的互动效果将大打折扣。

体育赛事举办期间，可能会有数以万计的观众、运动员、裁判员和官员在一个很短的时间内聚集到赛事举办地，这一方面给举办地的住宿、餐饮企业带来了很大机遇。例如，2004 年上海 F1 大奖赛期间，锦江国际集团在沪的 30 家星级酒店 9 月 19～26 日较上年同期增加收入 3800 万元，增幅为 65.7%。香格里拉饭店 9 月 22～28 日客房收入比平时增加 780 万元。金茂大厦的凯悦酒店平时每周收入在 900 万元左右，9 月 22～28 日收入达到 1560 万元人民币。但另一方面，体育赛事的举办也给举办地的住宿、餐饮条件提出了很高的要求，主要表现在两个方面。一是质量上的要求。很多赛事的球员、官员和观众都具有较高的地位，他们对宾馆饭店的级别要求较高，通常都需要入住五星级酒店；二是数量上的要求。由于赛事举办期间举办地外来人员众多，因此，举办地一定要有足够的宾馆饭店满足外来人员的需要。芝加哥市在比赛场馆 0～10 公里之内现有的星级宾馆数量，以及为 2016 年奥运会计划要建设的星级宾馆情况分别见表 3-2、表 3-3。

表 3-2　芝加哥现有的星级宾馆一览表

宾馆级别	位于 Lake County Shooting Complex 体育场 0～10 公里之内		位于 Olympic Equestrian Center 体育场 0～10 公里之内	
	宾馆数量	房间数量	宾馆数量	房间数量
五星级宾馆	0	0	0	0
四星级宾馆	2	200	1	183
三星级宾馆	3	342	1	93
二星级宾馆	1	21	1	71
一星级宾馆	0	0	0	0

表3-3 芝加哥计划要建设的星级宾馆

宾馆级别	位于 Lake County Shooting Complex 体育场 0～10 公里之内		位于 Olympic Equestrian Center 体育场 0～10 公里之内	
	宾馆数量	房间数量	宾馆数量	房间数量
五星级宾馆	1	500	0	0
四星级宾馆	0	0	0	0
三星级宾馆	0	0	1	108
二星级宾馆	0	0	0	0
一星级宾馆	0	0	0	0

二 体育赛事与城市旅游互动的表现

(一) 体育赛事对城市旅游发展的影响

1. 拉动城市旅游经济

一个国家或地区举办一项体育赛事，特别是一些重大体育赛事，势必会引起人们对体育赛事相关产业需求的变化，带来的一个最直接的影响就是引发举办地资金的正向流动，尤其是流入旅游地的吃、住、行、游、购、娱六大领域，从而对体育赛事举办地的旅游经济产生影响。从赛事方面看，体育赛事为城市旅游经济带来的经济效应可分为短期效应和长期效应。体育赛事举办阶段为城市所拉动的旅游经济称为短期效应，由于体育赛事具有综合性和复杂性的特点，一次体育赛事的举办能够吸引大量的外埠和境外的媒体、运动员和观众。据相关研究表明，通常情况下这类人群在赛事举办期间消费是比较高的，从而刺激了商品和劳务的消费需求，推动了餐饮、酒店、交通、商贸、娱乐等旅游产业的发展。有关资料表明，2004 年一级方程式大奖赛 (中国站) 对上海的赛事相关产业拉动达到了20 亿人民币左右，锦江国际集团在沪的 30 家星级酒店在一级方程式大奖赛 (中国站) 期间 (9 月 19～26 日) 较上年同期增加收入 3800 万元，增幅为 65.7%；香格里拉饭店 9 月 22～28 日客房收入比平时增加 780 万元；金茂大厦的凯悦酒店平时每周收入在 900 万左右，9 月 22～28 这一周的收入为 1560 万元，比上海举办 APEC 会议期间还高。

与此同时，有研究表明，不同体育项目与赛事的观众消费水平程度是不一样的，参与网球、高尔夫等项目赛事的观众消费相对较高，为城市旅游业带来的新资金更多，而且赛事规模越大，赛事举办时长越长，吸引的外来人口越多，从而更增加了拉动城市旅游经济增长的力度，总体看来不同项目不同规模和举办时长的体育赛事都能够吸引相应的外埠及境外人口，都将在不同程度上拉动城市旅游经济的增长。此外，在赛事举办的前后持续为城市旅游经济所带来的效应可称为长期效应。由于赛事本身的影响力和相关的专业宣传和营销将使举办地城市的知名度大大提升，从而增加赛事举办地的旅游吸引力和号召力，吸引更多的外埠、境外游客慕名而来，持续拉动城市旅游经济的增长。

从旅游业角度来看，首先，体育赛事的成功举办在很大程度上丰富了城市的旅游产品资源，使举办地除传统的自然、人文景观之外有了更现代化更有活力的旅游产品，包括赛事本身、赛事场馆、其他相关活动等一系列与体育赛事相关的旅游吸引物，再加上体育赛事的举办将会吸引大批旅行社与赛事"联姻"，开发出为赛事专门制定的旅游线路，促进城市旅游市场的活力，一方面吸引更多的非本地观众，另一方面提升了举办地的旅游资源质量。其次，体育赛事的成功举办在优化旅游周期结构方面也能取得一定的效果，在城市旅游业的旺季与淡季之间起到补充的效果，能够在非城市旅游旺季吸引相关游客，使城市旅游的入埠人数持续增长。最后，体育赛事的举办还能够改变旅游者在举办地逗留时间的计划安排，有研究提到有相当一部分旅游者在知道所旅游城市将要举办体育赛事之后，愿意配合赛事将在该城市的旅游行程延长，这证明了体育赛事的举办将改变城市旅游者的平均逗留时间，增加旅游消费，拉动城市旅游经济在增长。

以新加坡为例，在成功举办 F1 赛事之后，新加坡在许多方面进行改进。新加坡旅游局继续以 F1 为平台，利用赛季举办各种配套活动，包括娱乐文化表演、大赛主题活动以及美食购物优惠等，为人们呈现了一场"F1 娱乐盛宴"，以进一步巩固新加坡"娱乐盛事之都"的地位。如 2012 年举办 F1 摇滚音乐会，是 F1 赛事举办以来首次同时举办大型摇滚音乐会。此外，旅游局还协助主办单位尝试开拓新市场，到多个国家和地区举办"路演"，推介促销，以吸引这些地方的 F1 迷到新加坡观看比赛，并取得不错的旅游收益，给新加坡旅游业发展带来新的动力。

2011 年 9 月，新加坡入境游客人数约 73.9 万人次，比上年同期下降 4.1%，但在 F1 赛事举办期间，游客人数上升 30.3%，宾馆客房平均价格达到 306 新元（1 新元约合 5 元人民币），同比增长 49.5%，宾馆平均入住率达到 73%，宾馆客房收益共计 1.86 亿新元，比上年同期增长 26.3%。

2. 提升城市旅游形象

城市旅游形象是指旅游者对某一特定城市的经济、社会、文化等各方面的总体感知和认识。良好的城市旅游形象是城市发展旅游业的重要保证，旅游业的发达程度对于一座城市的意义不言而喻，因而城市旅游形象已成为现代城市竞争中一项重要的内容。

体育赛事，尤其是奥运会、F1 大奖赛、ATP 系列赛等大型体育赛事的举办会在短时间内吸引大量的境内外游客、媒体和业内人士，同时，体育赛事赛前和赛时声势浩大的推广活动和众多媒体大规模、长时间的报道能够大大提升赛事举办城市的知名度，而知名度的提升则会显著提高赛事举办城市作为人们旅游目的地的概率，不仅在赛事举办期间给举办城市带来大量的客源，而且对于举办城市旅游业的可持续发展也产生了重大积极的影响。芝加哥经济发展部门的研究报告指出，芝加哥熊队赢得超级杯赛为芝加哥带来的知名度相当于花 3000 万～4000 万美元进行宣传活动所产生的知名度；澳大利亚阿德莱德市的一级方程式汽车锦标赛在很短的时间内改变了该地区的旅游形象，并将南澳大利亚与一级方程式汽车锦标赛联系在一起，该赛事将阿德莱德市的形象改变为旅游目的地，并为该市赢得了更广阔的市场。此外，体育赛事在塑造城市旅游形象上的有效性可以用卡尔加里市举办的冬奥会加以说明。调查的样本为欧洲和美国的某些选定地点。调查者用了 3 年的时间跟踪人们对卡尔加里市关注程度的变化。调查结果显示，该地区的城市旅游形象发生了很大改变：在冬奥会之前，

26%的被调查者提到一年一度的卡尔加里奔牛运动，而提到奥运会的只占17%。冬奥会当年，被调查者中有77%提及奥运会，而提到卡尔加里奔牛运动的只占11%。在如此短的时间内，卡尔加里树立了其奥运城市旅游形象，而且从这一形象中获得了利益，它不再是一个主办奔牛赛的养牛小镇。

3. 更新城市旅游空间

城市旅游空间是旅游活动在城市空间地域上的投影及空间表现形式，是由具有旅游意义的物质（如自然生成物、人为构筑物）和非物质（如文化符号）空间要素所填充的实体空间。城市旅游空间的演进是在内生变量和外生变量共同作用下完成的，是一个持续动态变化的过程。体育赛事是推动城市旅游空间演进的外部力量之一，奥运会、F1大奖赛、网球大师杯赛等大型体育赛事可以在短时间内对城市旅游空间的演进产生一种突发性驱动力。这种驱动力体现在城市基础设施建设的完善、旅游收入的增加、城市形象的改善、城市规划与管理水平的提高等各个方面，直接或间接推动城市旅游空间的更新。

体育赛事有利于城市旅游空间的更新，主要体现在城市旅游空间的重构、拓展、联动三个方面。第一，体育赛事的举办推动了原有城市旅游空间形态的内敛。体育赛事的举办打破了原有城市旅游空间的格局，促使城市旅游空间形态内敛及重构。如北京奥运会的举办使北京城市旅游空间的核心轮廓进行了重构，进一步提升了北京奥林匹克公园区域在旅游发展中的轴功能。第二，体育赛事的举办推动了城市旅游空间的扩展。赛事旅游的不断发展，赛事旅游空间逐渐扩散，城市游憩带在这个过程中"生地熟化"，形成赛事旅游空间与城市游憩带外延空间的耦合，进一步加速了城市游憩空间的外延与成长。如上海赛车场、旗忠网球中心、崇明岛自行车主题公园、金山城市沙滩、东方体育中心和八万人体育场等，它们都是目前上海因体育赛事而逐渐成长、扩散出的新兴城市旅游空间。第三，体育赛事的举办促进城市旅游空间的联动发展。体育赛事，特别是持续性体育赛事的举办，有利于特色的新旅游增长极的形成，并可以以特色旅游资源带动城市其他旅游空间的发展，从而达到城市旅游空间的联动发展。F1 大奖赛新加坡站作为世界上唯一的 F1 大奖赛夜间公路赛道，备受 F1 车迷的关注。其赛道途经新加坡的一些著名地标如滨海湾巨型浮动舞台、滨海艺术中心、浮尔顿酒店、政府大厦和新达城等。新加坡在 F1 大奖赛举办的同时，也为新加坡传统的旅游空间做了宣传及推广，形成特色赛事旅游空间与传统旅游空间的联动发展。

（二）城市旅游对体育赛事发展的影响

1. 为赛事带来更多观众，推进赛事产业发展

观众是体育赛事不可或缺的主体，是赛事的主要利益相关者。体育赛事的观众数量、结构与体育赛事的质量以及赛事对城市作用的大小息息相关。若赛事举办地旅游业发达，势必会吸引更多的外地游客前来观赛，同时还会有更多旅行社、酒店等与赛事主办方开展合作。这对于单一赛事而言，可以扩大赛事的观众客源；对于举办地来说，单一赛事观众的增加也会促进举办地的赛事市场和赛事产业进一步繁荣发展。

在上海 F1 大奖赛期间，许多旅行社纷纷围绕上海 F1 设计出了许多独特的旅游路线。春秋国旅、上海中青旅、大众等 6 家负责代售票的旅行社在深化都市旅游产品，旅游节目的细节、目的地上都做了重大更新和提升，把 F1 与旅游融合起来，并针对外国和兄弟省市车迷和游客推出了一系列 "F1 + 周边游" 的旅游套餐。"上海周边一日游""华东 2 日、3 日、4 日、5 日游""上海周边商务考察" 等极速之旅线路，通过 "F1 + 旅游" 方式让游客充分体验 F1 的 "生死速"。利用 F1 大奖赛的契机，为上海注入了大量的客流，大幅扩展了非本地客源市场。自 2004 年 F1 进入中国之后，春秋国旅便开始探索 "观赛 + 旅游" 组合产品的营销和组织，第一年为很多跨国公司进行了 "观赛 + 旅游" 组合产品的策划和现场服务，获得了诸多好评。春秋国旅还在欧洲、美国开展了 "F1 + 中国旅游" 特色组合产品的宣传，吸引了近千人的特别观赛和旅游的欧美客人，在国内这样的旅游组合产品也同样获得了认可。在此基础上，2005 年和 2006 年更从春秋国旅的上海会展部、F1 部的范围扩大到全国的分社，各个分社陆续推出不同等级、不同行程的 F1 观赛旅游线路。体育赛事与旅游虽然是两个不同的行业，但两者在接待服务和组织客源上能携手联姻，蕴含无限商机。此外，在吸引外国游客来沪观赛方面，上海青旅锁定日本、美国、西班牙、德国和澳大利亚等国的车迷和游客，使其成为吸引来沪观赛团队和散客的首选地。

2. 为赛事举办提供设施保障

基础设施是城市旅游业发展的基础，也是体育赛事发展的必要条件。体育赛事基础设施配备的数量、质量与体育赛事的知名度及城市旅游业的发展程度有着很大的关系。首先，若赛事举办地旅游业发达，必然配备了较为完善的旅游服务基础设施，旅游环境也在旅游业的不断发展中逐渐改善，城市的集散与接待等服务功能日趋强大，城市的基础设施能更好地满足观光、商务会议及体育赛事发展等的需求。其次，体育赛事具有集聚效应，对举办城市在短时间内应对大客流的旅游接待提出了极高的要求。若举办城市旅游业发达，各部门在应对短时间、大客流的旅游接待时，在旅游交通、旅游住宿、旅游餐饮、旅游购物、旅游信息等方面的协调配合有着一定的默契，进一步提升了赛事旅游接待服务能力，为赛事的成功举办提供了强有力的支持。

3. 提高赛事运作的专业化水平

体育赛事举办地旅游业发展水平越高，对提升赛事运作专业化水平的作用就越大。首先，旅游业是城市服务的窗口，大型体育赛事的运作、接待离不开专业的旅游接待服务，并直接影响到参赛人员、观众对赛事运作的印象及看法。旅游接待服务水平是赛事运作专业化水平评估的一个重要方面，赛事组委会可以将运动员、裁判员及官员的接待工作外包给专业的旅游接待服务机构，这既能够使赛事组委会提升运动员的接待水平，还能够让他们有更多的精力投入赛事组织的其他环节。其次，城市旅游发展程度越高，其潜在游客客源对城市旅游的内容、品质、特性等要求也可能越多。体育场馆旅游线路、赛事主题旅游等新兴的旅游产品相对具有更高的接受度和参与度，这为体育赛事运作的专业化水平的提升与发展搭建了良好的平台，在无形中也为赛事运作的专业化水平的提高提供了动力；最后，城市旅游发展水平越高，就更有可能创造和设计出以赛事为主题的丰富的旅游产品，满足包括专业观众在内的不同观众的多样需求。

三 体育赛事与城市旅游业互动的模式

（一）阶段模式

如前所述，从历史的角度，体育赛事与城市旅游业发展的关系经历了四个阶段，即萌芽阶段、初级阶段、发展阶段和成熟阶段。这一阶段的划分主要是依据人们对体育赛事旅游价值认识的不断提升及旅游功能开发的不断深入而展开的，未涉及体育赛事与城市旅游业互动的微观实践层面。从微观角度讲，体育赛事与城市旅游业的互动也分为四个阶段，每个阶段对应不同的模式（见表 3 - 4）。

表 3 - 4　体育赛事与城市旅游业互动的阶段模式

发展阶段	主导者	组织形式	需求	具体体现
萌芽阶段	自发形成的个体或团体	个体行为	个人需求为主	体育赛事主要体现为单一的事件
初级阶段	体育部门和旅游部门共同推进，有少数中、小企业旅行社参与	政府模式	个人需求与企业赢利需求共存	体育赛事的平台作用得到部分发挥
发展阶段	政府主导，旅游企业集团和体育赛事公司共同参与开发与经营	政府＋市场模式	需求呈现多元化的趋势	赛事资源与旅游资源有效配置
成熟阶段	政府监管，企业完全按照市场规律开展经营	市场模式	各个主体的需求得到有效满足	赛事资源和旅游资源有机融合

以上海为例，目前上海体育赛事与城市旅游业互动的阶段模式已经从萌芽阶段过渡到初级阶段，闵行区旅游局、嘉定旅游局、金山区旅游局、崇明县旅游局以及春秋国旅、港中旅等旅行社逐步介入 F1 大奖赛（上海站）、上海 ATP1000 大师赛、世界斯诺克上海大师赛、世界沙滩排球巡回赛、环崇明岛国际自行车赛等赛事运营中。但相对上海国际著名旅游城市

建设的目标，上海的体育赛事与城市旅游业互动发展亟待由当前的初级阶段向发展阶段迈进，最终步入成熟阶段。

（二）开发模式

体育赛事与城市旅游业互动的开发模式主要有"经济互动"模式、"空间互动"模式和"形象互动"模式三种（见图3-4）。

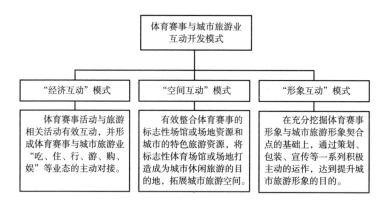

图3-4　体育赛事与城市旅游业互动的开发模式

以上海为例，目前上海在体育赛事与城市旅游业互动开发方面，三种模式均有涉及，2002年上海网球大师杯赛，9位世界网坛大师身着唐装在外滩的市民见面会活动堪称上海赛事与城市旅游"形象互动"模式的典范；以自行车为主题的崇明郊野公园的建设是体育赛事与城市旅游业"空间互动"模式的实践探索；2003年金茂集团和上海国际赛车场签订"F1金红联盟"协议是体育赛事与城市旅游"经济互动"模式的有效尝试。但总体而言，目前上海体育赛事与城市旅游业的互动开发还处于零散的、自发的、浅层次的探索阶段，亟须政府进行科学的统筹、系统的规划和积极的引导。

本章小结

本章介绍了体育赛事与城市旅游发展的基本理论。首先，从体育赛事与城市旅游发展的历史进程来看，其总共需经历萌芽阶段、初级阶段、成长阶段、成熟阶段。其次，从体育赛事与城市旅游的相关概念即基本理论入手，论述体育赛事、城市旅游、体育赛事旅游的利益相关者的概念及特征。最后，从赛事与城市旅游的整体互动关系来看整个概念框架，其需要牢固的互动基础、良好的互动表现及成熟的互动模式。

第四章 体育赛事与城市旅游互动中利益相关群体的态度和行为

本章以体育赛事主办地的本地居民和外地居民为研究对象，将 F1 大奖赛上海站及上海 ATP1000 大师赛作为案例，论述体育赛事与城市旅游互动中利益相关群体的态度和行为，研究城市旅游经济、旅游形象、赛事感知、居民态度与未来支持意愿之间的关系；同时，论述体育赛事与城市旅游对本地居民的关系，研究形象契合度、满意度、重游意向的关系。从本地和外地居民两个视角，建构两个结构方程模型，并提出相关意见及发展建议。

第一节 体育赛事与本地居民的关系

现有研究表明，一方面，本地居民是体育赛事的重要利益相关者，对体育赛事在举办地的可持续发展以及体育赛事与城市旅游业的互动发展具有举足轻重的作用。若本地居民对体育赛事持有积极的态度，并从实际行动中支持本地举办体育赛事，则可以使体育赛事成为举办城市的一个重要节庆活动，并让外地观众和本地居民都有较好的体验。这对于体育赛事对城市旅游的无论是短期影响，还是长期影响都非常重要。另一方面，社会交换理论和理性行为理论又告诉我们，本地居民对体育赛事旅游影响的感知与本地居民未来的态度和行为直接相关。通常情况下，如果本地居民对体育赛事旅游影响有较为积极的感知，那么，他们对体育赛事的态度也会更加积极，还可能会在未来的实际行动中给予支持[1]。因此，研究本地居民对体育赛事旅游影响的感知与他们对体育赛事的态度及未来行为意愿之

---

[1] Prayag, G., Hosany, S., Nunkoo, R., & Alders, T. "London Residents' Support for the 2012 Olympic Games: The Mediating Effect of Overall Attitude", Tourism Management, 2013: 629 – 640.

间的关系就显得很有意义。就国内现有研究而言，尽管有部分研究对体育赛事与旅游业的关系进行了探讨，也取得了一些初步成果，但这些研究尚停留在对体育赛事旅游影响的描述层面，定量研究甚少，更没有将体育赛事旅游影响放在一个更广阔的研究视野下，探讨其与其他相关因素之间的关系。基于此，本章以 F1 大奖赛中国站为研究对象，运用结构方程模型从本地居民的视角建立一个旨在反映体育赛事的旅游影响与本地居民对体育赛事的态度和未来行为意愿关系的理论模型。

一 理论模型的提出

(一) 理论基础：社会交换理论和理性行为理论

国外很多研究已经表明，社会交换理论是一种分析本地居民感知、态度和行为意愿的有效理论工具，它能够解释本地居民参与社会交换或者反对交换的动机。该理论认为，本地居民对体育赛事的态度取决于他们对赛事给举办地所带来的成本和收益的评价。在一个城市举办体育赛事的过程中，本地居民必然会以各种形式参与其中，这时社会交换就产生了。一些本地居民可能从中受益，而另一些本地居民则可能从中受到损失。社会交换过程理论还认为，本地居民对这种社会交换的评价是基于其对成本和收益的评判基础上的[1]。因此，从赛事举办中受益的本地居民往往会对其有正面的评价，而赛事举办对自己生活造成负面影响的本地居民则往往会有负面的评价。总之，本地居民对体育赛事旅游影响的感知将会影响本地居民对体育赛事的态度，同时进一步对本地居民未来的支持意愿产生影响。

此外，Ajzen 和 Fishbein 理性行为理论也为本文的研究提供了坚实的理论基础。该理论主要用来预测或研究个体的行为，长期以来在社会科学领域被广泛应用。理性行为理论由信念、态度、意愿以及行为等核心概念

---

① Ap, J. "Residents Perceptions on Tourism Impacts", *Annals of Tourism Research* 1992: 665 - 690.

构成，它对于解释本文中所研究的本地居民对体育赛事的态度与他们的未来支持意愿之间的关系非常适合[①]。根据理性行为理论，个人的态度是一种心理倾向，它反映的是个人对特定对象的喜欢或者不喜欢的程度，受到个人对这一特定对象的了解程度和个人信念的影响；此外，理性行为理论还认为，个人态度会影响个人的行为意愿，进而影响个人的实际行为。因此，基于理性行为理论，我们可以假设本地居民对体育赛事的正面态度将会影响本地居民对体育赛事的未来支持意愿。

（二）体育赛事对城市旅游影响的感知

关于体育赛事对举办城市的影响，国内外已经开展了很多研究。学者们的一致观点认为，尽管体育赛事对举办城市的影响较为复杂，主要表现为影响领域众多、影响方式多样、影响时效不一、影响效果不同，但运用三重底线评估框架对体育赛事的影响进行分析是一种行之有效的方法。根据三重底线评估框架，体育赛事的影响可以分为经济影响、社会影响和环境影响[②]。除了体育赛事对举办城市的影响之外，很多学者还专门对体育赛事的旅游影响进行了研究，具体影响包括促进城市旅游经济发展、促进城市成为旅游目的地、改善城市旅游环境、提升城市的旅游形象、打造城市旅游空间等[③]。黄海燕等人认为，体育赛事对城市旅游业的影响主要体现在三个方面：一是赛事对城市旅游经济的影响，包括对外来游客人数和消费的增加、旅游收入的增长、旅游产业结构的优化以及客源结构的调整等；二是赛事对城市旅游形象的影响，包括增加城市的媒体曝光、提升城市的知名度、促进城市标志性建筑的建设、塑造独特的城市旅游形象等；三是更新城市旅游空间，包括促进赛场成为特色旅游景点、推动赛场成为主题旅游区、带动周边旅游业发展、促进赛场成为旅

①　Ajzen, I., & Fishbein, M. Understanding Attitude and Predicting Social Behavior [M]. Englewood Cliffs, NJ: Prentice-Hall. 1980: 46~58.

②　黄海燕、张林：《体育赛事综合影响及其评估研究》，《武汉体育学院学报》2010年第1期，第51~55页。

③　张林、黄海燕主编：《体育赛事与城市发展》，人民体育出版社，2013，第54~97页。

游集散地，等等①。此外，很多研究还表明，本地居民对体育赛事的态度取决于人们对体育赛事影响的感知。总体而言，现有研究支持体育赛事对城市旅游业的影响感知和本地居民对体育赛事态度之间存在正向关系的观点。因此，基于社会交换理论和理性行为理论，以及大量现有的应用性研究成果，本文提出了如下假设。

H1：体育赛事对城市旅游经济影响的感知正面影响本地居民对体育赛事的态度；

H2：体育赛事对城市旅游形象影响的感知正面影响本地居民对体育赛事的态度；

H3：体育赛事对城市旅游空间影响的感知正面影响本地居民对体育赛事的态度。

（三）本地居民对体育赛事的态度及未来支持意愿

态度是人们对价值的一种判断。根据社会交换理论和理性行为理论，本地居民对体育赛事所持的态度受本地居民对体育赛事旅游影响感知的影响，同时，它能进一步影响本地居民对体育赛事的未来支持意愿；而这种支持意愿又会对未来的实际行为产生直接影响。尽管目前已经有很多研究对本地居民对赛事旅游影响的感知与其对体育赛事的支持行为之间的关系进行研究，但关于本地居民对赛事旅游影响的感知、本地居民对体育赛事的态度以及本地居民对体育赛事未来支持意愿三者之间关系的研究还很少。此外，有研究发现，本地居民对体育赛事的态度能够有效地预测本地居民对体育赛事的支持意愿；还有研究发现，本地居民对体育赛事的态度能够在本地居民的赛事影响感知和本地居民对体育赛事的支持行为中起到很好的中介效应。基于此，本文提出了如下4个假设。

H4：本地居民对体育赛事的态度正面影响本地居民对体育赛事的未来支持意愿；

---

① 黄海燕、徐琳、骆雷、马洁：《体育赛事与上海旅游业互动发展研究》，《上海体育学院学报》2013年第5期，第37~41页。

H5：体育赛事对城市旅游经济影响感知通过本地居民态度的中介效应与未来支持意愿显著正相关；

H6：体育赛事对城市旅游形象影响感知通过本地居民态度的中介效应与未来支持意愿显著正相关；

H7：体育赛事对城市旅游影响感知通过本地居民态度的中介效应与未来支持意愿显著正相关。

二 研究方法

（一）问卷的设计

本研究中本地居民关于体育赛事对城市旅游影响的感知和态度问卷共包括三部分。第一部分为本地居民对体育赛事的城市旅游影响感知。该部分共计包括23个问题，涉及体育赛事对城市旅游经济、旅游形象和旅游空间的影响。在问题的设计中，本文参考了很多国外的相关文献。第二部分为本地居民对体育赛事的态度。该部分由4个问题组成，问题的设计主要基于 Andereck 和 Vogt，Kwon 和 Vogt，Prayag、Hosany、Nunkoo 和 Alders 以及 Zhou 和 Ap 等人的研究成果。第三部分为本地居民对体育赛事的支持意愿。该部分由6个问题组成，问题主要基于 Andereck 和 Vogt，Chien、Ritchie、Shipway 和 Henderson，Lee 以及 Prayag、Hosany、Nunkoo 和 Alders 等人的研究成果。以上所有的问题均采用李克特五级量表进行衡量（1＝非常不同意；5＝非常同意）。除此之外，问卷还包括一些被调查者基本情况的问题，如年龄、性别、职业、教育程度及收入等。

关于问卷题项的内容和效度首先由5位体育赛事管理的专家进行把关，他们关注于对问卷题项的相关性、代表性和明晰度的评判。根据专家提出的建议，本文对问卷进行了修正和完善。正式调查前，本文于2013年4月进行了一次预调查，预调查主要是对问卷结构的衡量，本次预调查共计收集154份有效问卷。运用探索性因子分析对问卷各构念的维度进行了检验。为了保证在探索性因子分析中每一个因子只有一个维度，并且每一个题项只属于一个因子，因此因子负荷在0.4以下的题项以及在两个因子负荷都大于0.4的题项被直接删除，剩余的题项以及每个构念的信度系数见表4-1。所有构念的克伦巴赫系数（Cronbach's alpha）值都大于0.70，说明问卷的信度较好。

表4-1 问卷题项及克伦巴赫系数值

问卷构念及题项	克伦巴赫系数
体育赛事对城市旅游经济影响的感知（TE）	0.86
短期内大量外地观众会前来上海（TE1）	—
短期内促进了上海旅游消费（TE2）	—
增加了交通、餐饮、旅游等行业的收入（TE3）	—
促进了上海旅游产业的结构调整（TE4）	—
改善了上海旅游的客源结构（TE5）	—
体育赛事对城市旅游形象影响的感知（TI）	0.82
通过电视等途径宣传了上海旅游形象（TI1）	—
彰显了上海国际化大都市的形象（TI2）	—
促进了上海基础设施和标志性建筑物建设（TI3）	—
改善了上海旅游环境（TI4）	—
促进上海形成独立的文化氛围（TI5）	—
体育赛事对城市旅游空间影响的感知（TS）	0.88
使上海赛车场成为赛车主题旅游区（TS1）	—
为嘉定旅游业发展提供了一个机遇（TS2）	—
带动了周边旅游业的发展（TS3）	—
促进了上海赛车场成为上海特色旅游景点（TS4）	—
使大量游客前来上赛场体验赛车文化（TS5）	—
使上海赛场在未来成为一个旅游集散地（TS6）	—
本地居民对体育赛事的态度（ATT）	0.93
我为上海举办F1大奖赛感到高兴和自豪（ATT1）	—
上海举办F1大奖赛是一件好事（ATT2）	—
上海办F1大奖赛利大于弊（ATT3）	—
举办F1大奖赛是正确的决策（ATT4）	—

问卷构念及题项	克伦巴赫系数
本地居民支持体育赛事的意愿(IS)	0.90
继续支持上海未来举办 F1 大奖赛(IS1)	—
支持上海举办更多像 F1 这样的体育赛事(IS2)	—
愿意到现场观看比赛(IS3)	—
愿意为上海 F1 大奖赛做志愿者(IS4)	—
愿意为上海办 F1 大奖赛支付一定的费用(IS5)	—

(二) 问卷的发放

本次问卷于 2013 年 5 月采用现场发放并回收的方式进行，调查对象为知道上海 F1 大奖赛上海站的本地居民。问卷由 16 名来自上海体育学院经济管理学院，并接受过培训的本科生进行发放，他们分散在上海 5 个不同区域的地点：五角场商业区 (东北)；嘉定新城商业区 (西北)；人民广场 (市中心)；徐家汇商业区 (南部)；闵行体育公园 (西南)。受访者首先被告知本次调查的主要目的，并且被问及是否知道上海举办 F1 大奖赛。只有回答知道这一赛事的本地居民才被要求参与本次调查。在所有 2137 名受访者中，有 852 人不知道上海举办 F1 大奖赛。在 1285 名知道上海举办 F1 大奖赛的本地居民中，共有 600 人完成了本次调查，答复率为 46.7%。文中采用随机抽样的方法选择受访者，为了减少随机抽样可能带来的样本偏差，本地调查样本包括了各种各样社会人口特征的受访者。其中男性受访者占 53.0%，女性受访者占 47.0%；18~25 岁的受访者占 37.9%，26~35 岁的受访者占 38.2%，36~45 岁的受访者占 15.3%，46~55 岁的受访者占 4.7%，55 岁以上的受访者占 3.9%；绝大多数受访者都有较好的文化教育，其中本科学历的占 46.7%，研究生学历的占 18.8%；就职业而言，36.8% 的受访者受雇于其他人，24.3% 的受访者为个体经营者，另外还有 22.7% 的受访者为学生；此外，37.7%的受访者月收入超过 1 万元，33.3% 的受访者月收入在 5001~10000 元，29.0% 的受访者月收入小于 5000 元。

（三）数据分析方法

本文使用 SPSS21.0 和 AMOS21.0 软件，并采用两步法对假设模型进行了检验。第一步采用验证性因子分析的方法对测量模型进行检验。为了保证测量模型的质量，本文对"体育赛事对城市旅游经济影响的感知""体育赛事对城市旅游形象影响的感知""体育赛事对城市旅游空间影响的感知""本地居民对体育赛事的态度"和"本地居民支持体育赛事的意愿"五个构念的复合信度、收敛效度、区分效度，以及整个测量模型的适配度进行了评价。第二步则对整体模型进行结构方程分析，主要探讨"体育赛事对城市旅游经济影响的感知""体育赛事对城市旅游形象影响的感知""体育赛事对城市旅游空间影响的感知""本地居民对体育赛事的态度"和"本地居民支持体育赛事的意愿"等构念之间的关系。对不同构念之间相关路径的直接效应和间接效应进行了分析。本文运用极大似然值法进行参数估计，检验模型适配度的指标包括：χ^2/df、RMSEA、NFI、CFI、GFI 和 RMR。通常情况下，CFI、NFI 和 GFI 的值均大于 0.90 表示模型路径图与实际数据有良好的适配度[1]；尽管没有一个绝对的门槛来决定 RMR 值多少为可以接受的指标值，但一般而言，0.05 以下是可接受的适配模型[2]；RMSEA 为一种不需要基准线模型的绝对性指标，其值越小，表示模型的适配度越好，一般而言，当 RMSEA 的数值高于 0.10 时，模型的适配度欠佳，其数值在 0.08 ~ 0.10 则是模型尚可，具有普通适配；在 0.05 ~ 0.08 表示模型良好，即有合理适配，若其值小于 0.05 表示模型适配度非常好[3]；此外，卡方自由度比值介于 1 至 3 之间表示假设

---

[1] Hu, L., & Bentler, P. (1995). Evaluating Model Fit. In Structural Equation Modeling: Concepts, Issues and Applications, R. Hoyle, ed., pp. 76 – 99. Thousand Oak: Sage.

[2] 吴明隆著：《结构方程模型——AMOS 的操作与应用（第 2 版）》，重庆大学出版社，2010 年第 10 期，第 44 页。

[3] Browne, W., & Cudeck, R., "Alternative Ways of Assessing Model Fit", *Sociological Methods and Research*, 21 (1992): 230 – 258.

模型与样本数据的契合度可以接受[1]。

为了进一步分析本地居民对体育赛事态度的中介效应，本文运用了包含 5000 个 bootstrap 样本和 95% 置信区间的引导程序。根据 Zhao，Lynch 和 Chen 等人的观点，如果间接效应（自变量→中介变量→应变量）的 95% 置信区间不包含零值，则表示中介效应是显著的[2]。这种中介效应检验的方法比 Sobel 的 z 检验和 Baron – Kenny 程序的中介效应检验更加科学[3]。

三　研究结果

（一）测量模型

测量模型是一组用来反映潜在变量或假设构念的观察变量的线性函数，它代表着观察变量反映潜在变量或假设构念的信度和效度[4]。通过统计分析发现，所有题项在相应的因子中的因子负荷都较高，且均达到 0.05 的显著水平（$p < 0.05$）。验证性因子分析的结果表明，整体假设模型与样本数据可以适配（$\chi^2/df = 1.76$；RMSEA $= 0.075$，NFI $= 0.91$，CFI $= 0.91$，GFI $= 0.92$，RMR $= 0.048$）。

此外，本文还对假设模型的信度和效度进行了检验。各个变量的因子负荷、t 值、克伦巴赫 α 值、复合信度（CR）以及平均方差提取值（AVE）见表 4 – 2。5 个潜在变量（"体育赛事对城市旅游经济影响的感知""体育赛事对城市旅游形象影响的感知""体育赛事对城市旅游空间影响的感知""本地居民对体育赛事的态度"和"本地居民支持体育赛事的意

① Wheaton, B., "Assessment of Fit in Overidentified Models with Latent Variables", *Sociological Methods and Research* 16 (1987): 118 – 124.

② Zhao, X., Lynch, G., & Chen, Q., "Reconsidering Baron and Kenny: Myths and Truths about Mediation Analysis", *Journal of Consumer Research* 37 (2010): 197 – 206.

③ Preacher, J., & Hayes, F., "Asymptotic and Resampling Strategies for Assessing and Comparing Indirect Effects in Multiple Mediator Models", *Behavior Research Methods* 40 (2008): 879 – 891.

④ Hair, F., Black, C., Babin, J., Anderson, E., & Tatham, L. (2006). Multivariate Data Analysis (6th ed.). Englewood Cliffs, NJ: Prentice Hall.

愿"）的克伦巴赫 α 值分别为 0.87，0.80，0.80，0.92 和 0.90，均大于 0.70 的临界值，说明这一测量模型的信度是比较高的[1]。此外，还对模型的收敛效度和区分效度进行了检验。收敛效度是指测量相同潜在特质的题项或测验会落在同一个因素构面上，且题项或测验间所测得的测量值之间高度相关[2]。从表 4 - 2 中的因子负荷和 t 值我们可以看出，所有的因子负荷都大于 0.50，且都达到了 0.05 的显著水平（$p < 0.05$）[3]。区分效度运用潜在变量间的相关度进行衡量。假设模型中各个潜在变量的相关系数均小于 0.85，说明假设模型中的各个潜在变量具有区分效度[4]（见表 4 - 3）。此外，本文还运用 AVE 对模型的收敛效度和区分效度进行了衡量，结果显示 5 个潜在变量的 AVE 值均大于 0.50，进一步说明假设模型具有较好的收敛效度和区分效度[5]。

表 4 - 2 测量模型的因子负荷、t 值、克伦巴赫 α 值、复合信度（CR）以及平均方差提取值一览

构念及题项	因子负荷	t 值	α	CR	AVE
体育赛事对城市旅游经济影响的感知(TE)	0.73	—	0.87	0.87	0.54
短期内大量外地观众会前来上海(TE1)	0.79	—	—	—	—
短期内促进了上海旅游消费(TE2)	0.81	13.58	—	—	—
增加了交通、餐饮、旅游等行业的收入(TE3)	0.72	13.73	—	—	—
促进了上海旅游产业的结构调整(TE4)	0.69	12.88	—	—	—
改善了上海旅游的客源结构(TE5)	0.68	12.52	—	—	—

---

[1] Nunnally, C. , & Bernstein, H. (1994). Psychometric Theory. New York, NY: MGraw - Hill.

[2] Netemeyer, G. , Johnston, W. , & Burton, S. , "Analysis of Role Conflict and Role Ambiguity in a Structural Equations Framework", *Journal of Applied Psychology* 75 (1990): 148 - 157.

[3] Hair, F. , Black, C. , Babin, J. , Anderson, E. , & Tatham, L. (2006). Multivariate Data Analysis (6th ed.). Englewood Cliffs, NJ: Prentice Hall.

[4] Kline, B. (2005). Principles and Practice of Structural Equation Modeling (2nd ed.). New York: Guilford Press.

[5] Bagozzi, P. , & Yi, Y. , "On the Evaluation of Structural Equation Models", *Journal of the Academy of Marketing Science* 16 (1988): 74 - 94.

续表

构念及题项	因子负荷	t 值	α	CR	AVE
体育赛事对城市旅游形象影响的感知(TI)	0.86	8.77	0.80	0.85	0.60
通过电视等途径宣传了上海旅游形象(TI1)	0.75	—	—	—	—
彰显了上海国际化大都市的形象(TI2)	0.75	11.91	—	—	—
促进了上海基础设施和标志性建筑物建设(TI3)	0.74	11.90	—	—	—
改善了上海旅游环境(TI4)	0.68	11.87	—	—	—
促进了上海形成独立的文化氛围(TI5)	0.62	11.32	—	—	—
体育赛事对城市旅游空间影响的感知(TS)	0.65	7.70	0.81	0.86	0.57
使上海赛车场成为赛车主题旅游区(TS1)	0.80	—	—	—	—
为嘉定旅游业发展提供了一个机遇(TS2)	0.73	15.64	—	—	—
带动了周边旅游业的发展(TS3)	0.70	14.75	—	—	—
促进了上海赛车场成为上海特色旅游景点(TS4)	0.71	14.18	—	—	—
使大量游客来上赛场体验赛车文化(TS5)	0.66	14.33	—	—	—
使上海赛场在未来成为一个旅游集散地(TS6)	0.64	13.53	—	—	—
本地居民对体育赛事的态度(ATT)	—	—	0.92	0.92	0.76
我为上海举办 F1 大奖赛感到高兴和自豪(ATT1)	0.86	—	—	—	—
上海举办 F1 大奖赛是一件好事(ATT2)	0.87	27.51	—	—	—
上海办 F1 大奖赛利大于弊(ATT3)	0.90	29.59	—	—	—
举办 F1 大奖赛是正确的决策(ATT4)	0.87	27.81	—	—	—
本地居民支持体育赛事的意愿(IS)	—	—	0.90	0.91	0.66
继续支持上海未来举办 F1 大奖赛(IS1)	0.77	—	—	—	—
支持上海举办更多像 F1 这样的体育赛事(IS2)	0.82	21.05	—	—	—
愿意到现场观看比赛(IS3)	0.80	20.34	—	—	—
愿意为上海 F1 大奖赛做志愿者(IS4)	0.88	22.61	—	—	—
愿意为上海办 F1 大奖赛支付一定的费用(IS5)	0.78	19.75	—	—	—

表 4 - 3　潜在变量的相关矩阵

潜在变量	TE	TI	TS	ATT	IS
TE	1.00	—	—	—	—
TI	0.38**	1.00	—	—	—
TS	—	—	1.00	—	—
ATT	0.64**	—	−0.015	1.00	—
IS	0.61**	—	−0.019	0.72**	1.00

注:** $p < 0.01$。

（二）结构模型

本文运用结构方程模型检验潜在变量之间的关系，整体模型适配度的检验结果如下：$\chi^2/df = 1.73$；RMSEA = 0.069，NFI = 0.92，CFI = 0.93，GFI = 0.92，RMR = 0.042。以上结果充分说明被检验的假设模型与实际观察数据适配良好。结构模型适配度的统计数据以及潜在变量间关系的数据见表4-4和图4-1。从表4-4中可以看出，本地居民的体育赛事旅游经济影响感知、旅游形象影响感知和旅游空间影响感知都对他们对体育赛事的态度具有显著的正向影响（$p < 0.05$），其标准化路径系数分别为0.316、0.167和0.476；此外，本地居民对体育赛事的态度对他们未来的支持意愿也具有显著的正向影响（$p < 0.05$；$\beta = 0.930$）。基于以上对路径系数的衡量，本文收集的观察数据均支持文中所提出了四个研究假设。

表4-4　标准化的路径系数、t值、标准差一览

路径	标准化路径系数	t值	标准差	假设检验
TE→ATT(H_1)	0.316	5.311**	0.055	支持
TI→ATT(H_2)	0.167	2.374**	0.070	支持
TS→ATT(H_3)	0.476	7.751*	0.062	支持
ATT→IS(H_4)	0.930	22.859**	0.049	支持

注：** $p < 0.01$；* $p < 0.05$。

（三）中介效应

本文选择使用逐步检验法来进一步检验本地居民对体育赛事的态度在体育赛事旅游影响感知（包括旅游经济影响感知、旅游形象影响感知和旅游空间影响感知）和本地居民支持体育赛事意愿之间的中介效应，这也是中介效应检验中最常用的方法。根据 Baron 和 Kenny 的观点，在中介效应的检验过程中应满足三个条件：第一，必须确认自变量可以显著预测中介变量与应变量；第二，中介变量必须显著预测应变量；第三，当自变量与中介变量同时预测应变量时，自变量对应变量的关系会

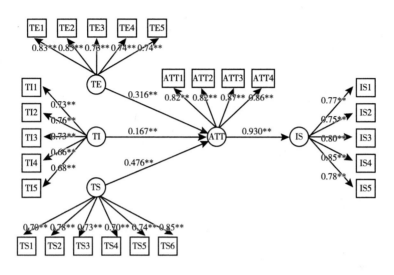

图 4 - 1 本地居民的体育赛事旅游影响感知、态度及
其未来支持意愿结构关系图

注：** 表示 $p < 0.01$。

因为中介变量的加入而不显著或降低。如果变成不显著，即为完全中介效应；若只有关系降低，但还显著，则为部分中介效应[①]。本文的研究符合所有上述三个条件，故适合做中介效应分析。最终结果表明（见表 4 - 5）：本地居民对体育赛事的态度在体育赛事旅游经济影响感知和本地居民支持体育赛事意愿之间为完全中介效应；同样，本地居民对体育赛事的态度在体育赛事旅游形象影响感知和本地居民支持体育赛事意愿之间也为完全中介效应；此外，本地居民对体育赛事的态度在体育赛事旅游空间影响感知和本地居民支持体育赛事意愿之间为部分中介效应，中介效应的比例为 90.6% 。因此，本文收集的观察数据均支持文中所提出了其他三个研究假设。

---

① Baron, M. , & Kenny, A. , " The Moderator - mediator Variable Distinction in Social Psychological Research: Conceptual, Strategic, and statistical Considerations ", *Journal of Personality and Social Psychology* 51 （1986）: 1173 - 1182.

表 4 - 5　中介效应分析结果一览

项目	非标准化权重	标准化权重			
直接效应					
TE→IS	0.588 **	0.534		—	
TI→IS	0.536 **	0.476		—	
TS→IS	0.709 **	0.640		—	
间接效应	非标准化权重	标准化权重	95% 置信区间		结论
			上限	下限	
TE→ATT→IS	0.634	0.544	0.463	0.817	完全中介效应
TI→ATT→IS	0.533	0.445	0.387	0.688	完全中介效应
TS→ATT→IS	0.672 *	0.580	0.548	0.807	部分中介效应

注：$^{**} p < 0.01$，$^* p < 0.05$。

四　结果讨论

本研究的主要目的是通过 F1 大奖赛上海站的案例，探讨体育赛事旅游影响感知与本地居民对体育赛事的态度以及本地居民支持体育赛事的意愿之间的关系。研究结果表明：本地居民关于体育赛事对城市旅游业影响的感知对本地居民的体育赛事态度有正面的影响，同时本地居民的体育赛事态度又进一步对本地居民支持体育赛事的意愿有积极的影响。此外，研究结果还显示，本地居民对体育赛事的态度在体育赛事的城市旅游影响感知（包括旅游经济感知、旅游形象感知和旅游空间感知）与本地居民支持体育赛事的意愿之间具有中介效应。

本文中体育赛事对城市旅游业的影响被分为三个方面，即旅游经济影响、旅游形象影响和旅游空间影响。其中前两个方面的影响对于我们并不陌生，国内外有很多研究支持本文的观点，而关于体育赛事对城市旅游空间的影响，目前国内外对此问题进行讨论的文献并不多，尽管有部分文献结合实际的案例对赛事与城市旅游空间的关系进行了探讨，但目前尚未有研究像本文一样，将体育赛事对城市旅游空间的影响上升到理论层面，作为体育赛事对城市旅游业影响的一个重要因子，这也是本文对体育赛事与城市旅游业关系的一个主要理论贡献。

本文中的前 3 个关于体育赛事对城市旅游影响与本地居民对体育赛事态度的假设均在研究中得到了证实（b = 0.316，t = 5.311；b = 0.167，t = 2.374；b = 0.476，t = 7.751）。这一结果与社会交换理论的观点不谋而合。根据社会交换理论，如果本地居民能够从体育赛事的举办中受益，那么他/她将会对本地所举办的体育赛事持有较为积极的态度。当然，本文所得到的结论也与国外其他学者的相关研究是一致的[①]。从本地居民对体育赛事的城市旅游经济、旅游形象和旅游空间影响感知的标准化路径系数看，本地居民关于体育赛事对城市旅游空间的影响感知对本地居民的体育赛事态度影响最大，其次是城市旅游经济感知，最后是城市旅游形象感知。其原因可能是体育赛事对城市旅游空间的影响和对城市旅游经济的影响对于本地居民而言是较为直接的影响，本地居民更容易感知到，也更容易从中受益；反之，体育赛事对城市旅游形象的影响对于本地居民而言则是一种间接的影响，而且这种影响对本地居民产生作用的时间较长，因此，本地居民要从中受益也要经过一段较长的时间。

本文的第 4 个假设，即本地居民对体育赛事的态度与本地居民支持体育赛事的意愿有正向关系，也在研究中得到了证实（b = 0.930，t = 22.859）。当然，本文的这一结论是在意料之中的。一方面，这一结果与理性行为理论的观点是一致的。该理论认为，如果本地居民对体育赛事持有积极的态度，那么他就更有可能产生支持体育赛事的行为意愿。另一方面，本文的这一结论还得到了很多其他研究的支撑，例如 Prayag 等人在对 2012 年伦敦奥运会的研究中认为，本地居民对奥运会的积极态度会提高人们对奥运会的支持意愿，并会进一步促使本地居民对地方政府未来申办体育赛事的行为表示支持。

此外，关于本地居民对体育赛事的态度在旅游影响感知和本地居民

---

① Prayag, G., Hosany, S., Nunkoo, R., & Alders, T., "London Residents' Support for the 2012 Olympic Games: The Mediating Effect of Overall Attitude", *Tourism Management*, 2013: 629 - 640.

未来支持意愿之间中介效应的 3 个假设也都得到了支持。本文得到这一结果并不意外，国外也有很多学者持有相同观点，他们也认为态度可以作为感知和行为意愿之间一个重要的中介变量。就体育赛事对城市旅游三类影响感知而言，本地居民的态度在城市旅游经济感知和城市旅游形象感知与本地居民支持意愿之间是完全的中介效应，这也验证了部分学者提出的观点，即本地居民对体育赛事影响的感知并不能直接产生本地居民对体育赛事支持；但就城市旅游空间影响的感知而言，尽管本地居民的态度在旅游空间影响感知与本地居民支持意愿之间的中介效应达90% 以上，但它还是属于部分中介效应，说明本地居民关于体育赛事对城市旅游空间影响的感知还是会在一定程度上直接影响本地居民对体育赛事的支持意愿。

五 研究结论与建议

随着体育赛事和城市旅游业的发展，体育赛事对城市旅游的影响也越来越重要，具有较高旅游价值的超大型体育赛事和标志性体育赛事逐渐成为城市旅游重要的吸引物。本研究以 F1 大奖赛上海站为案例，揭示了体育赛事旅游影响感知与本地居民对体育赛事的态度以及本地居民支持体育赛事的意愿之间的关系。本研究的理论贡献主要体现在：第一，本文首次运用验证性因子分析，获得了体育赛事对城市旅游影响的三大因子，即旅游经济影响因子、旅游形象影响因子和旅游空间影响因子，这为后续进一步推进体育赛事与城市旅游业发展相关研究奠定了坚实基础。同时，本文首次将体育赛事对城市旅游空间的影响作为体育赛事旅游影响的重要方面，进一步丰富了体育赛事旅游的理论体系。第二，本文是国内首次从本地居民的视角探讨体育赛事对城市旅游的影响，进一步拓宽了体育赛事旅游影响的研究视野，此外，通过本文的研究，形成了一套本地居民关于体育赛事对城市旅游影响及其态度和支持意愿的量表，这对于完善体育赛事旅游的理论体系具有一定价值。

本文对实践方面的建议有以下两点。第一，研究显示，本地居民关于体育赛事对城市旅游影响的感知会影响其对体育赛事的态度和支持体育赛事的意愿，这表明若要使体育赛事得到更多举办地本地居民的支持，加强本地居民对体育赛事旅游影响的感知很重要。基于此，地方政府和赛事运营方应采取有效措施促进体育赛事与城市旅游业的互动发展。第二，通过本文研究发现，本地居民对体育赛事的态度受其对体育赛事旅游空间影响的感知影响最大，这说明若是对体育赛事的城市旅游空间影响感知越强，则本地居民就更容易对体育赛事形成积极的态度。基于此，地方政府和赛事运营方应加强体育赛事旅游空间的打造，通过合理的规划，培育具有项目特色的赛事旅游空间，完善体育赛事旅游空间活动体系，扩大体育赛事旅游空间影响力。本文关于后续研究的建议有：第一，本文是通过对 F1 大奖赛中国站这一案例的研究验证了所提出的理论假设，但由于 F1 大奖赛中国站是一个在特定城市举办的特定的体育赛事，尚不具有普遍的意义，因此，本文所得到的理论模型需要在未来应用更多的体育赛事进行验证，以进一步使本文的理论模型具有普遍意义；第二，根据 Faulkner 等人的研究观点，本地居民关于体育赛事旅游影响的感知受很多其他内在变量的影响，如公众参与度、社区归属感、本地居民对赛事的喜好度以及本地居民的人口社会学参数等，因此，为了较为全面地分析本地居民对体育赛事旅游影响的感知，未来应将这些因素逐步加入理论模型进行分析。

第二节　体育赛事与外地观众的关系

大量研究发现，当体育赛事形象与举办地形象高度契合后，前者将对后者产生积极的影响①。很多举办地为了重新定位及提高城市形象，十分积极地将体育赛事有效融入城市营销及各类宣传活动之中②。同时，国内

---

① Xing, X., & Chalip, L., "Effects of Hosting a Sport Event on Destination Brand: A Test of Co-branding and Match-up Models", *Sport Management Review*, 2006 (9): 49-78.

② Bramwell, B., "Strategic Planning before and after a Mega-event", *Tourism Management*, 1997 (18): 167-176; Gibson, H., Qi, X., & Zhang, J., "Destination Image and Intent to Visit China and the 2008 Beijing Olympic Games", *Journal of Sport Management*, 2008 (22): 427-450.

外学者经过实证研究发现，赛事形象和举办地形象会影响游客满意度和重游意向①。因此，研究赛事形象和举办地形象的互动整合方式十分必要。虽然已有为数不少关于体育赛事形象、举办地形象、游客行为的研究，但是关于赛事形象和举办地形象契合度对游客满意度和重游意向影响的研究寥寥无几。基于此，本文以两大国际大型体育赛事——F1 大奖赛上海（以下简称"F1"）和上海 ATP1000 网球大师赛（以下简称"ATP"）为研究对象，探究赛事形象和举办地形象契合度对游客满意度和重游意向的影响。

一 理论模型的提出

（一）体育赛事与举办地形象契合度

首先，形象是指对事物外部特征描述的心理表征，人们对形象的判断往往是对事物印象的整合②。举办地形象被定义为在选择性和创造性信息整合过程之后对此地区形成的心理表征，同时举办地形象也是其品牌效益的一部分③。旅游领域的相关研究认为，体育赛事可以吸引大量媒体关注并以此为主办城市做宣传④，可以说，体育赛事形象客观地反映了举办地形象。因此，体育赛事被视为举办地特征的重要组成部分之一。

---

① Bigne, E. , Sanchez, I. , & Sanchez, J. , "Tourism Image, Evaluation Variables and after Purchase Behavior: Interrelationship", *Tourism Management* 2001 （22）: 607 – 616; Ritticharinuwat, B. , Qu, H. & Brown, J. , "Thailand's International Travel Image", *Cornell Hotel and Restaurant Administration Quarterly* 2001 （24）: 82 – 95.

② Reynolds, H. , "The role of the Consumer in Image Building", *California Management Review* 1965 （3）: 69 – 76; Milman, A. , & Pizam, A. , "The Role of Awareness and Familiarity with a Destination: The Central Florida Case", *Journal of Travel research* 1995 （3）: 21 – 27; Li, X. , & Vogelsong, H. , "Comparing Methods of Measuring Image Change: A Case Study of a Small Scale Community Festival", *Tourism Analysis* 2006 （10）: 349 – 360.

③ Li, X. , Petrick, J. , & Zhou, Y. , "Towards a Conceptual Framework of Tourists' Destination Knowledge and Loyalty", *Journal of Quality Assurance in Hospitality and Tourism* 2008 （3）: 79 – 96.

④ Mendes, J. , Valle, P. , & Guerreiro, M. , "Destination Image and Events: A Structural Model for theAlgarve Case", *Journal of Hospitality Marketing & Management* 2011 （20）: 366 – 384.

　　体育赛事同样也具有相应的形象，其形象特征主要由竞赛、社会分享、技能要求和项目知识构成①。此外，对于游客来说，赛事组织、环境、相关活动、社会分享、自我满足和情感投入也是赛事形象的组成部分②。从本质上说，体育赛事形象与举办城市形象是一致的，同时举办地形象也会在某种程度上影响赛事形象。

　　举办地形象和赛事形象之间具有错综复杂的关系。对于举办地城市营销者来说，充分了解两者之间的关系可以帮助他们为城市选择更为合适的体育赛事③。尤其是在举办地形象和赛事形象契合度对游客行为的影响方面，还需要有更深层次的研究④。契合也可以称为匹配、相符、相似，通常是指赛事（体育赛事）属性与品牌（举办地）属性之间的感知相似度。Florek 和 Insch 将赛事形象和举办地形象契合模式分为 4 种：（a）正向契合，是指赛事和举办地形象感知均为正面；（b）负向契合，是指赛事形象感知是正面的，但是举办地形象感知是负面的；（c）正向错配，是指举办地形象感知是负面的，但是赛事形象感知是正面的；（d）负向错配，是指赛事和举办地形象感知均为负面⑤。同时，研究还推测：如果体育赛事和举办地形象整体感知是正面的（正向契合），那么游客对于观看赛事的意愿则会更强烈；但如果两者是负向错配，那么赛事形象将会破坏城市形象，城市负面形象也会破坏赛事形象，这对赛事和城市都会造成长期的负面影响。

　　其次，形象主要由情感和认知两个维度构成，因为消费者对事物的参

①　Gwinner P. ，"A Model of Image Creation and Image Transfer in Event Sponsorship"，*International Marketing Review* 1997（3）：145 – 158.

②　Kaplanidou, K. ，& Vogt, C. ，"The Interrelationship Between Sport Event and Destination Image and Sport Tourists' Behaviors"，*Journal of Sport & Tourism* 2007（12）：183 – 206.

③　同 3。

④　Hallmann, K. & Breuer, C. ，"Image Fit Between Sport Events and Their Hosting Destinations From an Active Sport Tourist Perspective and Its Impact on Future Behavior"，*Journal of Sport and Tourism* 2010（a）（3）：215 – 237.

⑤　Florek, M. ，& Insch, A. ，"When Fit Matters：Leveraging Destination and Event Image Congruence"，*Journal of Hospitality Marketing & Management* 2011（3）：265 – 286.

与可以分为情感参与和认知参与①。情感举办地形象是由"举办地感情"形成的，认知举办地形象是由"举办地知识和信念"形成的②。在体育参与的相关研究中，可通过提高赛事情感和美学吸引力塑造体育赛事情感形象，同时还可通过提高个人理性和赛事认知度塑造体育赛事认知形象。因此，除了赛事形象和举办地形象的契合之外，形象契合还可分为情感形象契合和认知形象契合③。情感形象契合是指在情感方面的共同点，认知形象契合是指在认知方面的共同点。

Hallmann 和 Breuer 运用定量分析法测量了举办地与赛事形象契合度。他们运用特征分析法，制定能够同时形容体育赛事形象和举办地形象的特征变量，并且运用欧几里得数学几何模型计算出影响形象变量之间的指数，从而对形象契合度进行间接评价。研究共运用 10 个与情感形象和认知形象相关的变量分析赛事形象和举办地形象。认知形象测量采用五级语义差异量表，并通过 3 项指标评价其环境和声誉：国际的 vs. 本土的，自然的 vs. 人工的，现代的 vs. 传统的。情感形象测量同样也采用五级语义差异量表，并通过 4 项指标表明赛事和举办地情感：欢快的 vs. 沮丧的，激动人心的 vs 无聊的，有趣的 vs. 呆板的，愉悦的 vs. 悲伤的。该研究通过分析和比较德国 4 个不同的体育赛事与其举办地形象之间的契合度，发现形象契合度对体育旅游者的重访意愿具有正面影响。

国内外研究发现，赛事主办城市和体育赛事形象对游客满意度和重访

① Zaichkowsky. , "The Personal Involvement Inventory: Reduction, Revision, and Application", *Journal of advertising* 1994 (40): 59 – 70; Shank, & Beasley. , "Fan or fanatic: refining a measure of sports", *Journal of Sport Behaviour* 1998 (21): 435 – 443.

② Stepchenkova, S. , & Morrison, A. , "Russia's Destination Image among", *Tourism Management* 2008 (29): 548 – 560; Baloglu, & McCleary. , "A Model of Destination Image Formation", *Annals of Tourism Research* 1999 (4), pp. 808 – 889.

③ Gallarza, G. , Gil – Saura, I. , & Calderon – Garcia, H. , "Destination image: Towards a Conceptual Framework", *Annals of Tourism Research* 2002 (1): 56 – 78; Hallmann K. , & Breuer, C. , "The Impact of Image Congruence Between Sport Event and Destination on Behavioral Intentions", *Tourism Review* 2010 (b) (1): 66 – 74.

意向具有重要影响①。赛事和举办地形象越正面积极，那么游客越倾向于选择来这个地方旅游和观看赛事。但是极少有文献对形象契合度与游客满意度、重游意向的关系进行相关论证②。

（二）形象契合的作用

契合是一个多元的概念，其主要源自匹配度假设③。匹配度假设首先运用在广告研究中，用来研究不同推广者对委托品牌的作用④。研究显示，一个产品想要提高其吸引力，一定要有位令大众喜爱的推广者⑤，同时，产品推广者应让购买者感受到其对产品了解非常深入⑥。根据这些理

① Gibson，H.，Qi，X.，& Zhang，J.，"Destination Image and Intent to Visit China and the 2008 Beijing Olympic Games"，*Journal of Sport Management* 2008（22）：427 – 450；Hunt，D.，"Image as a factor in tourism development"，*Journal of Travel Research* 1975（3）：1 – 7.

② Hallmann，K. & Breuer，C.，"Image Fit Between Sport Events and Their Hosting Destinations From an Active Sport Tourist Perspective and Its Impact on Future Behavior"，*Journal of Sport and Tourism* 2010（a）（3）：215 – 237；Hallmann K.，& Breuer，C.，"The Impact of Image Congruence Between Sport Event and Destination on Behavioral Intentions"，*Tourism Review* 2010（b）（1）：66 – 74；Donahay，B.，& Rosenberger III，J.，"Using Brand Personality to Measure the Effectiveness of Image Transfer in Formula One Racing"，*Marketing Bulletin* 2007（1）：1 – 15；Debenham，T.，Bridson，K.，& Vocino，A.，"The Explanatory Potential of Congruence in the Relationship Between Retail Image，Brand Image and Retail Customer Satisfaction"，in 3Rs Reputation，Responsibility and Relevance – the Role of Marketing in the Future，Proceedings of 2007 ANZMAC Conference，eds.

③ Kahle，R.，& Homer，M.，"Physical Attractiveness of Celebrity Endorser：A Social Adaptation Perspective"，*Journal of Consumer Research* 1985（11），954 – 961；Kamins，A.，"An Investigation into the Match – Up – Hypothesis in Celebrity Advertising：When Beauty Be Only Skin Deep"，*Journal of Advertising* 1990（1）：4 – 13.

④ Lynch，J.，& Schuler，D.，"The Matchup Effect of Spokesperson and Product Congruency：A Schema Theory Interpretation"，*Psychology & Marketing* 1994（11）：417 – 445；Solomon，M.，Ashmore，R.，& Longo，L.，"The Beauty Match – up Hypothesis：Congruence between Types of Beauty and Product Images in Advertising"，*Journal of Advertising* 1992（21）：23 – 34.

⑤ Kahle，R.，& Homer，M.，"Physical Attractiveness of Celebrity Endorser：A Social Adaptation Perspective"，*Journal of Consumer Research* 1985（11）：954 – 961；Kamins，A.，"An Investigation into the Match – Up – Hypothesis in Celebrity Advertising：When Beauty Be Only Skin Deep"，*Journal of Advertising* 1990（1）：4 – 13；Till，D.，& Busler，M.，"The Match – up Hypothesis：Physical Attractiveness，Expertise，and the Role of Fit on Brand Attitude，Purchase Intent and Brand Beliefs"，*Journal of Advertising* 2000（3）：1 – 13.

⑥ Lynch，J.，& Schuler，D.，"The Matchup Effect of Spokesperson and Product Congruency：A Schema Theory Interpretation"，*Psychology & Marketing* 1994（11）：417 – 445.

论，有学者提出，形象的变化由赛事和举办地的匹配质量所决定，并且一项赛事是否适合一个城市是该城市选择举办赛事的一项重要因素①。此外，匹配度假设源自于图式理论，其主要用来解释游客如何运用对举办地和体育赛事的图式和预想去评价两者的匹配度并对两者的关系做出正面或负面的评估。游客作为赛事图式的一部分，他们会主动获取记忆结构和举办地范畴②。基于此，赛事与举办地的契合度是指，个人对举办地的认知与其对赛事的认知相吻合。

形象契合理论最先由体育赞助相关研究提出，研究发现赞助商与被赞助赛事之间的特征契合非常重要③，赞助商与赛事的契合度影响消费者对赞助品牌的消费行为④。消费者的态度、信念和行为意向都是由赛事和赞助商的契合度所决定的⑤。那些感知到赛事与赞助商高度契合的消费者更有可能给予更多正面情感和认知方面的回应。因此，赛事与赞助商的契合度越高，赞助商的品牌形象就越好，其产品的关注度也越高，最后达到提高赞助商产品销量的目的⑥。同理，因为主办城市的形象是赛事整体形象的一部分，赛事和举办地的形象契合度将影响观众的态度、信念和行为意向。

---

① Xing, X., & Chalip, L., "Effects of Hosting a Sport Event on Destination Brand: A Test of Co - branding and Match - up Models", *Sport Management Review* 2006 (9): 49 - 78.

② McDaniel, R., "An Investigation of Match - up Effects in Sport Sponsorship Advertising: The Implications of Consumer Advertising Schemas", *Psychology & Marketing* 1999 (2): 163 - 184.

③ Roy, P. & Cornwell, B., "The Effects of Consumer Knowledge on Responses to Event Sponsorships", *Psychology & Marketing* 2004 (3): 185 - 207; Roy, P. & Cornwell, B., "The effects of consumer knowledge on responses to event sponsorships", *Psychology & Marketing* 2004 (3): 185 - 207.

④ Gwinner, P., Scott, S., & Brian, L., "Image Transfer in Corporate Event Sponsorship: Assessing The Impact of Team Identification and Event - Sponsor Fit", *International Journal of Management and Marketing Research* 2009 (1): 1 - 15.

⑤ Koo, Y., Quarterman, J., & Flynn, L., "Effect of Perceived Sport Event and Sponsor Image Fit on Consumers' Cognition, Affect, and Behavioral Intentions", *Sport Marketing Quarterly* 2006 (2): 80 - 90.

⑥ 同 4; Gwinner, P., & Eaton, J., "Building Brand Image Through Event Sponsorship: The Role of Image Transfer", *Journal of Advertising* 1999 (4): 47 - 57.

大量研究显示，消费者满意度在理论和实践方面均具有重要意义①。在市场营销和消费者的研究中，消费者满意度被视为一种市场工具来吸引市场中各种可变的元素②。虽然消费者满意度极为重要，但是对满意度的定义尚未达成一致。总的来说，满意度是消费者对实施情况的一种回复③，是对产品购买和消费的直接判断评估，从运营角度来说是对产品各方面属性满意程度的总和④。在与旅游相关的研究中，满意度更多被定义为一种消费经历⑤。因此，体育旅游满意度更多被定义为对体育赛事参与经历的判断和评估，当消费者的消费愉悦度超过其预期过程那么他就会感到满意⑥。

虽然很多研究显示，形象对于顾客满意度既有直接作用又有间接作用⑦，但是很少有研究证实形象契合度对顾客满意度产生积极影响。Donahay 和 Rosenberger 指出，F1 车队与其赞助商的形象契合度影响了观

① Howard, J. & Sheth, J., "The Theory of Buyer Behavior", *John Wiley and Sons*: *New York* 1969; Churchill, G. & Suprenant, C., "An Investigation Into the Determinants of Customer Satisfaction", *Journal of Marketing Research* 1982 (19): 491 – 504; Mano, H., & Oliver, R., "Assessing the Dimensionality and Structure of the Consumption Experience: Evaluation, Feeling, and Satisfaction", *Journal of Consumer Research* 1993, 12, 20: 451 – 466.

② Eusébio, C., & Vieira, L., "Destination Attributes' Evaluation, Satisfaction and Behavioral Intentions: A Structural Modeling Approach", *International Journal of Tourism Research* 2013 (15): 66 – 80.

③ Assaker, G., Vinzi, E., & O' Conno, P., "Examining the Effect of Novelty Seeking, Satisfaction, and Destination Image on Tourists' Return Pattern: A Two Factor, Non – linear Latent Growth Model", *Tourism Management* 2011 (32): 890 – 901.

④ Churchill, G. & Suprenant, C., "An Investigation Into the Determinants of Customer Satisfaction", *Journal of Marketing Research* 1982 (19): 491 – 504.

⑤ Baker, A., & Crompton, L., "Quality, Satisfaction and Behavioral Intentions", *Annals of Tourism Research* 2000 (27): 785 – 804.

⑥ Oliver, R., "Satisfaction: A Behavioral Perspective on the Consumer", New York, NY: McGraw – Hill. 1997

⑦ Bigne, E., Sanchez, I., & Sanchez, J., "Tourism Image, Evaluation Variables and after Purchase Behavior: Interrelationship", *Tourism Management* 2001 (22): 607 – 616; Lai, F., Griffin, M., & Babin, B. J., "How Quality, Value, Image, and Satisfaction Create Loyalty at a Chinese Telecom", *Journal of Business Research* 2009 (10): 980 – 986.

众的满意度①。Debenham，Bridson 和 Vocino 的研究提出，产品的销售形象和品牌形象对消费者满意度有积极影响②。所以，就某种程度而言，满意度是类似于态度的一种判断评估③。基于匹配度和图式理论，良好的契合度可以使人们提高对事物的评价，并且获得良好的满足感。基于此，本文将探讨情感和认知形象契合度对游客满意度的影响，并提出以下两个假设。

假设 1：情感形象契合度正面影响游客满意度；

假设 2：认知形象契合度正面影响游客满意度。

重游意向是指游客想要再次回到同一举办地旅游的意向④。从理论上来说，重游意向的概念介于态度和行为之间。大量实证研究证实，重游意向可以预测行为⑤。在满意度和重游意向的相关研究中发现，游客满意度是影响重游意向的一个重要因素⑥。虽然赛事和举办地形象契合度是影响赛事成功举办与否的重要因素，但是少有人对其进行阐述，直到 Hallmann

---

① Donahay, B., & Rosenberger III, J., "Using Brand Personality to Measure the Effectiveness of Image Transfer in Formula one Racing", *Marketing Bulletin* 2007 (1): 1–15.

② Debenham, T., Bridson, K., & Vocino, A., "The Explanatory Potential of Congruence in the Relationship Between Retail Image, Brand Image and Retail Customer Satisfaction", in 3Rs Reputation, Responsibility and Relevance – the Role of Marketing in the Future, Proceedings of 2007 ANZMAC Conference, eds. Ken Deans and Maree Thyne, Dunedin, New Zealand: Australian and New Zealand Marketing Academy, 2007: 380–387.

③ Churchill, G. & Suprenant, C., "An Investigation into the Determinants of Customer Satisfaction", *Journal of Marketing Research* 1982 (19): 491–504.

④ Assaker, G., Vinzi, E., & O' Conno, P., "Examining the Effect of Novelty Seeking, Satisfaction, and Destination Image on Tourists' Feturn Pattern: A Two Factor, Non – linear Latent Growth Model", *Tourism Management* 2011 (32): 890–901.

⑤ Ryan, J., & Bonfield, H., "Fishbein's Intentions Model: a Test of External and Pragmatic validity", *The Journal of Marketing* 1980 (44): 82–95; Wilson, T., Mathews, L., & Harvey, W., "An Empirical Test of the Fishbein Behavioral Intention Model", *Journal of Consumer Research* 1975 (1): 39–48.

⑥ Campo – Martinez, S., Garau – Vadell, B., & Martinez – Ruiz, P., "Factors Influencing Repeat Visits to a Destination: The Influence of Group Composition", *Tourism Management* 2010 (31): 862–870; Kaplanidou, K., & Gibson, H., "Predicting Behavioral Intentions of Active Sport Tourists: The Case of a Small Scale Recurring Sport Event", *Journal of Sport & Tourism* 2010 (15): 163–179; Shonk, J. & Chelladurai, P., "Service Quality, Satisfaction and Intent to Return in Event Sport Tourism", *Journal of Sport Management* 2008 (5): 587–602.

和 Breuer 的研究发现，体育赛事游客的重游意向受赛事和举办地形象契合度影响①。在 Hallmann 和 Breuer 的另一项研究中，他们通过分析赛事和举办地认知及情感形象契合度发现，两者的契合度越高消费者的重游意向也越大②。但是 Hallmann 和 Breuer 仅仅关注赛事与城市的整体契合度，而忽略了认知形象和情感形象契合度两者分别对重游意向的作用③。因此，本文进一步提出了以下 3 个假设。

假设 3：游客满意度正面影响体育旅游者的重游意向；

假设 4：体育赛事与城市情感形象契合度正面影响体育旅游者的重游意向；

假设 5：体育赛事与城市认知形象契合度正面影响体育旅游者的重游意向。

二　研究方法

（一）研究内容

为了得到更有价值的研究结果，本文以 2012 年在上海举办的两大国际型赛事——F1 和 ATP 为研究对象。这两项赛事作为上海的品牌赛事分别在每年的 4 月和 10 月举办，它们不仅是中国最为顶尖的单项体育赛事，而且是国际关注度极高的体育赛事。这两大赛事的举办大大提高了上海的城市旅游价值，提高了城市媒体曝光度和城市声誉，带动了经济增长。在赛事举办之初，这两项赛事在中国的知名度并不高，上海市民对举办这两项赛事潜在的风险和高额的支出存在疑虑，但是在赛事成功举办之后人们

---

① Hallmann, K. & Breuer, C., "Image Fit Between Sport Events and Their Hosting Destinations from an Active Sport Tourist Perspective and Its Impact on Future Behavior", *Journal of Sport and Tourism* 2010 (a) (3): 215 – 237.

② Hallmann K., & Breuer, C., "The Impact of Image Congruence Between Sport Event and Destination on Behavioral Intentions", *Tourism Review* 2010 (b) (1): 66 – 74.

③ Hallmann, K. & Breuer, C., "Image Fit Between Sport Events and Their Hosting Destinations from an Active Sport Tourist Perspective and Its Impact on Future Behavior", *Journal of Sport and Tourism* 2010 (a) (3): 215 – 237.

对其的认知和接受度也相应提高。

（二）调查对象

在所有 1772 名被调查的受访者中，459 名为 ATP 观众，1313 名为 F1 观众。在观看 ATP 的受访者中 62.7% 是男性，37.3% 为女性，76.5% 受访者年龄为 24 ~ 50 周岁，61.2% 是在职人员，23.3% 为学生。受访者的学历普遍较高，其中 73.2% 为大学本科学历。受访者中家庭年收入达 20 万元（较高家庭年收入）的占 42.5%，家庭年收入 10 万 ~ 20 万元（中等家庭年收入）的占 29.4%，28.1% 的受访者家庭年收入低于 10 万。总的来说，F1 受访者的人口统计学特征与 ATP 较为相近。

（三）问卷设计

本次调查问卷共分为五部分，全部采用李克特五级量表：（a）举办地形象，（b）体育赛事形象，（c）顾客满意度，（d）重访意向，（e）受访者背景。在举办地形象和赛事形象方面，共有 10 个指标评定主办城市和体育赛事的认知形象和情感形象。这些指标引用自 Hallmann 和 Breuer 关于体育赛事和举办地契合度的研究[①]。满意度的量表则源自大量学者的研究[②]，在本次调研中共采用 6 个指标：住宿、旅游资源、食品和饮料、纪念品购买、赛事组织以及运动员表现。重访意愿量表分为确定重访和不确定重访两个部分。人口统计学特征主要从性别、年龄、职业、学历和家庭收入 5 部分了解受访者的背景信息。问卷设计完成之后，由 5 位体育管理领域的专家对问卷进行效度检验，确认每个指标在其维度中的代表性、相关性和明确性，同时基于他们的建议进一步完善问卷内容。

（四）问卷发放

本次现场问卷发放只针对观看 F1 和 ATP 的非本地居民观众，在比赛

---

① Hallmann, K. & Breuer, C., "Image Fit between Sport Events and their Hosting Destinations from an Active Sport Tourist Perspective and Its Impact on Future Behavior", *Journal of Sport and Tourism* 2010 (a) (3): 215 – 237.

② Anderson, C., & Gerbing, W., "Structural Equation Modeling in Practice: A Review and Recommended Two – step Approach", *Psychological Bulletin* 1988 (3): 411 – 423.

间隙采用拦截调查的方法进行调研①。其中，F1 问卷由接受过培训的 26
名来自上海体育学院经济管理学院的本科生发放，他们分散在 F1 比赛现
场的 13 个不同区域。问卷采用系统抽样的方法，调查者每隔 5 个观众便
会向其询问是否来自外地，并邀请来自非上海地区的观众参与本次调查。
为了提高问卷回收率，每位受访者在完成问卷之后均会收到一份纪念品。
本次调查一共发放问卷 1760 份，回收问卷 1396 份，答复率为 79.3%，其
中有效问卷 1313 份（289 份由外国观众填写，1024 份由中国观众填写）。
由 6 名接受过培训的学生采用同样的方法在 ATP 比赛现场 4 个不同的中
央大厅发放问卷，共发放问卷 617 份，回收问卷 496 份，答复率为
80.4%，其中有效问卷 459 份（87 份由外国观众填写，372 份由中国观众
填写）。

（五）数据分析

在得到调查对象的人口统计学分析数据（见表 4-6）并在对受访者
背景信息、体育赛事形象、举办地形象、游客满意度和重访意向这 5 个维
度进行描述统计分析之后，将数据分为两组（组 1 和组 2 分别包含 886 名
受访者数据信息）。虽然体育赛事和举办地形象这两个维度的指标均来自
之前的研究文献，但是由于受访者的数量存在差异，本文运用探索性因子
分析，取样本量的一半（n = 886，即组 1）对问卷效度进行检验。对另一
半样本（n = 886，即组 2），用 AMOS 软件进行验证性因子分析对测量模
型进行检验。

根据 Hallmann 等人的研究，形象契合度评定共分为两步：（1）计算
出欧几里得距离相应的指数。在情感形象契合度上，本文运用
$\sqrt{(EAI - DAI)^2}$ 测量情感形象契合度，其中 EAI 是指体育赛事情感形象
指标的算数平均数，DAI 是指举办地情感形象指标的算数平均数；在认知
形象契合度上，本文运用 $\sqrt{(ECI - DCI)^2}$ 测量认知形象契合度，其中 ECI

---

① Veal, A., *Research Methods for Leisure and Tourism: a Practical Guide* (Prentice Hall, 2006).

表4-6　调查对象的人口统计学分布

变量	类别	ATP(N=459)		F1(N=1313)	
		频数	频率(%)	频数	频率(%)
性别	男	288	62.7	858	65.3
	女	171	37.3	455	34.7
年龄	18~23岁	74	16.1	387	29.5
	24~30岁	149	32.5	455	34.6
	31~40岁	132	28.8	286	21.8
	41~50岁	70	15.2	128	9.8
	51~60岁	20	4.4	46	3.5
	60岁以上	14	3.0	11	0.8
职业	雇员	183	39.9	484	36.9
	私营公司老板/自由职业者/个体户	98	21.3	355	27.0
	无业	32	7.0	93	7.1
	学生	107	23.3	340	25.9
	兼职员工	21	4.6	17	1.3
	家庭主妇	8	1.7	9	0.7
	其他	10	2.2	15	1.1
学历	小学	21	4.6	11	2.5
	高中	102	22.2	87	19.8
	大专/本科	195	42.5	783	59.6
	研究生	141	30.7	306	23.3
年家庭收入	少于50000元	42	9.1	28	2.1
	50000~99999元	87	19.0	196	14.9
	100000~199999元	135	29.4	328	25.0
	200000~399999元	97	21.1	513	39.1
	400000~599999元	56	12.2	135	10.2
	600000~999999元	31	6.8	68	5.2
	1000000元及以上	11	2.4	45	3.4

是指体育赛事认知形象指标的算数平均数，DCI是指举办地认知形象指标的算数平均数。（2）用5减去AIC（Affective Image Congruence，情感形象契合度）和CIC（Cognitive Image Congruence，认知形象契合度）的欧式距离，得到从1~5有效范围（AIC和CIC值）并一一记录，这里的1~5代表形象契合度由低到高的程度。

本文最后得出形象契合度和顾客满意度关系的结构方程模型①，运用分层 logistic 回归分析来探讨影响顾客重访意向的影响因素。

三 研究结果

(一) 调查结果统计

表 4 - 7 呈现了体育赛事形象、举办地形象和游客满意度 3 个维度的统计数据。在重访意向方面，61% 受访者表示愿意再次来上海旅游。研究同时也对正态分布、峰度及偏度进行分析：如果偏度和峰度的值在 2.0 以下表示分布正常，如果偏度和峰度的值大于 3.0，那么分布则较为不均。在观察峰度和偏度的值之后，笔者发现本次研究的调查数据结果均在可接受的范围之内，符合正态分布，可以进行因子分析②。

表 4 - 7　问卷调查结果统计 (N = 1772)

	选项	均值	标准差	偏度	峰度
举办地形象	感性的	4.26	0.84	- 1.08	1.08
	欢快的 - 沮丧的	4.15	0.86	- 0.88	0.646
	振奋的 - 无聊的	4.21	0.87	- 0.97	0.608
	合意的 - 不合意的	4.17	0.89	- 1.02	0.873
	惬意的 - 悲伤的	3.86	1.13	- 0.78	- 0.15
	现代的 - 传统的	4.48	0.74	- 1.42	1.36
	国际化的 - 区域性的	4.49	0.76	- 1.60	1.55
	自然的 - 人工的	4.16	1.39	- 0.17	- 1.18
	声誉	4.45	0.78	- 0.51	1.35
	气氛	4.17	0.90	- 0.96	0.61
体育赛事形象	感性的	4.52	0.68	- 1.34	1.62
	欢快的 - 沮丧的	4.46	0.69	- 1.21	1.53
	振奋的 - 无聊的	4.53	0.68	- 1.34	1.42
	合意的 - 不合意的	4.44	0.71	- 1.23	1.44

① Anderson, C., & Gerbing, W., "Structural Equation Modeling in Practice: A Review and Recommended Two - step Approach", *Psychological Bulletin*, 1988 (3): 411 - 423.

② Nunnally, C., & Bernstein, H. *Psychometric theory* (*3rd ed.*) (New York: McGraw - Hill, 1994).

续表

	选项	均值	标准差	偏度	峰度
体育赛事形象	惬意的 - 悲伤的	4.18	0.95	-1.14	0.92
	现代的 - 传统的	4.49	0.70	-1.27	1.17
	国际化的 - 区域性的	4.54	0.72	-0.307	-1.09
	自然的 - 人工的	4.01	1.37	-1.55	1.10
	声誉	4.37	0.84	-1.34	1.53
	气氛	4.31	0.88	-1.23	1.10
满意度	住宿(S1)	3.81	0.97	-0.54	0.00
	旅游资源(S2)	3.64	1.02	-0.45	-0.24
	场内饮食(S3)	3.62	1.02	-0.36	-0.30
	纪念品购买(S4)	3.70	0.97	-0.41	-0.15
	赛事组织(S5)	3.61	1.07	-0.46	-0.27
	运动员表现(S6)	4.02	0.93	-.96	0.99
参与者重访意向		—	—	—	—
重访意向*		0.61	—	—	—

注:*重访意向的问卷设计为是非选项,均值代表愿意重访的调查对象所占百分比。

(二) 探索性因子分析

本文运用探索性因子分析法探索体育赛事形象的因子结构,由 Bartlett 球形检验得出 $\chi^2 = 3807.778$;$df = 45$;$p < 0.001$,则拒绝各维度之间相互独立的原假设,可对数据进行因子分析。同时,数据分析的结果显示 KMO 值为 0.894,表明适合做探索性因子分析。在进行主成分分析之后,如果其碎石图的特征值超过 1.0 则选取该因子。因此,在进行探索性分析之后选取两个因子,其累计方差解释率为 61.1%。平方复相关系数是测量一个变量与其他多个变量之间相关程度的指标,被用来初步估计每个变量的公因子方差。为了让因子分析更加清晰化,两个效应较低的指标被删去,共保留 8 个指标,其公因子方差的估计值为 4.95,复相关系数均值为 0.62,大于下限 0.50。在对保留的 8 个因子进行主成分分析和因子旋转之后,发现两个因子:体育赛事情感形象 (4 个指标) 和体育赛事认知形象 (4 个指标)。此外,因子载荷大于或者等于 0.4 没有双倍负载的量表可用来检验这两个因子之间的关系,所以一个有双倍载荷的指标被

去除，其在情感和认知部分别有 0.450 和 0.520 的贡献率。因此，本文在进行探索性因子分析之后一共保留了 7 项指标。同时，本文还利用探索性因子分析对问卷量表的信度进行检验，赛事情感形象和赛事认知形象 Cronbach's Ahpha 系数分别为 0.872 和 0.665，两者均在可接受范围内，表明问卷设计的信度较高。

本文运用探索性因子分析确认举办地形象的因子结构，并保留 7 个指标用来评估举办地形象。在提取主成分之后对其进行正交旋转，保留特征值等于或大于 1.0 的因素。数据分析显示：KMO 值为 0.883，Bartlett 球形检验得出 $\chi^2 = 3340.810$；df = 21；$p < 0.001$，这 7 个量表满足双因子结构，其复相关系数大于 0.50 临界值，且有两个公共因子的累计贡献率为 74.92%，根据指标测量内容将这两个因子命名为举办地情感形象和举办地认知形象。赛事举办地情感形象和举办地认知形象 Cronbach's Ahpha 系数分别为 0.905 和 0.769。两者都在可接受范围内，表明问卷设计的信度较高。

（三）验证性因子分析

在完成探索性因子分析之后，进行验证性因子分析（见表 4 - 8）。因子载荷特征值为 0.573 ~ 0.890，α 系数范围为 0.704 ~ 0.913。体育赛事形象和举办地形象拟合程度较高：在体育赛事形象方面，$\chi^2/\mathrm{df} = 2.257$，GFI = 0.964，RMSEA = 0.038，NFI = 0.989，CFI = 0.994；在举办地形象方面，$\chi^2/\mathrm{df} = 2.663$，GFI = 0.985，RMSEA = 0.053，NFI = 0.991，CFI = 0.993。

表 4 - 8　体育赛事形象和目的地形象因子分析

项目		探索性因子分析				验证性因子分析			
		因子载荷	贡献值	方差百分比	α	λ	α	CR	AVE
体育赛事形象	体育赛事情感形象	—	—	42.47	0.87	—	0.88	0.88	0.65
	欢快的 - 沮丧的	0.850	0.769	—	—	0.890	—	—	—
	振奋的 - 无聊的	0.846	0.701	—	—	0.810	—	—	—

续表

项目		探索性因子分析				验证性因子分析			
		因子载荷	贡献值	方差百分比	α	λ	α	CR	AVE
体育赛事形象	感性的	0.824	0.642	—	—	0.801	—	—	—
	合意的-不合意的	0.746	0.591	—	—	0.706	—	—	—
	体育赛事认知形象	—	—	18.63	0.61	—	0.70	0.76	0.51
	国际化的-区域化的	0.703	0.633	—	—	0.605	—	—	—
	声誉	0.694	0.581	—	—	0.729	—	—	—
	气氛	0.669	0.509	—	—	0.802	—	—	—
目的地形象	目的地情感形象	—	—	49.70	0.91	—	0.91	0.94	0.76
	欢快的-沮丧的	0.880	0.812	—	—	0.882	—	—	—
	振奋的-无聊的	0.879	0.793	—	—	0.860	—	—	—
	感性的	0.856	0.755	—	—	0.878	—	—	—
	合意的-不合意的	0.762	0.510	—	—	0.810	—	—	—
	目的地认知情感	—	—	25.22	0.77	—	0.79	0.83	0.62
	声誉	0.862	0.768	—	—	0.850	—	—	—
	国际化的-区域化的	0.828	0.742	—	—	0.839	—	—	—
	气氛	0.649	0.497	—	—	0.655	—	—	—

（四）结构模型

为了检验假设1及假设2中的情感形象契合度及认知形象契合度，本文建立建构方程模型，在这个模型中情感形象契合度和认知形象契合度作为游客满意度的前因变量，而游客满意度则作为标准变量。根据修正指数对模型进行微调之后，整个结构方程模型拟合度较高，$\chi^2/df = $

（36.5000/17）= 2.147；GFI = 0.994，CFI = 0.995，NFI = 0.991，RMSEA = 0.028（见表4－9）。体育赛事和主办地城市的情感形象契合度和认知形象契合度之间存在一定的相关性，数据分析结果表明，情感形象契合度和认知形象契合度之间的相关性为0.62（见图4－2）。假设可以通过情感形象契合度和认知形象契合度预测游客满意度，那么该结构方程模型可证实情感形象契合度（β = 0.144，p < 0.001）和认知形象契合度（β = 0.159，p < 0.001）直接正面影响游客满意度。该结果表明：如果体育赛事及举办地情感形象契合度每提高1个标准差，游客满意度提高0.144个标准差；同样，体育赛事及举办地认知形象契合度每提高1个标准差，游客满意度提高0.159个标准差。因此，假设1和假设2提出的"体育赛事及举办地情感及认知形象契合度正面影响游客满意度"得到验证。

表4－9　结构方程模型因子判别效度

因子	SEAI	SECI	DAI	DCI
体育赛事情感形象（SEAI）	0.81	—	—	—
体育赛事认知形象（SECI）	0.68	0.71	—	—
目的地情感形象（DAI）	0.64	0.58	0.87	—
目的地认知形象（DCI）	0.59	0.67	0.72	0.79

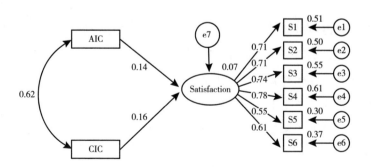

图4－2　情感形象契合度（AIC）、认知情感契合度（CIC）
及满意度结构方程模型

运用向后筛选法得到 logistic 回归模型。如表 4 – 10 所示，该回归模型共有 4 个变量，其中似然比卡方值为 57. 913（p = 0. 000）；根据 Hosmer 和 Lemeshow 测试结果，卡方值为 7. 356（df = 8；p = 0. 509）。这些结果显示回归模型拟合度较高。模型似然比检验值为 241. 503，Cox 和 Snell 的 R2 值是 0. 274，这些结果再次验证了模型的拟合度较高，预测准确率为 58. 6%。总体来说，情感形象契合度、认知形象契合度和游客满意度三者均会对游客重游意向产生积极影响。因此，假设 3、假设 4 以及假设 5 均得到验证。

表 4 – 10　重访意向阶层式逻辑回归

变量	B	Wald	Sig.	Exp(B)
忠实度	– 2. 882*	4. 300	0. 038	0. 056
满意度	0. 653**	23. 079	0. 000	1. 921
情感形象契合	0. 422*	6. 339	0. 012	1. 525
认知形象契合	1. 404**	14. 081	0. 000	4. 073

注：* 和 ** 分别代表 5% 及 1% 的显著性；Cox & Snell R^2 = 0. 272；Nagelkerke R^2 = 0. 586。

四　结果讨论

近年来，中国政府十分支持体育赛事的举办，特别是北京、上海、广州这 3 个城市通过体育赛事的举办改善了城市基础设施建设，为地区带来了新的资源，提高了城市居民荣誉感，加强国家全球化意识[1]。但是，中国也要面对举办体育赛事所带来的一些负面影响，因为体育赛事会伴随高风险和高投入。事实上，体育赛事所造成的负面影响有多种原因，其中一个重要因素是缺少赛事组织和选择的长期策略。并不是每项体育赛事都可以与主办城市完美契合，因此需要在申办赛事前仔细评估体育赛事与主办

---

① Baade, R., & Matheson, V., "The Quest for the Cup: Assessing the Economic Impact of the World Cup", *Regional Science* 2004（38）：341 – 352.

城市文化特征和形象契合度。总之，体育赛事与主办城市形象契合度对体育赛事产生的直接效益和间接效益，须在申办和举办赛事的过程中引起重视。

本研究旨在评定体育赛事和主办城市形象契合度对重游意向的作用。实证研究的结果证实，体育赛事和主办城市形象之间有多维关系，其中包括情感形象和认知形象，它们对体育赛事的游客满意度有一定的正面效益。同时，体育赛事和举办地情感和认知形象契合度会对游客满意度产生影响，满意度进而影响重游意向。本文形象契合度指标与体育赛事形象和主办地城市形象评定指标相同，同时计算了情感形象契合度和认知形象契合度方面存在的差异。这种研究方法与之前学者的研究相吻合①，同时因为研究结果与重游意向相关，所以本文形象契合的评价方式可作为未来赛事旅游研究的理论和实践基础。因为举办地形象和体育赛事形象同时包含情感元素和认知元素，所以体育赛事和主办地的形象契合度是多方面的，同时包括情感形象契合和认知形象契合。除此之外，体育赛事和主办城市的特征决定了形象契合度的大小。

2011 年在上海首次成功举办了世界花样滑冰大奖赛并将此打造成城市标志性赛事，该项赛事向我们诠释了形象契合的重要性。长期以来，上海的城市形象是现代化和国际化，这座城市位于中国的东南部，即使在冬天平均温度也高于 0 度，如果单从这个角度来看，这项赛事的形象显然与上海的城市形象不契合。但是，世界花样滑冰大奖赛是世界花样滑冰的顶级赛事，具有高贵、热情、浪漫的赛事形象，这与上海城市形象完全吻合。此外，根据本文的研究模型可以发现，无论是正向契合还是负向错配②都被视为形象契合。然而，在现实中，大型国际体育赛事与举办城市

① Hallmann, K. & Breuer, C., "Image Fit Between Sport Events and their Hosting Destinations from an Active Sport Tourist Perspective and its Impact on Future Behavior", *Journal of Sport and Tourism* 2010 (3): 215 - 237.

② Florek, M., & Insch, A., "When Fit Matters: Leveraging Destination and Event Image Congruence", *Journal of Hospitality Marketing & Management* 2011 (3): 265 - 286.

主要呈现正向契合，诸如在 Florek 和 Insch 的研究中提到朝鲜核试验对赛事影响的负向错配则基本不会出现。国际体育赛事通常由于媒体及运动员的参与具有十分正面的赛事形象，同时国际单项体育组织为了确保其赛事的可持续发展也不会选择例如朝鲜、利比亚、苏丹和阿富汗这些战乱国家作为举办赛事举办地。对于一个城市而言，一次性的体育赛事形象主要由该项赛事本来的特征及名声所决定，因此，选择与城市相契合的体育赛事就显得尤为重要。而对于一项长期赛事，体育赛事组织及市场营销则尤为关键，因为成功的赛事组织和市场推广不仅能提高赛事形象还能通过赛事与城市的互动整合提高两者的契合度。

（一）形象契合度与游客满意度的关系

在体育赛事和主办城市契合度对游客满意度的作用方面，对两项赛事进行分析之后发现，情感形象契合度和认知形象契合度正面影响游客满意度。因此，体育赛事形象和主办城市形象契合度越高，游客对赛事和主办城市的满意度也会越高。虽然已有文献研究形象满意度与体育赛事和举办地形象的关系[①]，但并没有将后两者作为一个整体研究两者的契合度以及与形象满意度的关系。由此可见，本研究成果填补了现有研究的空白。从理论上说，满意度、体育赛事和举办地形象契合度属于游客感知，体育赛事和举办地形象契合度止向影响游客满意度。本文中的游客满意度是指由参加体育赛事而产生的心理和情感状态，主要是指游客通过比较实际旅行收支与预期旅行收支得到观看体育赛事的一种个人经历。形象契合是指体育赛事形象和举办地形象共同特征的感知结果。如果观看体育赛事的收益大于其支出，那么游客就会感到满意；体育赛事形象和举办地形象的共同特征越多，游客感知到的收益也会越多。总的来说，游客前来观看体育赛事主要是因为体育赛事和举办地形象感知较好。换句话说，游客只有对体育赛事和主办地城市产生正面感知效益时才会决定参加这项体育赛事。因

---

① Gwinner, P. , Scott, S. , & Brian, L. , " Image Transfer in Corporate Event Sponsorship: Assessing The Impact of Team Identification and Event – Sponsor Fit", *International Journal of Management and Marketing Research* 2009 (1): 1 – 15.

此，体育赛事和主办地城市契合度越高，游客对体育赛事和主办城市的感知越积极正面，这同时也会提高游客观看体育赛事的收益。以上研究结果与先前此类实证研究相吻合，例如，在对西安古长城马拉松外国参与者感知的研究中，87.5%受访者表示喜欢中国历史，93.2%受访者表示马拉松赛与西安城市契合度较高。该研究同时还发现，参赛者都认为沿着"西安古长城"参加马拉松比赛是与众不同的经历，这既是西安马拉松所独有的特色，也是受访者参加西安马拉松赛感到满意的主要原因。

（二）形象契合度与重访意向的关系

本研究还揭示了体育赛事和主办城市的形象契合度正面影响游客的重访意向，且认知形象契合度对重游意向的影响略大于情感形象契合度。即游客更倾向于再次来到体育赛事与主办城市认知形象契合度较高的城市观看体育赛事。该研究结果与 Hallmann 和 Breuer 以德国为主办地区，研究体育赛事与主办地契合度的研究结果相一致，该研究发现形象契合感知度会对游客的未来行为产生影响。此外，Hallmann 和 Breuer 的另一项研究发现，体育赛事与主办城市的形象契合度仅对再次来到这个城市产生正面效益，对游客是否再次观看体育赛事没有任何影响，另外通过形象契合度可预测观赛者未来的行为[①]。由此可知，本研究成果不但与国外学者的研究结果不谋而合，还揭示了体育赛事和主办城市认知形象契合度对游客重游意向的影响大于情感形象契合度。

（三）满意度与重访意向的关系

在满意度与重访意向的关系方面，本文证实了游客满意度正面影响重访意向。研究结果与预期相同，即如果游客在赛事举办地生活得十分愉快，他们喜欢这个地方，且行程与预期相当甚至超过预期，那么游客更可能重访这个地方。本研究成果与许多学者的实证研究成果相一致，但是与

---

① Hallmann K., & Breuer, C., "The Impact of Image Congruence between Sport Event and Destination on Behavioral Intentions", *Tourism Review* 2010 (b) (1): 66 – 74.

Kaplanidou 和 Vogt① 的研究结果不同，他们认为满意度这一维度不应运用到在赛后重访意向的研究中。

（四）建议

本研究成果对中国赛事举办地区而言具有重要的现实意义。首先，当地政府应选择体育赛事和城市契合度的较高的赛事，在决定申办赛事前一定要对该赛事进行全面科学的评估，因为形象契合度越高，办赛的收益（例如，媒体关注度、城市曝光度、外国游客和经济效益）就会越大。以上海为例，每年举办50多项国际体育赛事，并计划未来举办更多的体育赛事。政府在挑选举办的赛事时总是犹豫不决，本文可为官方提供一个选择赛事的参考依据，即赛事形象与城市形象的契合度。其次，除了形象契合度正面影响重访意向之外，在举办地市场营销方式上，应当通过各种宣传途径传播体育赛事与城市形象的联系和契合点。例如，可将赛事与举办地的标志景点及地标联系在一起，让观众将两者相关联。2002 年的上海大师杯就运用了此方法，主办方邀请 9 位网球大师观光上海最具代表的地标——外滩，轰动一时。此外，主办方还应在赛事组织筹备阶段更多地关注赛事与城市形象契合度。最后，因为满意度是影响重访意向的重要因素，而较高的服务质量可以提高游客满意度进而增加重访意向，所以主办城市和观赛现场的赛事服务质量不可忽视。服务质量指赛前、赛中和赛后的服务，包括票务、赛前相关宣传活动、中场休息活动、食品服务、纪念品购买等。此外，在比赛召开之际，住宿、交通、休闲设施及旅游景点的服务质量也十分关键。

五 研究局限及未来展望

本研究尚具有一定的局限性，需要未来的学者们在相关研究中予以完善和提高。第一，本文间接评定了体育赛事和主办城市契合度，直接评定

---

① Kaplanidou, K., & Vogt, C., "The Interrelationship between Sport Event and Destination Image andsport Tourists' Behaviors", *Journal of Sport & Tourism* 2007（12）：183 – 206.

了游客满意度和重游意向，但是并未明确间接和直接评定这些变量对研究造成误差的程度。因此，未来的研究应比较直接和间接评定形象契合度、满意度和重游意向的差异，并选择误差最小的方式以获得更准确的研究结果。第二，本文研究对象是两项世界顶级赛事（F1 和 ATP），举办地是中国国际化和现代化程度最高的城市——上海。未来的研究还应以不同城市和不同规格的赛事为研究对象，以进一步验证研究成果的普遍性。另外，将本文得出的结构方程模型运用到其他赛事和城市中可使指标更可靠，结构更有效，从而增加模型整体的可信度。第三，本文在形象契合上，主要从旅游、文化、氛围和情感入手。从本质上说，这些指标是体育旅游研究的趋势，即主要关注赛事周边环境。但在对形象的研究中缺乏关注城市容量、体育传统、环境关联、赛事管理以及赛事潜在遗产的可持续发展性。因此，未来的研究还可从这些方面进行更深层次的探讨。

本章小结

本章通过研究体育赛事与城市旅游业互动发展与本地居民、外地观众的关系，建立了两个结构方程模型，论证了体育赛事与城市旅游互动的关系。对于本地居民来说，体育赛事旅游影响即旅游经济影响、旅游形象影响和旅游空间影响正面作用居民感知、态度及其未来支持意愿。对于外地观众来说，体育赛事的举办可以增加赛事与城市的契合度，提高外地观众重访意向及满意度。从本地和外地观众两个视角进行分析对赛事举办地区而言具有重要的现实意义，有助于提高赛事服务质量、赛事影响、赛事满意度，促进城市旅游业发展。

第五章　体育赛事与城市旅游经济的互动

本章从定量的角度探讨体育赛事对城市旅游经济的影响，以 2012 年在上海举办的三大标志性体育赛事（F1 大奖赛上海站、上海 ATP1000 大师赛、上海国际马拉松赛）作为研究对象，通过问卷调查，评估体育赛事对城市旅游经济贡献的大小。同时，建立数据模型进行定量分析，以 F1 赛事为例，研究体育赛事对旅游经济的贡献是否具有显著性的影响。

第一节　体育赛事对城市旅游经济的影响

一　体育赛事对旅游经济影响的产生

从传统的凯恩斯主义宏观经济学角度看，体育赛事对城市旅游经济的影响是一种需求冲击，它是指由于体育赛事的举办而引发的举办城市基础设施投资、宾馆餐饮消费、商业贸易等需求的变化（这种需求的变化直接带来了赛事举办城市新的资金流入），并通过直接效应和乘数效应对举办城市旅游业的产出和就业水平等经济指标产生的影响。所谓乘数效应原本是指当政府投资或公共支出扩大、税收减少时，对国民收入有加倍扩大的作用，从而产生宏观经济的扩张效应；当政府投资或公共支出削减、税收增加时，对国民收入有加倍收缩的作用，从而产生宏观经济的紧缩效应。在体育赛事对旅游经济影响的形成中，乘数效应主要体现为放大由体育赛事为举办城市带来的新资金所产生的经济方面的影响。[1]

---

[1]　黄海燕、张林:《体育赛事经济影响的机理》,《上海体育学院学报》2009 年第 4 期，第 5~8 页。

当一个国家或地区举办一项体育赛事，特别是一些超大型体育赛事或标志性体育赛事，势必会引起人们对体育赛事相关产业需求的变化，这样带来的一个最直接的影响就是引发举办地资金的流动，当然这种资金流动既包括正向的流动，也包括负向的流动，即体育赛事的举办无疑会带来一些新的资金流入举办地，但同样也会导致一些资金被"挤出"举办地的经济体系。总体而言，体育赛事的举办往往促进举办地资金的正向流动，即会给举办地带来一些新的资金流入（这些资金往往流入宾馆、餐饮、交通等城市旅游产业），这些新的资金会继续在举办地的经济体系中循环，从而对体育赛事举办地的旅游经济产生正面影响。不过，体育赛事的这种需求冲击在很大程度上是暂时性的和短期性的，尤其是会在体育赛事举行期间集中爆发，形成需求的"峰聚效应"。

体育赛事对举办城市的经济影响与赛事为举办城市带来的新的资金成正相关关系，赛事为举办城市带来的新的资金量越大，对举办城市旅游经济影响就越大。相反，如果赛事为举办地带来的新的资金量很小，那么该赛事对举办城市的旅游经济影响就不会很大。体育赛事对举办城市旅游经济的影响共分为三个层级：直接影响、间接影响和引致影响。其中体育赛事对举办城市旅游经济的直接影响是指改变特定地区旅游经济活动的第一次花费，即体育赛事为举办地带来的新的资金流入（这些新的资金主要流入宾馆、餐饮、交通、中介服务等行业和部门）对当地旅游经济产生的第一次影响，例如，外来观众参加某地区举办的高尔夫赛事，或这些外来观众到本地的相关消费所导致的影响。其本意在于说明体育赛事第一波外来资金对于若干最终需求的投入所导致的经济活动变化程度。体育赛事对举办地经济的间接影响是指由于以上直接影响的结果对举办地旅游经济产生的影响，它是举办城市相关产业因为前述这些活动或者观众的外来资金投入所导致的旅游领域各行各业经济活动的变化。例如，宾馆、饭店从本地区的供应商购买实物和服务时，这些购买者在销售过程中产生的额外的经济增长。通常影响较大者有旅馆、餐饮、零售以及与娱乐相关的产业。在赛事举行期间或者结束后，在该地区仍会有各种相关产业持续发生买卖行为。简而言之，间接影响在于衡量该特定地区的旅游领域各行各业依靠体育赛事所带来的间接经济利益。引致影响指某特定地区的家庭单位因为上述体育赛事的直接或间接旅游经济影响所增加的收入在当地的再消费，它是由体育赛事引起的本地区居民收入增加后，居民将部分增加的收入又在本地区经济系统中消费，从而对本地区旅游经济产生的影响。例如，某餐厅员工因外地观众参加本地高尔夫比赛的消费而增加收入，并因此促使这些员工花费这些收入去添购各类日常用品的现象。体育赛事的间接影响和引致影响通常也被称为二次影响。①

二 体育赛事对城市旅游经济的影响

为了进一步从定量的角度探讨体育赛事对城市旅游经济的影响，评估体育赛事对城市旅游经济贡献的大小，本章以 2012 年在上海举办的三大标志性体育赛事（F1 大奖赛上海站、上海 ATP1000 大师赛、上海国际马拉松赛）作为评估对象，采用对现场观众进行问卷调查的方法收集相关基础数据，从赛事观众和参与者的角度对体育赛事为举办城市旅游业带来的经济影响进行评价。

（一）研究方法

1. 问卷的设计

问卷设计是体育赛事对旅游经济影响评估的重要环节，问卷设计不当将可能直接影响问卷的效果，甚至可能导致研究的失败。在本研究的问卷设计过程中，本文做了大量的前期准备工作，具体包括以下三点。第一，查阅了大量关于体育赛事对旅游经济影响评估的重要文献，明确了体育赛事对旅游经济影响评估问卷中的必要信息，总结了国内外体育赛事旅游经

---

① 黄海燕、张林：《体育赛事经济影响的机理》，《上海体育学院学报》2009 年第 4 期，第 5～8 页。

济影响评估实践中的成功经验和失败教训。第二，对以往体育赛事对旅游经济影响评估中的难点（如替代效应的处理）以及我国国情特点所产生的一些特殊性的处理（如对国内观众消费）等问题进行了深入思考。第三，在问卷的设计中，本研究还非常注重问卷题目的合理性、必要性和科学性，尽量做到通过易于回答的问题收集到本研究所需的基础资料，达到研究目标。

本研究共设计了两份问卷。第一份问卷针对本地观众及参与者，包括两个部分的问卷题项：第一部分主要收集观众及参与者在门票/注册、食物饮料、市内交通、纪念品及其他相关领域的消费；第二部分涉及观众及参与者的行为，包括3个问题，即"你打算现场观看几天比赛？"（由于上海国际马拉松赛只有1天，因此该赛事问卷不包括这一题项）；"如果你不到现场观看比赛，你打算离开上海吗？"；"如果你不来现场观看比赛，那省下的钱你将做何用途？"。这3个问题都是为了测算赛事给举办地带来的新资金服务的。第二份问卷针对外地观众和参与者，包括三个部分的问卷题项。第一部分为基本信息，其中包括观众来源与计算体育赛事对旅游经济影响消费领域，内容涉及门票/注册费、住宿费、食物和饮料花费、往返交通费、市内交通费、通信费、购买纪念品花费、娱乐消费、购物消费、观光及其他消费等。第二部分调查赛事旅游者的行为。问题包括此次行程的目的；未来3个月的旅行意愿；在上海逗留的时间或者是因为赛事而延长逗留的时间；现场观看比赛的次数；搭乘的航空公司等。第三部分为赛事旅游者的花费。

2. 数据的收集

问卷的发放与回收的方式对于研究结果的影响不容忽视。在以往体育赛事经济影响评价的案例中，问卷发放与回收方式主要有：组织专人在现场发放、现场回收，现场摆放问卷由观众自填以及邮寄调查表三种形式，这三种问卷发放与回收方法的优缺点见表5-1。综合考虑以上三种形式的优缺点，本研究最终选择以组织专人在现场发放、现场回收的方式进行。

表 5 - 1　各种问卷发放与回收方法的优缺点一览 *

问卷发放与回收方式	优点	缺点
组织专人在现场发放、现场回收	高参与度	费用高
	空答率低	耗费人力
	有效问卷率高	存在估计误差
现场摆放问卷由观众自填	节省人力	低回收率
	不会由于调查员主观引导而产生偏差	抽样偏差
邮寄调查表	节省人力	低回收率
	不会由于调查员主观引导而产生偏差	抽样偏差
	抽样具有代表性	存在记忆偏差和反应偏差

　　资料来源：黄海燕：《体育赛事经济影响评价的实证分析》,《上海体育学院学报》2011 年第 3 期, 第 1~6 页。

　　第一次调查是在 2012 年 4 月 13~15 日, F1 大奖赛上海站比赛期间。问卷由 25 个来自上海体育学院经济管理学院, 并接受过培训的本科生进行发放, 他们分散在上海国际赛车场的 8 个不同的地点。每次经过该地点的第 5 名观众将被拦截, 并要求现场填写问卷。为了保证观众的积极性, 每一位填写问卷的观众将会获得一份 F1 赛车的钥匙环。根据预定目标, 本次调查共收集了样本 2800 份, 包括 1400 份本地观众问卷和 1400 份外地观众问卷。在搜集的 2800 份问卷中, 有 172 份问卷未填写完整或填写明显错误, 故被视为无效问卷从样本中剔除。在剩余的 2628 份样本中, 1315 份（50.0%）为本地观众的问卷, 289 份（11.0%）为境外观众的问卷, 1024 份（39.0%）为来自国内其他地区观众的问卷。

　　第二次调查于 2012 年 10 月 12~14 日, 上海 ATP1000 大师赛期间进行。14 位接受过培训的本科生被分布在上海旗忠森林网球中心的四个地点。与第一次调查一样, 每次经过该地点的第 5 名观众将被拦截, 并要求现场填写问卷。为了保证观众的积极性, 每一位填写问卷的观众将会获得一份印有网球大师头像的纪念胸针。本次调查共收集有效样本 1021 份, 其中 362 份（35.5%）为本地观众的问卷, 287 份（28.1%）为境外观众的问卷, 372 份（36.4%）为国内其他地区观众的问卷。

第三次调查于 2012 年 12 月 2 日上海国际马拉松赛比赛的当天进行，调查地点位于赛事的起点和终点处。本次调查共招募了 13 名本科生，调查过程与前两次的相同。本次调查共收集 754 份有效问卷，其中 300 份（39.8%）为本地参与者填写，287 份（38.1%）为境外参与者填写，167 份（22.1%）为国内其他地区参与者填写。

3. 体育赛事对旅游经济影响评估模型的选择与建立

对体育赛事对旅游经济影响进行评估，可供选择的评估模型主要有凯恩斯乘数模型、"投入—产出"模型和可计算的一般均衡模型三种。[①] 本文在对三大标志性体育赛事对旅游经济影响的评估中运用"投入—产出"模型。

本文运用的"投入—产出"模型是由上海体育学院体育赛事研究中心开发的评估软件（SEEMA 2.0），该软件基于 2012 年上海市投入产出表的有关数据以及其他相关数据编制而成，它将与体育赛事活动相关性高的部门单列，例如：城市公共交通业，铁路、道路、水上、航空运输业，批发和零售贸易业，文化、体育事业和娱乐业，住宿业、餐饮业等部门，而将一些与其相关度不高的部门合并，重新归类为 15 个部门产业关联表，这些部门主要包括：（1）农业与矿产业；（2）制造业；（3）铁路、道路、水上、航空运输业；（4）城市公共交通运输业；（5）其他运输业及仓储邮政业；（6）信息传输、计算机服务和软件业；（7）批发和零售贸易业；（8）住宿业；（9）餐饮业；（10）金融保险业及房地产业；（11）租赁业和商务服务业；（12）旅游观光业；（13）社会及其他个人服务；（14）文化、体育和娱乐业；（15）公共管理和社会组织。在这 15 个大部门中与城市旅游业直接相关，即涉及"吃""住""行""游""购""娱"六大旅游产品类别的部门有（3）、（4）、（7）、（8）、（9）、（12）和（14）七个产业部门。

---

① 黄海燕：《体育赛事经济影响评价的实证分析》，《上海体育学院学报》2011 年第 3 期，第 1～6 页。

（二）研究结果

1. 关于不同类型观众及参与者人数的估算

为了较为准确地估算体育赛事对城市旅游经济的影响，本文在参考了Preuss 等人研究的基础上，将体育赛事的观众或参与者分为六大类：一是取消原出行计划者（Ⅰ），是指因为体育赛事的举办而使那些原本准备出游，却留在赛事举办地的本地观众或参与者；二是本地观众或参与者（Ⅱ），即除了第一种以外的赛事举办地的当地观众或参与者；三是专程看比赛的国内外地观众或参与者（Ⅲ），指专程前来观看或参加比赛，且在未来 3 个月没有来举办地旅游计划的国内其他地区的观众或参与者；四是顺便前来观看或参加比赛的国内外地观众或参与者（Ⅳ），指因为其他目的前来上海，恰逢体育赛事举办而前往现场观看或参与的国内外地观众或参与者；五是专程观看或参加比赛的境外观众或参与者（Ⅴ），指专程前来观看或参加比赛，且在未来 3 个月没有来举办地旅游计划的境外观众或参与者；六是顺便前来观看或参加比赛的境外观众或参与者（Ⅵ），指因为其他目的前来上海，恰逢体育赛事举办而前往现场观看或参加的境外观众或参与者。① 表 5 - 2 为 2012 年 F1 大奖赛上海站、上海 ATP1000 大师赛和上海国际马拉松赛不同类型观众或参与者人数，这些关于人数的数据是在问卷调查及赛事组织者所提供的数据资料的基础上估算得到的。从表5 - 2 可以看出：2012 年现场观看 F1 大奖赛上海站的观众总人数为115625 人，上海 ATP1000 大师赛的现场观众人数为 47742 人，上海国际马拉松赛的参与者为 30200 人。就 F1 大奖赛上海站而言，六类观众的人数分别为 11604 人（Ⅰ）、49793 人（Ⅱ）、22170 人（Ⅲ）、7407 人（Ⅳ）、15341 人（Ⅴ）和 3327 人（Ⅵ）；上海 ATP1000 大师赛六类观众的人数分别为 4490 人、25444 人、7353 人、2879 人、3677 人和 813 人；上海国际马拉松赛六类参与者的人数分别为 2275 人、19387 人、2645 人、289 人、

---

① Preuss, H., "The Economic Impact of Visitors at Major Multi – Sport Events", *European Sport Management Quarterly* 2005 (3): 281 – 301.

4482 人和 175 人。从这些数据我们可以发现，尽管上海 ATP1000 大师赛的总人数（47742 人）要大于上海国际马拉松赛的总人数（30200 人），但就专程前来观看或参加比赛的境外观众或参与者而言，上海国际马拉松赛的人数（4482 人）要多于上海 ATP1000 大师赛的人数（3677 人）。

2. 关于观众或参与者体育赛事相关消费的估算

表 5 - 3 和表 5 - 4 为这三个标志性体育赛事中观众和参与者的消费情况。表 5 - 3 为不同地区观众或参与者的平均消费，从这一结果我们可以明显地看出，F1 大奖赛上海站的观众的平均消费最高，其次是上海 ATP1000 大师赛，而上海国际马拉松赛的参与者平均消费最低；就 F1 大奖赛上海站和上海 ATP1000 大师赛而言，这两个赛事来自国内其他地区的观众和境外观众的平均消费差异不明显，但这一消费水平几乎是上海国际马拉松赛同类参与者的两倍；但就这三个赛事而言，本地观众或参与者的消费差异比较明显，例如，F1 大奖赛上海站本地观众的平均消费为 1104 元，而上海国际马拉松赛本地观众的平均消费仅为 123.4 元。表 5 - 4 为三大赛事中不同类型的六大类观众的总消费，这也是进一步估算赛事给举办城市带来新资金量的基础。

3. 关于体育赛事为举办城市带来的新资金的估算

如前所述，由于体育赛事所产生的替代效应、漏出效应以及挤出效应，因此，并不是所有的体育赛事相关消费都能纳入体育赛事为举办城市所带来的新资金的范畴。[①] 在本文的研究中，为了较为准确地估算三大赛事六大类观众或参与者给举办地带来的新资金量，在关于上述观众或参与者人数及消费的确定过程中充分考虑了赛事所产生的替代效应、漏出效应和挤出效应。一是本地居民的消费。只有那些如果不来观看或参加比赛，而准备把省下来的钱存入银行的这一部分观众或参与者的消费才能算为由于赛事刺激而产生的消费，故纳入赛事为举办地带来的新资金的范畴。调

---

① Crompton，L.，"Economic Impact Analysis of Sports Facilities and Events: Eleven Sources of Misapplication"，*Journal of Sport Management* 1995（1）：14 - 35.

查结果显示：F1 大奖赛上海站的 53.7% 的本地观众如果不来观看比赛则将省下来的钱存入银行，而上海 ATP1000 大师赛的这一数值为 42.0%，上海国际马拉松赛的这一数值仅为 27.9%。因此，只有这一部分的观众或参与者的消费才能算作新资金。二是关于国内其他地区观众或参与者以及境外观众或参与者在往返交通花费的确定过程中考虑了赛事的漏出效应。对于境外观众或参与者而言，调查显示：F1 大奖赛上海站中只有 23.6% 的境外观众搭乘本地航空公司的航班（东方航空、上海航空）；上海 ATP1000 大师赛中这一数值为 25.4%；而上海国际马拉松赛中有 36.3% 的境外参与者搭乘本地航空公司的航班。因此，在 F1 大奖赛上海站给上海带来的新资金估算中只有 23.6% 的境外观众的往返交通花费纳入赛事为举办地带来的新资金范畴，其他两个赛事也同理。对于国内其他地区的观众或参与者而言，由于他们来上海观看或参与比赛可选择的交通方式很多，例如，有些观众或参与者可能乘坐飞机，也有些观众或参与者可能搭乘火车，当然也有部分观众或参与者自驾，因此，较境外观众或参与者相比，国内其他地区观众或参与者的情况要复杂得多。因此，本文参考了 Saayman 等人的研究①，将国内其他地区观众和参与者在往返交通花费的 50% 纳入赛事为举办地带来的新资金范畴。

关于三大标志性体育赛事给上海带来的新资金流入的估算结果如表 5－5 所示。从该表中我们可以看出，F1 大奖赛上海站给上海带来的新资金流入的总额为 3.49 亿元，是上海 ATP1000 大师赛（1.31 亿元）的 2.7 倍左右，是上海国际马拉松赛的 9 倍（0.40 亿元）；在 F1 大奖赛上海站和上海国际马拉松赛为举办地带来的新资金中，境外观众或参与者的贡献最大，分别为 2.40 亿元和 0.31 亿元，但在上海 ATP1000 大师赛中国内其他地区的观众对赛事为举办地带来的新资金的贡献最大，为 0.62 亿元。此外，结果还显示：本地观众或参与者给举办地带来的新资金所占比例很

---

① Saayman, M., & Saayman, A., "The Economic Impact of the Comrades Marathon", *International Journal of Event and Festival Management* 2012 (3): 220－235.

小，例如在 F1 大奖赛上海站中，只有 12% 的新资金是由本地观众所贡献，在上海 ATP1000 大师赛和上海国际马拉松赛中这一比例则更低，尤其是在上海国际马拉松赛中，本地参与者所产生的新资金甚至少于 100 万元。就具体的消费类别而言，F1 大奖赛上海站中带来新资金最多的四个消费类别依次是：门票（8170 万元）、住宿（7576 万元）、购物（6290 万元）和往返交通费（5557 万元）。上海 ATP1000 大师赛中排名前四的分别是：住宿（2709 万元）、食品饮料（1851 万元）、门票（1711 万元）和购物（1465 万元）。上海国际马拉松赛中往返交通费排名第一（994 万元），随后依次是住宿（958 万元）、食品饮料（510 万元）和购物（437 万元）。

4. 关于体育赛事旅游经济影响的估算

SEEMA 2.0 是在上海市投入产出表的基础上开发而成，主要是为了评估体育赛事给举办地所带来的经济影响，而不仅仅是对旅游经济的影响，因此，当将体育赛事为举办地带来的新资金的数据导入 SEEMA 2.0 后，输入结果为体育赛事对经过合并后的上海市 15 个产业部门的影响，具体指标包括产出值、收入、间接税收和就业。但是通过前面的分析，我们得知在这 15 个产业部门中只有 7 个产业部门与城市旅游业直接相关，且只要有产出值和就业这两个指标的数据就可以反映赛事对城市旅游 GDP 的影响及对城市旅游就业水平的影响。但从 SEEMA 2.0 输入的结果中，我们可以较为方便地获得体育赛事对城市旅游经济影响的数据。

如表 5 - 6 所示，F1 大奖赛上海大奖赛对上海经济的产出效应为 11.79 亿元，所得效应为 4.53 亿元，间接税收效应为 1.20 亿元，就业效应为 9048 人。其中，赛事对上海旅游经济的产出影响为 5.50 亿元，占总效应的 46.6%；赛事对上海旅游经济的就业影响为 5846 人，占总效应的 64.6%。就 F1 大奖赛上海站的旅游产出效应而言，F1 大奖赛上海站对上海市"批发和零售贸易业"的贡献最大，达到 1.34 亿元，占总数的 24.4%；对"文化、体育和娱乐业"的贡献紧随其后，达到 1.19 亿元，占总数的 21.7%；对"铁路、道路、水上、航空运输业"的贡献排名第三，也达到 1.10 亿元，占总数的 20.0%；就赛事的旅游就业效应而言，

F1 大奖赛上海站对上海市"批发和零售贸易业"的贡献仍然居首，为2510 人，占总数的 42.9%；对"住宿业"的贡献紧随其后，达到 1028人，占总数的 17.6%；对"文化、体育和娱乐业"的就业贡献排第三，也达到 793 人，占总数的 13.6%。

ATP1000 大师赛对上海经济的产出效应为 3.41 亿元，所得效应为1.31 亿元，间接税收效应为 0.34 亿元，就业效应为 2627 人。其中，赛事对上海旅游经济的产出影响为 1.54 亿元，占总效应的 45.2%；赛事对上海旅游经济的就业影响为 1679 人，占总数的 63.9%。就上海 ATP1000大师赛的旅游产出效应而言，赛事对上海市"批发和零售贸易业"的贡献最大，达到 0.34 亿元，占总数的 22.1%；对"文化、体育和娱乐业"的贡献紧随其后，达到 0.30 亿元，占总数的 19.5%；对"住宿业"的贡献排名第三，也达到 0.28 亿元，占总数的 18.3%；就赛事的旅游就业效应而言，上海 ATP1000 大师赛对上海市"批发和零售贸易业"的贡献仍然居首，为 637 人，占总数的 37.9%；对"住宿业"的贡献紧随其后，达到 364 人，占总数的 21.7%；对"餐饮业"的就业贡献排第三，也达到 260 人，占总数的 15.5%。

上海国际马拉松赛对上海经济的产出效应为 1.10 亿元，所得效应为0.40 亿元，间接税收效应为 0.10 亿元，就业效应为 807 人。其中，赛事对上海旅游经济的产出影响为 5092 万元，占总效应的 46.3%；赛事对上海旅游经济的就业影响为 486 人，占总数的 60.2%。就上海国际马拉松赛的旅游产出效应而言，赛事对上海市"铁路、道路、水上、航空运输业"的贡献最大，达到 1638 万元，占总数的 32.2%；对"住宿业"的贡献紧随其后，达到 988 万元，占总数的 19.4%；对"批发和零售贸易业"的贡献排名第三，也达到 820 万元，占总数的 16.1%。就赛事的旅游就业效应而言，上海国际马拉松赛对上海市"批发和零售贸易业"的贡献居首，为 153 人，占总数的 31.5%；对"住宿业"的贡献紧随其后，为136 人，占总数的 28.0%；对"餐饮业"的就业贡献排第三，为 63 人，占总数的 13.0%。

表5-2　三大标志性体育赛事中不同类型观众或参与者人数的估算一览

体育赛事	观众或参与者总人数			来自不同地区的观众或参与者			本地				国内				境外				
	总人次	平均参与次数	N_T	本地 (N_L)	国内 (N_R)	境外 (N_I)	I		II		III		IV		V			VI	
							P_1(%)	N_I	P_2(%)	N_{II}	P_3(%)	N_{III}	P_4(%)	N_{IV}	P_5(%)	P_6(%)	N_V	P_7(%)	N_{VI}
F1	18000 *	1.6 **	115625	61397 *** (53.1% **)	32143 *** (27.8% **)	22085 *** (19.1% **)	18.9 **	11604 ***	72.3 **	49793 ***	4.6 **	22170 ***	83.2 **	7407 ***	76.5 **	9.2 **	1541 ***	64.1 **	3327 ***
ATP	148000 *	3.1 **	47742 ***	29934 *** (62.7% **)	12126 *** (25.4% **)	5682 *** (11.9% **)	15.0 **	4490 ***	64.3 ***	25444 ***	5.7 **	7353 ***	66.5 ***	2879 ***	73.7 **	12.2 **	3677 ***	54.4 **	813 ***
SIM	—	—	30200	21662 *	3135 *	5223	10.5 *	2275 *	86.9 **	19387 ***	2.9 **	2645 ***	59.0 **	289 ***	91.4 **	6.1 **	4482 ***	38.8 **	175 ***

注：F1：F1大奖赛上海站；

ATP：上海ATP1000大师赛；

SIM：上海国际马拉松赛。

* 赛事主办方提供数据；

** 问卷调查所得数据；

*** 测算所得数据；

P_1：在本地观众或参与者中，若没有比赛则打算出游离开上海的比例；

P_2：国内观众或参与者中只为赛事而来的比例；

P_3：国内观众或参与者中未来3个月计划造访上海的比例；

P_4：国内观众或参与者中由于其他原因来上海，但由于赛事上海逗留的比例；

P_5：境外观众或参与者中只为赛事而来的比例；

P_6：境外观众或参与者中未来3个月计划造访上海的比例；

P_7：境外观众或参与者中由于其他原因来上海，但由于赛事在上海多逗留的比例；

$N_I = N_L \times P_1$；$N_{II} = N_R \times (1-P_1)$；$N_{III} = N_R \times P_2 \times (1-P_3)$；$N_{IV} = N_R \times (1-P_2) \times (1-P_3) \times P_4$；$N_V = N_I \times P_5 \times (1-P_6)$；$N_{VI} = N_I \times (1-P_5) \times P_7$

表5-3 三大标志性体育赛事中不同地区观众或参与者的平均消费一览

单位：元

项目	F1大奖赛上海站					上海ATP1000大师赛					上海国际马拉松赛				
	I & II	III	IV	V	VI	I & II	III	IV	V	VI	I & II	III	IV	V	VI
门票/注册	646.10	954.71	843.90	1570.04	1631.70	377.01	679.54	504.17	1050.85	1088.14	43.84	57.13	55.47	165.52	120.40
住宿	—	1256.68	634.65	2497.94	1465.49	—	1605.39	1191.10	2822.15	1816.61	—	854.33	569.55	1564.37	831.07
食品饮料	130.09	788.52	209.74	1167.22	687.48	84.17	976.21	724.28	1886.56	1214.92	42.15	514.34	312.89	727.90	386.70
往返交通	—	939.74	—	12470.81	—	—	880.52	—	8702.10	—	—	755.80	—	5493.62	—
市内交通	72.46	246.11	102.89	890.34	390.22	62.72	359.87	267.00	1095.38	521.54	27.09	108.07	52.05	180.93	96.12
通信	—	104.33	86.33	284.69	138.81	—	160.07	118.76	396.65	297.49	—	33.19	22.13	120.23	63.87
纪念品	95.01	364.55	315.57	773.74	556.17	82.81	290.81	215.76	650.87	488.15	—	—	—	—	—
娱乐	—	500.45	331.16	837.17	460.51	—	640.05	474.88	1104.37	528.28	—	279.69	106.46	483.71	256.97
购物	—	1273.56	465.03	1816.91	1004.84	—	828.40	614.62	1640.86	930.65	—	340.31	126.87	756.03	251.64
观光	—	344.35	211.91	606.69	320.12	—	195.75	145.23	621.08	365.81	—	147.79	98.53	563.68	239.46
其他	160.34	271.80	178.30	732.82	418.50	71.19	432.05	320.55	808.90	456.68	10.32	185.43	123.62	308.57	193.93
合计	1104.00	7044.80	3379.48	23648.37	7073.84	677.90	7048.66	4576.36	20779.77	7708.27	123.40	3276.08	1467.57	10364.56	2440.16

表 5－4　三大标志性体育赛事中不同地区观众或参与者总消费一览

单位：千元

项目		门票/注册	住宿	食品饮料	往返交通	市内交通	通信	纪念品	娱乐	购物	观光	其他	合计
F1大奖赛中国站	I	7497.34	—	1509.56	—	840.83	—	1102.50	—	—	—	1860.59	12810.82
	II	32171.26	—	6477.57	—	3608.00	—	4730.83	—	—	—	7983.81	54971.47
	III	21165.92	27860.60	17481.49	20834.04	5456.26	2313.00	8082.07	11094.98	28234.83	7634.24	6025.81	156183.22
	IV	6251.02	4701.04	1553.61	—	762.14	639.48	2337.52	2453.00	3444.61	1569.68	1320.72	25032.81
	V	24085.98	38320.90	17906.32	191314.70	13658.71	4367.43	11869.95	12843.02	27873.22	9307.23	11242.19	362789.64
	VI	5428.32	4875.38	2287.10	—	1298.18	461.79	1850.26	1532.02	3342.89	1064.97	1392.26	23533.18
ATP1000大师赛	I	1881.28	—	420.01	—	312.97	—	413.22	—	—	—	355.24	3382.72
	II	9592.64	—	2141.62	—	1595.85	—	2107.02	—	—	—	1811.36	17248.49
	III	4996.66	11804.43	7178.07	6474.46	2646.12	1176.99	2138.33	4706.29	6091.23	1439.35	3176.86	51828.80
	IV	1451.40	3428.92	2085.05	—	768.63	341.88	621.13	1367.08	1769.36	418.09	922.79	13174.35
	V	3863.98	10377.05	6936.88	31997.62	4027.71	1458.48	2393.25	4060.77	6033.44	2283.71	2974.33	76407.21
	VI	884.96	1477.41	988.07	—	424.16	241.94	397.00	429.64	756.88	297.51	371.41	6268.98
上海国际马拉松赛	I	99.74	—	95.89	—	61.63	—	—	—	—	—	23.48	280.74
	II	849.93	—	817.16	—	525.19	—	—	—	—	—	200.07	2392.36
	III	151.11	2259.70	1360.43	1999.09	285.85	87.79	—	739.78	900.12	390.90	490.46	8665.23
	IV	16.04	164.66	90.46	—	15.05	6.40	—	30.78	36.68	28.49	35.74	424.27
	V	741.86	7011.51	3262.45	24622.41	810.93	538.87	—	2167.99	3388.53	2526.41	1383.01	46453.96
	VI	21.02	145.10	67.52	—	16.78	11.15	—	44.87	43.94	41.81	33.86	426.05

表5-5 三大标志性体育赛事给上海带来的新资金流入一览

单位：百万元

项目	体育赛事所带来的新资金												与投入-产出模型中部门的匹配
	F1大奖赛上海站				上海ATP1000大师赛				上海国际马拉松赛				
	本地	国内	境外	合计	本地	国内	境外	合计	本地	国内	境外	合计	
门票/注册	24.77	27.42	29.51	81.70	5.91	6.45	4.75	17.11	0.34	0.17	0.76	1.27	文化、体育和娱乐业
住宿	—	32.56	43.20	75.76	—	15.23	11.85	27.09	—	2.42	7.16	9.58	住宿业
食品饮料	4.99	19.04	20.19	44.22	1.32	9.26	7.92	18.51	0.32	1.45	3.33	5.10	餐饮业
往返交通	—	10.42	45.15	55.57	—	3.24	8.13	11.36	—	1.00	8.94	9.94	铁路、道路、水上、航空运输业
市内交通	2.78	6.22	14.96	23.95	0.98	3.41	4.45	8.85	0.21	0.30	0.83	1.34	城市公共交通运输业
通信	—	2.95	4.83	7.78	—	1.52	1.70	3.22	—	0.09	0.55	0.64	信息传输、计算机服务和软件业
纪念品	3.64	10.42	13.72	27.78	1.30	2.76	2.79	6.85	—	—	—	—	批发和零售贸易业
娱乐	—	13.55	14.38	27.92	—	6.07	4.49	10.56	—	0.77	2.21	2.98	文化、体育和娱乐业
购物	—	31.68	31.22	62.90	—	7.86	6.79	14.65	—	0.94	3.43	4.37	批发和零售贸易业
观光	—	9.20	10.37	19.58	—	1.86	2.58	4.44	—	0.42	2.57	2.99	旅游观光业
其他	6.15	7.35	12.63	26.13	1.12	4.10	3.35	8.56	0.08	0.53	1.42	2.02	社会及其他个人服务
合计	42.33	66.63	240.16	349.12	10.63	61.77	58.81	131.20	0.95	8.09	31.20	40.23	

表 5-6 三大标志性体育赛事对城市旅游经济影响一览

单位：百万元

产业部门	F1 大奖赛上海站				上海 ATP1000 大师赛				上海国际马拉松赛			
	产出	收入	间接税收	就业	产出	收入	间接税收	就业	产出	收入	间接税收	就业
01 农业与矿产业	18.36	6.79	0.43	274	6.66	2.47	0.16	99	1.92	0.71	0.04	29
02 制造业	423.49	123.51	30.38	1464	126.05	36.81	9.29	438	40.64	12.05	3.05	139
03 铁路、道路、水上、航空运输业	110.34	25.46	4.06	599	25.06	5.78	0.92	136	16.38	3.78	0.60	56
04 城市公共交通运输业	32.10	12.83	1.05	174	10.93	4.37	0.36	60	2.22	0.89	0.07	42
05 其他运输业及仓储邮政业	4.21	2.33	0.23	24	1.07	0.59	0.06	6	0.48	0.27	0.03	6
06 信息传输、计算机服务和软件业	29.81	15.52	1.43	228	9.20	4.79	0.44	70	2.56	1.33	0.12	20
07 批发和零售贸易业	134.30	73.10	40.46	2510	34.08	18.55	10.27	637	8.20	4.47	2.47	153
08 住宿业	79.89	38.86	9.71	1028	28.23	13.73	3.43	364	9.88	4.81	1.20	136
09 餐饮业	50.30	15.83	4.17	648	20.21	6.36	1.68	260	5.59	1.76	0.46	63
10 金融保险业及房地产业	86.12	54.11	12.09	319	23.73	14.91	3.33	88	7.74	4.86	1.09	29
11 租赁业和商务服务业	23.79	8.93	2.60	725	6.40	2.40	0.70	195	2.43	0.91	0.27	74
12 旅游观光业	24.25	4.04	0.69	94	5.54	0.92	0.16	21	3.63	0.61	0.10	3
13 社会及其他个人服务	43.16	21.82	2.06	168	13.38	6.76	0.64	52	3.33	1.68	0.16	24
14 文化、体育和娱乐业	119.28	50.12	10.88	793	30.33	12.74	2.77	201	5.02	2.11	0.46	33
15 公共管理和社会组织	0.08	0.04	0.00	1	0.02	0.01	0.00	0	0.01	0.00	0.00	0
经济影响合计	1179.47	453.29	120.26	9048	340.89	131.20	34.19	2627	110.02	40.23	10.13	807
旅游经济影响合计	550.46	—	—	5846	154.38	—	—	1679	50.92	—	—	486

注：旅游经济影响 = 03 + 04 + 07 + 08 + 09 + 12 + 14。

第二节　体育赛事与城市旅游经济关系的显著性分析

体育赛事直接影响着举办地的"吃、住、行、游、购、娱"等旅游业态，为其带来直接的经济收入，直接旅游经济收入大小主要受运动员、教练员和媒体记者等赛事参与者数量、现场观众总人数、在举办城市的逗留时间、观众消费能力等因素的影响。

通过衡量体育赛事对旅游经济的影响大小，我们已经评估了体育赛事对城市旅游经济的贡献大小。然而为旅游经济贡献经济影响的事件颇多，作为影响事件之一的体育赛事在其中扮演何种重要的角色以及与旅游经济的关系究竟如何，正如国外很多学者指出的，在体育赛事经济影响的研究中产业间的互动关系未被考虑。因此，体育赛事对旅游经济的贡献是否具有显著性的影响，都要通过研究体育赛事与旅游经济关系的显著性来分析和判定。因此需要建立数据模型进行定量分析。这里将以 F1 赛事为例，研究 F1 赛事举办期间对旅游经济的显著性影响。

一　数据来源与变量选取

（一）数据来源

本文中所用到的旅游经济的原始数据均来自网络，包括星级饭店平均出租率、五星级饭店平均出租率、四星级饭店平均出租率、三星级饭店平均出租率、星级饭店平均房价、五星级饭店平均房价、四星级饭店平均房价、三星级饭店平均房价在内的十个数据均采自上海市旅游局政务网（http：//lyw. sh. gov. cn/）。体育赛事的数据即 F1 的观众人数则是由久事赛事公司提供。

（二）变量选取

解释变量的选取上，选取 F1 大奖赛 2004~2013 年十年的数据进行研究，考虑到赛事数据的局限性和可获得性，选取赛事的观众人数作为最能代表赛事的自变量。在被解释变量的选取上，旅游经济中最具影响的无非住宿和餐饮，其中，最具代表性的变量是饭店出租率和房价，同时考虑旅游网站数据的可获得性，则选取星级饭店平均出租率、五星级饭店平均出租率、四星级饭店平均出租率、三星级饭店平均出租率、星级饭店平均房价、五星级饭店平均房价、四星级饭店平均房价、三星级饭店平均房价，即研究体育赛事与饭店出租率、房价之间的相关性和回归方程。

二　数据处理分析过程与结果

首先，我们进行变量间的相关分析，从中可以得到各指标间的 Spearman 相关系数，以衡量两者联系的紧密程度。利用 SPSS19.0 软件得到分析结果（见表 5－7），F1 的观众人数与星级饭店平均出租率、五星级饭店平均出租率、四星级饭店平均出租率、三星级饭店平均出租率、四星级饭店平均房价、三星级饭店平均房价这几个变量都存在明显的正相关关系，相关系数分别为：0.712、0.656、0.738、0.744、0.656、0.895。

表 5－7　变量之间的相关分析（Spearman Correlation）结果

		星级饭店平均出租率	五星级饭店平均出租率	四星级饭店平均出租率	三星级饭店平均出租率	星级饭店平均房价	五星级饭店平均房价	四星级饭店平均房价	三星级饭店平均房价
F1 Visitor	Pearson 相关系数	0.712*	0.656*	0.738*	0.744*	0.272	0.540	0.656*	0.895**
	显著性	0.021	0.040	0.015	0.014	0.448	0.107	0.039	0.000

注："＊"表示置信度（双侧）为 0.05 时显著性是显著的；"＊＊"表示置信度（双侧）为 0.01 时显著性是显著的。

为了进一步验证 F1 的观众人数与星级饭店平均出租率、五星级饭店平均出租率、四星级饭店平均出租率、三星级饭店平均出租率、四星级饭店平均房价、三星级饭店平均房价这几个变量之间的关系，下面分别以星级饭店平均出租率、五星级饭店平均出租率、四星级饭店平均出租率、三星级饭店平均出租率、四星级饭店平均房价、三星级饭店平均房价为因变量进行回归分析，利用 SPSS19.0 软件进行处理，结果见表 5－8 至表 5－13。

通常地，判定系数越接近于 1，则认为拟合优度越高，说明被解释变量可以被模型解释的部分较多，不能解释的部分较少。而回归系数显著 t 检验的概率 P - 值小于显著性水平 α（0.05），拒绝原假设，认为与被解释变量的线性关系是显著的。其中表 5 - 8（1）中判定系数为 0.712，表 5 - 9（1）的判定系数为 0.656，表 5 - 10（1）的判定系数为 0.738，表 5 - 11（1）的判定系数为 0.744，表 5 - 12（1）的判定系数为 0.656，表 5 - 13（1）的判定系数为 0.540，拟合优度均较好。且在表 5 - 9（2）至 5 - 13（2）中均可见回归系数显著 t 检验的概率 P - 值小于显著性水平 α（0.05），拒绝原假设，认为与被解释变量的线性关系是显著的。

综上所述，我们可以得出解释变量 F1 赛事人数分别与被解释变量星级饭店平均出租率、五星级饭店平均出租率、四星级饭店平均出租率、三星级饭店平均出租率、四星级饭店平均房价、三星级饭店平均房价具有显著的相关性。由此我们可以看出，体育赛事与旅游经济饭店业的关系具有显著性，进而也对整个旅游经济贡献显著。

表 5 - 8　回归分析结果

（1）模型汇总

模型	R	R 方	调整 R 方	标准估计的误差
1	0.712ᵃ	0.508	0.446	4.5178854

a. 预测变量：（常量）F1 人数。

（2）系数 a

	非标准化系数		标准化系数		
	B	标准误差	Beta	t	Sig.
1 （常量）	48.457	5.591	—	8.667	0.000
F1 观众数	8.288E - 5	0.000	0.712	2.872	0.021

a. 因变量：星级饭店平均出租率。

表 5 - 9　回归分析结果

（1）模型汇总

模型	R	R 方	调整 R 方	标准估计的误差
1	0.656ᵃ	0.430	0.359	7.1563860

a. 预测变量：（常量）F1 人数。

（2）系数 a

	非标准化系数		标准化系数		
	B	标准误差	Beta	t	Sig.
1 （常量）	47.963	8.856	—	5.416	0.001
F1 观众数	0.000	0.000	0.656	2.456	0.040

a. 因变量：五星级饭店平均出租率。

表 5 - 10　回归结果分析

（1）模型汇总

模型	R	R 方	调整 R 方	标准估计的误差
1	0.738ᵃ	0.545	0.488	5.5482380

a. 预测变量：（常量）F1 人数。

（2）系数 a

	非标准化系数		标准化系数		
	B	标准误差	Beta	t	Sig.
1 （常量）	46.382	6.866	—	6.755	0.000
F1 观众数	0.000	0.000	0.738	3.096	0.015

a. 因变量：四星级饭店平均出租率。

表 5 - 11　回归分析结果

（1）模型汇总

模型	R	R 方	调整 R 方	标准估计的误差
1	0.744ᵃ	0.554	0.498	4.5116017

a. 预测变量：（常量）F1 人数。

（2）系数 a

	非标准化系数		标准化系数		
	B	标准误差	Beta	t	Sig.
1 （常量）	42.489	5.583	—	7.610	0.000
F1 观众数	$9.082E-5$	0.000	0.744	3.151	0.014

a. 因变量：三星级饭店平均出租率。

表 5 - 12　回归分析结果

(1) 模型汇总

模型	R	R 方	调整 R 方	标准估计的误差
1	0.656[a]	0.430	0.359	75.5200998

a. 预测变量：（常量）F1 人数。

(2) 系数 a

	非标准化系数		标准化系数		
	B	标准误差	Beta	t	Sig.
1 （常量）	418.780	93.460	—	4.481	0.002
F1 观众数	0.001	0.000	0.656	2.458	0.039

a. 因变量：四星级饭店平均房价。

表 5 - 13　回归分析结果

(1) 模型汇总

模型	R	R 方	调整 R 方	标准估计的误差
1	0.540[a]	0.292	0.203	239.95555

a. 预测变量：（常量），F1 人数。

(2) 系数 a

	非标准化系数		标准化系数		
	B	标准误差	Beta	t	Sig.
1 （常量）	248.817	16.637	—	14.956	0.000
F1 观众数	0.000	0.000	0.895	5.677	0.000

a. 因变量：三星级饭店平均房价。

第三节　体育赛事与城市旅游经济的互动方式

上文证明了体育赛事对城市旅游经济的贡献是显著的，因此为使体育赛事对城市旅游经济的贡献最大化，体育赛事对城市旅游经济的贡献可以通过以下四种互动方式来实现。

一　刺激赛事观看者的消费

充分开发观看者在赛事期间的花费，除了门票、旅游纪念品和食物是赛事观看者要在赛事期间购买的之外，去当地的商店购物，当地的餐馆吃饭或者游览当地的名胜，都会带动城市旅游经济的发展。然而，关于赛事如何与当地旅游经济进行互动就需要考虑通过赛事赞助者来刺激赛事观看者去当地购物，并增加当地餐饮收入及旅游名胜的观光收入[①]。例如推出适应游客需求的，涉及旅游中"吃、住、行、游、购、娱"各个方面的门票打包、门票优惠产品。如谋划 F1 车迷嘉年华"一票通"路线，与 F1 大奖赛上海站的比赛互动，设计上赛场观赛、天马山竞速体验、F1 主题交通接棒、F1 主题酒店入住等特色活动及服务，打包各种类型的门票产品，搭配美食、旅游景点的优惠门票，将城市旅游与 F1 嘉年华活动串联起来，打造上海 F1 体育旅游季。

商业的目标客户是赛事观看者，它可以成功地刺激观看者在特殊促销品上的花费。他们的广告目标定位在赛事观看者，同时借助当地的媒体进行一些赛事相关的促销。无论在哪，它们开发的主要策略是通过搭卖赛事相关的广告，包括装饰和环境设计在内的主题策略来吸引赛事赞助者。同时，当地的商业协会、政府经济发展代理处和赛事的组织者通过组成必要的联盟从而产生联合促销策略和社区主题。这样在赛事举办期间有助于战略计划的形成和实施，同时也有利于配合必要的市场调查来确认合适的库存、菜单和陈列的策略，为主题、促销和销售的协调策略提出规模收益。

赛事期间的市场组成远不止赛事的参与者本身。其中还可能有伴随市场，例如配偶和孩子，他们更热衷于赛事相关的活动、购物或者旅行。赛前市场调查需要确定他们的市场人群及其偏好。一旦伴随市场的特征建立起来，为之设计的相关活动、购物或者旅游等一系列产品都将通过赛事媒

---

① 聂献忠:《安庆市旅游形象定位及其系统策划研究》，《安徽师范大学学报》2004 年第 4 期，第 465～468 页。

体和赛事观看者住宿区来促销。

还有一个相关的市场是规避市场，也就是说观看者和当地的人们不喜欢赛事[1]。如果一些旅游者不喜欢赛事不想到举办场地，那么经济的影响就会减弱。如果一些当地人在赛事举办期间离开当地，那么他们的花费也不会作用在当地经济上，因而会减少赛事的总的经济所得。因此如果有规避市场，建立无赛事区域让旅游者或者当地人在远离赛事的区域玩乐可能是有用的方法。2000 年奥运会在澳大利亚悉尼举办的时候，这个国家的乡村地区通过将本身作为无奥运的区域进行促销，刺激了旅游业的繁荣发展。

二 增加观看者的逗留时间

研究表明人们来观看一个赛事很有可能关注的是赛事本身[2]，也可能在举办地从事其他活动或者旅游[3]。如果赛事观看者可以被吸引在赛事举办地待更长的时间，他们的商业、食物及杂费就会增加[4]。因此举办一个赛事的经济影响会因为吸引赛事观看者延长逗留时间而加强。

有以下三个策略。第一，赛事的举办时间可以延长，这样就可以延长观看者逗留的时间以观看整个赛事。第二，在赛前或赛后阶段可以为体育迷们创造机会增加在一块的时间来分享他们对体育的热爱。第三，赛前或赛后的活动或者旅游可以和赛事挂钩，进行赛事的营销。

第一个策略现已越来越普遍。赛事的策划者通过创造增加物继续增加赛事举办的时间。一般来讲，汽车运动包括先于展示活动几天的比赛。事实上，在澳大利亚黄金海岸的 IndyCar 大赛就超过三天。一些其他汽车运

① CHALIP, L. & LEYNS, A. "Local Business Levering of a Sport Event: Managing an Event for Economic Benefit". Journal of Sport Management, 2002 (2): 132 – 158.

② DWYER, L. MELLOR, R. MISTILIS. N & MULES. T (2000). A Framework for Assessing "Tangible" and "Intangible" Impacts of Events and Conventions [J]. Event Management, 6 (3): 175189.

③ Green B. & Chalip L. (1998). Sport Tourism as the Celebration of Subculture. Annals of Tourism Reasearch.

④ FRECHTLING. D RITCHIE. J & GOELDNER. C. (1987). Assessing the Impacts of Travel and Tourism – Introduction to Travel Impact Estimation.

动特征的项目还包括 V8 超级汽车赛、HQ Holdens、GT Production 汽车赛、保时捷杯赛和拔河比赛。这些额外的运动延长了赛事的举办时间以及汽车运动爱好者待在黄金海岸的时间。

还有一个增加赛事时间的方法是增加赛后的活动和表演。普利克内斯大奖赛是一个五月的一天在美国马里兰州巴尔的摩举办的赛马比赛。尽管它是三冠王的赛事之一，但其经济影响一度受到短暂的举办时间的制约。为了加强赛事的影响和声望，赛事的组织者和马里兰州政府及巴尔的摩政府协商建立一个普利克内斯狂欢节。普利克内斯狂欢节在比赛期间的一周间由各种活动构成。在 2002 年，这些活动包括气球节、5 公里跑和 10 公里跑、普利克内斯游行、酒吧活动（其中骑师担当投标者）、现场音乐节和乘船观看日落。通过一系列的活动和营销，现在普利克内斯在赛事期间的总体出席率增加，很多的观看者会待上整整一周。赛事增加物就像普利克内斯狂欢节一样设计一系列的娱乐活动。形成增加物将会是很有帮助的，因为它为体育爱好者在赛前或赛后集合起来提供机会。Green 回顾了一些著作，指出一些赛事观看者和参加者认定和独有的活动相关的亚文化与赛事关注很一致。Green 和 Chalip 描述到，女子橄榄球联赛表示女性参加是为了和其他女子橄榄球运动员待在一起并一起庆祝和巡演她们共同作为橄榄球运动员的身份。一些在赛事结束后还留在举办地的人们是希望可以继续分享与赛事密切相关的情谊。Green 和 Chalip 建议创造社会空间和活动是为赛事参加者和观看者提供机会和时间待在一起陶醉于共同亚文化的价值，以增强他们的整个赛事体验，吸引他们在赛事结束后做停留。

最后一个策略：把举办地整个的设施作为赛事本身潜在的补充物。厦门马拉松赛事就是个很好的例子，组委会通过营销管理将仅有三天赛程的赛事拓展到半年。厦门为国际马拉松赛设计了全国马拉松锦标赛，还进一步开发拓展赛事内容，使每年都有围绕厦门国际马拉松赛的各种配套活动在厦门展开，在给赛事组委会带来可观的经济效益的同时，更进一步推动了厦门旅游发展和商业繁荣。赛事主题活动：结合马拉松赛事，厦门举办了一系列和马拉松相关的主题活动。例如，以"让品牌与马拉松一起飞"

为主题的马拉松摄影大赛、马拉松沙滩狂欢节、马拉松儿童节、七夕情侣马拉松、"感动厦门，感动马拉松"征文大赛、"万人笑脸征集总动员"等都使马拉松成为厦门城市品牌一道亮丽的风景线。

三 留住赛事花费

只有将关于赛事的花费都留在举办城市，才能为旅游经济创造更多的利润。一些赛事旅游者的花费并没有留在举办地，这通常有两种形式。第一种形式是如果赛事的组织者、工作者和特许权经营者不居住在举办地，他们的所赚所得将会被带离举办地，这样则对举办地的经济没有影响。第二种形式是当地的商业或赛事举办者将钱花费在从举办地之外购买货物或者服务上。尽管提高效能就需要从举办地之外进行供给，赛事聚集效应要在一定程度上被加强则需要于举办地购买所需的物品及服务。

留住赛事花费并贡献给本地经济的策略是尽可能地利用好当地的商业服务。假如当地的管理者、劳动力及当地的特许权经营者也是可获得的，那么赛事的所得将被留在当地的经济里。当地猎头公司、商业网络及就业机构可以帮助找到赛事所需的人才和公司。

在供给方面也是一样的，通过建立赛事举办地的需求链，与赛事相关的花费则可以保留在举办地经济中。当地的商业网络和经济发展机构则可为找到当地的供应者提供一定的帮助。从某种程度上说，一个赛事的需求可能会超过单一企业的供给能力。然而，如果两个或更多的企业联合起来供给更充足的产品，由活动主办方指定投标要求，允许企业间联合起来共谋发展，那么订单就被保留在当地经济里。

要实现这个目标同时也面临着诸多挑战。第一，确定当地人力和物力资源的供应来源。通常是建立网络和服务来完成这个目标。第二，当地的商业需要联合起来供给赛事。这个困难存在于建立和形成必要的战略联盟。然而，当地经济发展机构帮助找到必要的合作者，并建立必要的联盟，则保留供应合同在举办地的可能性就会加强。

四　创造和加强商业伙伴关系

借助于赛事这个平台可以给企业创造更多的商机。使"吃""住""行""游""购""娱"相关的企业之间达成更多共识，实现互利互惠，并建立与赛事相关企业、赞助商等的合作伙伴关系。长期以来，赛事就常常被看作赞助商款待重要客户的场合。赞助商接待计划的目标是创造新的商业伙伴关系和加强已有的伙伴关系。赛事可以为举办地的商业提供建立和加强买卖双方关系的机会。

接待计划的价值不仅可惠于赞助商，举办地的管理者和市场营销者均可通过参加赛事赞助商的活动和聚会来创造和加强商业关系。例如在悉尼奥运会期间，七个澳大利亚的企业虽不是赞助商，但获得邀请参加赞助商的聚会从而最后成为赛事的供给商，他们通过当地的商业网络建立起了和赞助商的合作伙伴关系。

另外，当地企业可以和赞助商推行市场联合项目，又或者成为赞助商的当地供应商。在悉尼奥运会期间，悉尼会议奖励旅游局联合一家奥运赞助商为悉尼吸引会展产业。该奥运赞助商运用这样的关系将自身联系利润丰厚的会展产业，并增加与奥运举办城市关系的价值。悉尼大会和旅游局利用奥运赞助商吸引在该地举办会展的举办者。同时举办者也能从这样的联合之中获利，也会给当地旅游经济的发展创造更多的机遇。

最基本的挑战是帮助当地的企业找寻和挖掘机会，通过赛事来努力扩大他们的客户网。赛事为建立和加强企业关系（特别是企业间社会联系）提供便利。

无论如何，当地企业很可能需要帮助来充分利用赛事提供的交流机会。然而，赛事不仅仅是款待商业伙伴的场合，同时通过提供门票等也可以给与赛事相联系的节庆和活动的举办提供一个平台。赛事还可以为满足赛事需求的企业提供机会，这就联系着赛事参与者和为赛事提供服务的人们的需求。例如在悉尼奥运会期间，位于悉尼北部猎人谷区域的企业与奥运参与者的欧洲企业达成了新的出口合约及贸易展销邀请。

本章小结

本章从定量的角度以 2012 年在上海举办的三大标志性体育赛事（F1大奖赛上海站、上海 ATP1000 大师赛、上海国际马拉松赛）作为评估对象，从赛事观众和参与者的角度对体育赛事为举办城市旅游业带来的经济影响进行评估，衡量体育赛事对城市旅游经济贡献的大小。更进一步以 F1 赛事为例通过回归分析方法探讨了体育赛事与城市旅游经济关系的显著性，得到体育赛事与城市旅游经济是显著相关的，在此基础上提出了体育赛事与城市旅游经济的四种互动方式：刺激赛事观看者的消费、增加观看者的逗留时间、留住赛事花费、创造和加强商业伙伴关系。

第六章　体育赛事与城市旅游形象的互动

本章理论结合实际探索体育赛事与城市旅游形象的互动关系，通过资料搜集、文献整理，研究体育赛事与城市旅游形象契合及作用。同时，对2012年F1大奖赛上海站、2012年上海ATP 1000大师赛的观众以及2012年上海国际马拉松赛的参赛运动员进行问卷调查，探索这三项品牌体育赛事与上海城市形象的契合状况，探寻不同类型的体育赛事与举办城市形象契合间的差异及优劣，以期为不同类型的体育赛事提升举办城市形象提供参考和借鉴。

第一节　体育赛事对城市旅游形象的影响

美国品牌专家 Kevin Lane Keller 教授在《战略品牌管理》一书中指出，地理位置或某一空间区域像产品和服务一样，也可以成为品牌。……与商品品牌一样，城市品牌也有其丰富内涵。要想使城市焕发独特的魅力和萌生鲜活的生命，要想在未来的城市商业化竞争中取胜，一个城市首先必须提炼出与众不同的核心价值，必须给予人们一种独特的体验，否则城市之间将缺乏本质上的差异性，失去吸引力，流于平凡。城市的魅力可以在不经意中形成，而城市品牌则需要刻意去塑造[①]。

体育赛事因其具有的聚集性特征，在提升城市知名度、打造城市形象、塑造城市品牌方面具有十分重要的作用。芝加哥经济发展部门的研究报告指出，芝加哥熊队赢得超级杯赛为芝加哥带来的知名度相当于花3000万～4000万美元进行宣传活动所产生的知名度；澳大利亚阿德莱德市的一级方程式汽车锦标赛在很短的时间内改变了该地区的形象，并将南

---

①　余守文：《体育赛事产业与城市竞争力：产业关联·影响机制·实证模型》，复旦大学出版社，2008 年第 11 期。

澳大利亚与一级方程式汽车锦标赛联系在一起。一项在梅博斯进行的市场调查也得出了这一结论，梅博斯的当地居民认为，在未来 12 个月内，他们极有可能访问阿德莱德市，其中 22% 的人表示，他们访问的目的主要是一级方程式汽车锦标赛。在阿德莱德市可以明显感觉到，"阿德莱德有活动"的口号改变了该市长期以来的"寂静""乏味""教堂城市"的形象。阿德莱德市的原有形象无法让一些潜在的客人认为该地是一个旅游目的地。一级方程式锦标赛将该市的形象改变为旅游目的地，并为该市赢得了更广阔的市场①。此外，体育赛事在提升城市知名度和城市形象上的有效性可以用以卡拉里市举办的冬奥会来加以说明。调查的样本为欧洲和美国的某些选定地点。调查者用 3 年的时间跟踪人们对卡拉里市关注程度的变化，其结果让人大吃一惊。将周边的埃德蒙顿市作为对比卡拉里市知名度变化的参照系，在欧洲被调查者中，比赛前两年，不用做任何提示就可想起卡拉里市的比例分别为 10.1% 和 12%，埃德蒙顿市的这一比例为 5.3% 和 5%；在卡拉里市主办冬奥会的当年，上述比例升至 40%，而埃德蒙顿仍然停留在 6% 的水平。在美国的调查中也观察到了类似的影响，但是其知名度只增加了 23%，略逊于欧洲 28% 的纪录。调查结果还显示，该地区的城市形象发生了很大改变：在此次冬奥会之前，26% 的被调查者提到每年一度的卡格利奔牛运动，而提到奥运会的只占 17%。冬奥会当年，被调查者中有 77% 提及奥运会，而提到卡格利奔牛运动的只占 11%。在如此短的时间内，卡格利树立了其奥运会城市的形象，而且从这一形象中获得了利益，它不再是一个主办奔牛赛的养牛小镇②。

体育赛事主要通过以下途径提升城市知名度和城市形象（见图 6 -

---

① Van der Lee, P., & Williams, J. The Grand Prix and tourism. In J. P. A. Burns, J. H. Hatch, & T. J. Mules, (Eds.), The Adelaide Grand Prix. Adelaide: The Centre for South Australian Economic Studies.

② Richie, B. J. R. Mega Sporting Events and Their Role in the Development and Promotion of International Tourism Destinations. Keynote address to the 4th annual conference of the North American Society of Sports Management, 1989 (3).

1)：（1）大量媒体报道；（2）直接赛事旅游者的口碑效应；（3）城市直接的广告和促销；（4）间接知情者的形象传播①。

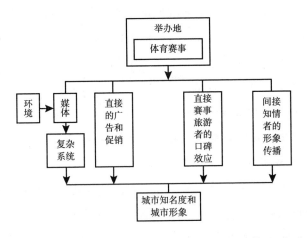

图 6 - 1　体育赛事举办地城市知名度和城市形象传播模型

当然，体育赛事对城市知名度和城市形象的提升一般都可以转换成经济影响。比如，德国的阿尔巴特维尔、瑞典的里勒汉默等城市都因主办冬奥会而长期受益。由于主办冬奥会，这两个城市的名声超过了奥地利和瑞士的阿尔卑斯滑雪胜地。奥运会也让全世界知道了巴塞罗那，加泰隆尼亚旅游委员会称："奥运会后，我们的城市写入了地图，从此以后变成了一个著名的旅游城市。"这项声明在该市举办奥运会的 7 年之后发表，可见其受益期不短。美洲杯赛在澳大利亚的弗里门特举办后，有人观察到，由夜以继日赶赴弗里门特的人群可以看出，自从被美洲杯"发现"后，它就成了本地人和外地人旅游的目的地②。这也是本文将该指标放在经济影响一级指标下的一个重要原因。

至于怎样评估体育赛事为举办地城市知名度和城市形象带来的影响一

①　余守文：《体育赛事产业与城市竞争力：产业关联·影响机制·实证模型》，复旦大学出版社，2008 年第 11 期。

②　Dennis R. Howard、John L. Crompton：张兆国、戚拥军、谈多娇等译《体育财务（第二版）》，清华大学出版社，2007 年 6 月。

直是学者们关心的热点问题。从国内外的研究看，目前主要从两个方面进行评估。第一，体育赛事的媒体曝光度，包括国内曝光度和国外曝光度两个部分，对于国内一些较为知名的城市，如北京、上海、广州等主要关注其国外曝光度。关于这一部分，目前国内外已经有很多科研机构在做体育赛事媒体曝光度的研究，如上海体育学院体育赛事研究中心等，但它们都是对体育赛事媒体曝光度的事后评估，当前要准确进行事前评估非常困难，甚至可以说是基本不能实现。基于这一点，要解决这个问题有两个途径：一是通过事后评估的数据及结果进行推算，但由于决定媒体曝光度的参数和变量较为复杂，在数据不充分的情况下，很难进行科学推算；二是事前获取可能参与的国家数、报道的媒体数量及直播和转播的媒体级别，用以近似地反映某一赛事的媒体曝光程度。第二，体育赛事媒体曝光对城市形象的影响。体育赛事的媒体曝光既可能对城市形象产生积极的影响，同时也有可能产生消极的影响。Laurence Chilpe 认为，体育赛事对城市形象产生正面或负面影响取决于三个因素：一是举办地的城市形象，二是体育赛事的形象，三是举办地希望通过赛事所表达的城市形象[①]。

从理论上讲，对体育赛事为举办地知名度和城市形象进行评估既要对媒体曝光度这一"量"的指标进行评估，同时还要对媒体曝光效果这一"质"的指标进行评估，但由于体育赛事对城市形象的影响取决于赛事组织运作过程中的很多方面，要在事前给予一个体育赛事媒体影响到底能够产生多大效果的评估基本不太可行。故本文假设赛事和举办地的城市形象吻合，而且赛事组织运作成功，有了这两个假设，我们就近似认为，体育赛事的媒体曝光将不会对城市形象产生负面影响。最终，指标体系中"提升城市知名度和城市形象"这一二级指标共包含 3 个三级指标：参与赛事的国家数、参与报道的媒体数量、参

---

① Laurence Chalip & B. Christine Green. "Effects of Sport Event Media on Destination Image and Intention to Visit", *Journal of Sport Management* 2003（3）：214 – 234.

与报道的媒体级别。通常情况下，当赛事确定后，这三个指标的具体情况就能够基本确定，因此，可以从赛事主办方或赛事组委会获取相关数据。

第二节 体育赛事与城市旅游形象的契合

体育赛事与举办城市的形象契合不仅能够帮助政府选择适合的体育赛事，同时还可以为赛事主办方评估体育赛事的效果提供依据。因此，体育赛事与举办城市的形象契合对于城市发展具有重要的意义，城市决策者必须充分了解体育赛事和举办城市的特点，寻找体育赛事形象与举办城市形象之间的契合点，构建与城市形象相契合的体育赛事形象，从而充分实现运用体育赛事进行城市营销的预期目标。

一 体育赛事与城市旅游形象契合及作用

（一）形象契合

契合，又叫"适合"或"相似"，指的是事件（体育赛事）属性与品牌（举办城市）属性之间的相似度[①]。事件与品牌之间的契合有很多种。Gwinner 和 Eaton 将契合分为形象契合和功能契合[②]。当事件形象与品牌形象相关联时，两者间就是形象契合，例如 BMW 赞助美洲杯帆船赛，这两者都享有很高的声誉；当品牌被用来联合某一事件时，两者间便是功能契合，例如阿迪达斯赞助冠名某街球挑战赛。除了这两种契合外，还有学者提出了另一种契合，叫作用户契合。在这一契合中，事件用户（旅游者）与品牌用户（消费者）是一致的，例如《滚石》杂志成为摇滚音乐会的官方赞助商，这些用户对事件与品牌契合度的认知要高于其他两种。事实上，事件与品牌间的契合有时候不仅仅是其中的某一种，也可能是两种甚至三种契合关系兼有，例如阿迪达斯赞助 FIFA 世界杯就是形象

---

① Annals of Tourism Research, Vol. 32, 839 – 858.

② McDaniel, R., "An Investigation of Match – up Effects in Sport Sponsorship Advertising: The Implications of Consumer Advertising Schemas", *Psychology & Marketing* 1999 (2), 163 – 184.

契合与功能契合相结合的典型。

形象契合理论来源于体育赞助的文献，体育赛事与其赞助商之间的形象转移现象以及两者形象的契合度的研究十分广泛。Gwinner 和 Musante 等最先将形象契合的概念应用于名人品牌代言。Musante 等从一项体育赛事与一个品牌间的个性契合、赞助感知契合、品牌和赛事的受欢迎程度等角度研究了两者的契合度，结果显示，当品牌个性与赛事更统一时，赞助的契合度更高[1]。当顾客能够感知到赞助企业与体育赛事形象的契合时，便能影响顾客对于赞助行为的反应[2]。顾客的态度、信念和行为会随着赞助企业与体育赛事形象契合度的高低而受到不同程度的影响[3]。认为品牌与赛事形象契合的顾客会对赞助企业产生积极的情感和认知。因此，赞助企业与体育赛事之间形象的契合能够提升赞助企业的形象和顾客对于该企业的认可度，能够为品牌吸引更多的关注度，最后大大提高人们使用赞助企业产品的可能性。研究产品与代言人形象契合的学者们也得出了相类似的结论。例如，Mittelstaedt，Riesz 和 Burns 的研究表明，较之产品的性质和代言人的可靠性与吸引力，代言人与产品之间的匹配程度对代言效果的影响更大。Koerning 和 Bord 考察了产品与代言人匹配性的作用，结果证明一个运动名人为运动品牌代言比非运动品牌代言的效果更好。徐玖平、朱洪军认为，赞助企业与体育赛事之间的形象契合是通过创造性手段将品牌形象、内涵、文化与赛事联系起来的[4]。在体育赛事赞助的实际操作中，绝大多

---

① Musante, M. , Milne G. R. , & McDonald, M. A. , "Sport Sponsorship: Evaluating Sport and Brand Image Match", *International Journal of Sports Marketing & Sponsorship* 1999 (1): 32 – 47.

② Gwinner, P. , Scott, S. , & Brian, L. , "Image Transfer in Corporate Event Sponsorship: Assessing The Impact of Team Identification and Event – Sponsor Fit", *International Journal of Management and Marketing Research* 2009 (1): 1 – 15.

③ Koo, Y. , Quarterman, J. & Flynn, L. , "Effect of Perceived Sport Event and Sponsor Image Fit on Consumers' Cognition, Affect, and Behavioral Intentions", *Sport Marketing Quarterly* 2006 (2): 80 – 90.

④ 徐玖平、朱洪军：《赛事赞助对企业品牌资产影响的实证研究》，《体育科学》2009 年第 9 期，第 48 页。

数企业都是通过这种方法与所赞助的体育赛事建立起联系的。曾有研究调查了北京奥运会的赞助企业，得出了消费者认为与奥运精神内涵最接近的 20 个企业品牌，结果排名前三位的是可口可乐、阿迪达斯和中国移动。可见，品牌文化如果和赛事精神有效地衔接并得到消费者的认可，对提高品牌形象是大有裨益的。

（二）体育赛事与城市旅游形象契合

体育赛事具有促进城市发展的作用，但并不是所有的体育赛事都适合举办，也不是所有的体育赛事都能提升城市形象、推动城市发展。体育赛事能否提升其举办地的城市形象的一个关键性因素是体育赛事与其举办地的城市形象是否契合。体育赛事形象与城市形象的契合，是指赛事与其举办城市在规模、类型、受众群体、文化底蕴等方面的匹配程度，简言之，就是体育赛事属性与城市属性之间的相似程度。例如，上海作为一个国际性的大都市，其形象总是与"现代、时尚、国际化、品质"等联系在一起，这种情况下，上海就适合举办诸如高级别的网球、高尔夫等项目的赛事，而不太适合举办拳击、举重等传统项目的赛事。正如 Xing 在研究城市与赛事的相容性与匹配度的问题时所发现的，动感十足的体育赛事对于人们心目中原本就充满活力的城市形象的提升作用尤其明显，而对于原本属于安静、悠闲风格的城市则可能不一定相容。

基于体育赛事形象与城市形象的构成（即情感因素和认知因素），它们可以被分为积极的和消极的两种。Florek 和 Insch 将体育赛事与城市形象的契合分为四级：（1）有利匹配，体育赛事形象和城市形象均是积极的；（2）不利匹配，赛事形象是积极的，但城市形象是消极的；（3）有利错配，城市形象是积极的，但赛事形象是消极的；（4）不利错配，体育赛事形象和城市形象均是消极的。他们还指出，当一个城市拥有综合的积极形象同时它所举办的体育赛事也拥有积极的形象时，人们会更愿意参加这项赛事，而如果赛事形象与城市形象不匹配，则会破坏一方或者双方的形象，并在很长时间内损害赛事与城市的声誉①。

尽管 Florek 和 Insch 的这一成果对赛事组织者和城市品牌经营者来说很有新意也很实用，但这仅仅是对整体形象的定性研究，缺乏定量研究始终难以估量体育赛事与举办城市之间形象契合的程度，也很难解释各自的内部构成因素间的相互关系。相比较而言，Hallmann 和 Breuer 的方法则更加符合当前研究的需要。他们采用了基于属性的测量维度，找到一些能同时描述体育赛事形象和举办地形象特征的属性，并将这些特征作为测量两者形象契合度的变量，最后通过构建这些变量间的欧几里得距离获得体育赛事与举办城市间的形象契合结果。研究中共运用了 10 个变量，即体育赛事形象和举办城市形象的共同属性，其中五个属性属于情感形象范畴，依次为"对赛事/城市的喜爱程度""兴奋的 – 沉闷的""激动的 – 无聊的""愉悦的 – 不愉悦的""放松的 – 压抑的"，另五个属性属于认知形象范畴，依次为"现代化的 – 传统的""国际性的 – 区域性的""商业化程度高 – 商业化程度低""知名度高 – 知名度低""有独特氛围"。Hallmann 和 Breuer 将这一方法用于调查德国四项体育赛事与其举办城市形象契合的实证研究中，得到了不错的结果。本研究正是基于 Hallmann 和 Breuer 的方法进行的。

（三）体育赛事与城市旅游形象契合的作用

城市营销的目的在于提升城市的形象、竞争力和综合实力，直接表现形式便是吸引越来越多的旅游者到来。从这个角度来看，体育赛事与城市形象契合的作用在于这一契合在如何吸引潜在旅游者将该城市作为旅游目的地以及如何吸引旅游者再次选择该城市作为旅游目的地这两个目标上所做出的贡献。

对于吸引潜在旅游者，首先要明确旅游者是如何选择旅游目的地的。这是一个复杂的议题，本文将不做赘述，但在旅游研究领域中，城市形象在旅游目的地的选择中扮演着重要的角色。早前的研究基本达成共识，认

---

① Florek, M., & Insch, A., "When Fit Matters: Leveraging Destination and Event Image Congruence", *Journal of Hospitality Marketing & Management* 2011 (3): 265 – 286.

为正面的形象（包括城市形象和赛事形象）能够对旅游者的满意度和旅游意向产生积极的影响[1]。这种影响既可以是直接的，也可以是间接的。拥有强烈而积极的形象的城市或体育赛事更有可能在旅游者的决策过程中被选择作为其旅游目的地[2]。如果举办一项体育赛事能够实现提升举办城市形象的某些预期的话，那么将会增加旅游者将该城市纳入考虑范围的可能性，即使日后在他们旅游期间该城市并不再举办这项体育赛事。有研究表明，当一座城市的形象越好时，它对潜在旅游者的吸引力则越大[3]。

赛事营销者们也越来越意识到，一项赛事被一座城市所青睐与否，取决于这项赛事能够提升这座城市的品牌和形象的程度[4]。而正如前文所述，一项赛事提升其举办城市形象的效果取决于赛事与城市形象的契合程度。因此可以说，体育赛事与城市形象的契合能够更有效地提升城市形象，从而吸引更多的潜在旅游者。

对于在赛事举办期间来到举办城市的游客，体育赛事与城市形象契合的作用则通过影响旅游者的满意度和重访意向来实现。近年来学者们逐渐发现，形象契合对于游客的满意度具有进一步的积极影响。和形象契合的概念一样，这一观点最先是由研究品牌赞助和产品品牌的学者提出的。Donahay 和 Rosenberger 指出，F1 车队与赞助商形象的契合能够通过车迷的认知对赛车爱好者产生间接的影响[5]。Debenham，

① Hunt, D., "Image as a Factor in Tourism Development", *Journal of Travel Research* 1975 (3): 1–7; Gibson, H., Qi, C. X., & Zhang, J. J., "Destination Image and Intent to Visit China and the 2008 Beijing Olympic Games", *Journal of Sport Management* 2008 (22): 427–450.

② Chon, K, "Understanding Recreational Traveler's Motivation, Attitude and Satisfaction", *Tourism Review* 1989 (1): 3–7.

③ Bigne, E., Sanchez, I., & Sanchez, J., "Tourism Image, Evaluation Variables and after Purchase Behavior: Interrelationship", *Tourism Management* 2001 (22), 607–616; Tapachai, N., & Waryszak, R., "An Examination of the Role of Beneficial Image in Tourist Destination Selection", *Journal of Travel Research* 2000 (37), 37–44.

④ Jago, L., Chalip, L., Brown, G., Mules, T., & Ali, S., "Building Events into Destination Branding: Insights from Experts", *Event Management* 2003 (8): 3–4.

⑤ Donahay, B. and P. J. Rosenberger III, "Using Brand Personality to Measure the Effectiveness of Image Transfer in Formula one Racing", *Marketing Bulletin* 2007 (1): 1–15.

Bridson 和 Vocino 等认为，零售店铺形象与品牌形象之间的契合能够对消费者的满意度产生积极的影响①。研究体育赛事与城市形象契合的学者们则从情感形象契合和认知形象契合两方面肯定了形象契合对于旅游者满意度的积极影响。

重访意向（Revisiting Intention）是指旅游者再次造访相同目的地的意愿。理论研究学者认为重访意向是旅游者态度与行为的中介。实证研究学者则指出重访意向能够预测旅游者的行为②。关于满意度与重访意向之间的关系，早前的学者认为旅游者的满意度是影响重访意向的关键因素③。当旅行结束后，旅游者综合地评价他们的旅游经历时，满意度能够很大程度上反映他们的重访意向④。在体育赛事研究领域，很多学者都提出，旅游者的满意度对重访意向具有积极的影响。Kaplanidou 和 Gibson 一项以在佛罗里达举办的周期性体育赛事为对象的研究中，试图寻找体育旅游中影响旅游者重访意向的决定因素，他们发现，对体育赛事的满意度将直接影响旅游者的重访意向，并且将通过观众的态度间接地对重访意向产生再次的影响。Hallmann 和 Breuer 研究了体育赛事与城市形象的契合对于旅游者重访举办城市和体育赛事的影响，结果显示，体育赛事旅游者的重访意向受到旅游者对体育赛事与城市形象契合度感知的影响⑤。Hallmann 和 Breuer 的另一项研究分别探究了体育赛事与举办城市的情感

---

① Debenham, T. and K. Bridson et al., *The Explanatory Potential of Congruence in the Relationship between Retail Image, Brand Image and Retail Customer Satisfaction*, ANZMAC 2007: 3Rs, reputation responsibility relevance, University of Otago, School of Business, Dept. of Marketing.

② Ryan, M. J. and E. H. Bonfield., "Fishbein's Intentions Model: a Test of External and Pragmatic Validity", *The Journal of Marketing* 1980: 82 – 95.

③ Kaplanidou, K., & Gibson, H., "Predicting Behavioral Intentions of Active Sport Tourists: The Case of a Small Scale Recurring Sport Event", *Journal of Sport & Tourism* 2010 (15): 163 – 179.

④ Baker, A., & Crompton, L., "Quality, Satisfaction and Behavioral Intentions", *Annals of Tourism Research* 2000 (27): 785 – 804.

⑤ Hallmann, K. & Breuer C., "Image Fit between Sport Events and their Hosting Destinations from an Active Sport Tourist Perspective and its Impact on Future Behavior", *Journal of Sport and Tourism* 2010a (3): 215 – 237.

形象的契合与认知形象的契合对于旅游者重访意向的影响，结果表明，不仅两种形象能够分别地对重访意向产生影响，而且两种形象的契合同样会影响重访意向①。

　　总之，体育赛事与城市形象的契合，一方面能够通过有效提升举办城市的形象来吸引更多的潜在旅游者，另一方面能够通过提高旅游者的满意度从而增加重访的可能性。

二　实证研究——以上海三大品牌体育赛事为例

　　本研究以 2012 年 F1 大奖赛上海站、上海 ATP1000 大师赛、上海国际马拉松赛为对象，分别对 2012 年 F1 大奖赛上海站、上海 ATP1000 大师赛的观众以及上海国际马拉松赛的参赛运动员进行问卷调查，探索这三项品牌体育赛事与上海城市形象的契合状况，探寻不同类型的体育赛事与举办城市形象契合间的差异及优劣，以期为不同类型的体育赛事提升举办城市形象提供参考和借鉴。

（一）研究对象

　　根据本文的研究目的，本文首先选取上海国际马拉松赛为研究对象，作为目前上海举办的规模最大、影响力最深、知名度最高的参与性体育赛事，上海国际马拉松赛代表了当前参与性体育赛事的最高水平。至于观赏性体育赛事，本文选取 F1 大奖赛上海站和上海 ATP1000 大师赛作为研究对象，随着 F1 运动和网球运动的蓬勃发展和快速风靡，这两项赛事在观赏性体育赛事中已具有一定的代表性，同时由于两项运动的发展历程、受众、特点不同，这两项赛事在观赏性体育赛事中又不失差异性，满足本研究的研究目的。

　　因而，本研究以 2012 年 F1 大奖赛上海站、上海 ATP1000 大师赛、上海国际马拉松赛为对象，分别对 2012 年 F1 大奖赛上海站、上海

---

① Hallmann K. & Breuer C., "The Impact of Image Congruence between Sport Event and Destination on Behavioral Intentions", *Tourism Review* 2010b (1): 66-74.

ATP1000 大师赛的观众以及上海国际马拉松赛的参赛运动员进行问卷调查，探索这三项品牌体育赛事与上海城市形象的契合状况，探寻不同类型的体育赛事与举办城市形象契合间的差异及优劣，以期为不同类型的体育赛事提升举办城市形象提供参考和借鉴。

F1 大奖赛上海站开始于 2004 年，至今已举办了十届。十年间，F1 大奖赛以其独特的魅力吸引着大批赛车运动爱好者前来观赛。数据显示，在 2012 年 F1 大奖赛上海站为期三天的比赛中，到现场观赛的观众高达 18.5 万人次，其中 19.7% 的观众来自国外，23.5% 的观众来自国内其他省市。由此可见，F1 大奖赛在上海，乃至在全国、全世界都已拥有可观的观众和爱好者，在上海品牌体育赛事中占据了举足轻重的位置。

上海 ATP1000 大师赛开始于 2009 年，是世界网球联合会世界巡回赛的九站"ATP 世界巡回赛 1000 大师赛"之一，其重要程度仅次于网球四大满贯和 ATP 世界巡回赛年终总决赛。在此之前，上海曾连续五年举办 ATP 世界巡回赛的年终总决赛，即原大师杯赛。其为整个亚洲 ATP 级别最高的赛事，影响力自然不言而喻。数据显示，2012 年上海 ATP1000 大师赛为期九天的赛程期间，到现场观看比赛的观众高达 11 万人次，其中 10% 左右的观众来自国外，20% 左右的观众来自国内其他地区。

上海国际马拉松赛开始于 1996 年，至今已举办了十八届，是我们通常所说的上海六大品牌体育赛事中历史最悠久、底蕴最深厚的一项赛事之一。同时，上海国际马拉松赛还是上海市全民健身节的一项重大活动，与上海旅游节交相辉映，是上海市民健身的一道亮丽风景。举办至今，上海国际马拉松赛的规模和影响力逐年扩大，2012 年报名人数首次突破 3 万人，其中全程、半程马拉松人数为 1.8 万人，健身跑人数为 12020 人，超过 5000 名外籍参赛者分别来自 76 个国家和地区，比上年上升 19%，欧美选手达 2555 人，较上年增长 39%。从参赛人数来看，2012 年上海国际马拉松赛已达历史之最。

（二）问卷调查与数据分析方法

1. 问卷设计

本研究的调研问卷分为三个部分：体育赛事形象、举办城市形象和个人信息。体育赛事形象和举办城市形象部分，借鉴了 Hallman 和 Breuer 在研究德国体育比赛时使用的测量模型，用 10 个完全相同的指标来分别测量体育赛事形象和举办城市形象，其中 5 个指标属于情感形象范畴，依次为"对赛事/城市的喜爱程度（I1）""兴奋的 - 沉闷的（I2）""激动的 - 无聊的（I3）""愉悦的 - 不愉悦的（I4）""放松的 - 压抑的（I5）"，另5 个指标属于认知形象范畴，依次为"现代化的 - 传统的（I6）""国际性的 - 区域性的（I7）""商业化程度高 - 商业化程度低（I8）""知名度高 - 知名度低（I9）""有独特氛围（I10）"①。这些问题均采用 Likert 五级量表的形式进行调查，同时运用语义差异法，即每个题项的表述由正面到负面依次用数字 5、4、3、2、1 来衡量。个人信息部分由"性别""年龄""职业"和"学历"4 个常见指标构成。

2. 问卷信效度检验

关于问卷题项的内容和效度首先由上海体育学院的 8 位体育赛事管理方面的专家进行评判，结果显示本研究所设计的问卷题项具有良好的效度。在正式调研之前，本文于 2012 年 3 月进行了一次预调研，预调研的对象是观看过 F1 大奖赛上海站、上海 ATP1000 大师赛和参加过上海国际马拉松赛的人群，预调研的目的是衡量问卷的结构，本次预调研共收集了194 份有效问卷。本文运用探索性因子分析对问卷各构念的维度进行了检验。问卷所有构念的克伦巴赫系数值见表 6 - 1，可以看出问卷中 4 个构念的克伦巴赫系数均大于 0.8，说明问卷具有很好的信度。

---

① Hallmann, K. & Breuer C., "Image Fit between Sport Events and Their Hosting Destinations from an Active Sport Tourist Perspective and Its Impact on Future Behavior", *Journal of Sport and Tourism* 2010a（3）：215 - 237.

表 6 - 1　问卷各构念题项及克伦巴赫系数值

问卷构念及题项	克伦巴赫系数
体育赛事的情感形象	0.966
对赛事的喜爱程度（EI1）	—
兴奋的 - 沉闷的（EI2）	—
激动的 - 无聊的（EI3）	—
愉悦的 - 不愉悦的（EI4）	—
放松的 - 压抑的（EI5）	—
体育赛事的认知形象	0.863
现代化的 - 传统的（EI6）	—
国际性的 - 区域性的（EI7）	—
商业化程度高 - 商业化程度低（EI8）	—
知名度高 - 知名度低（EI9）	—
有独特氛围（EI10）	—
举办城市的情感形象	0.959
对城市的喜爱程度（DI1）	—
兴奋的 - 沉闷的（DI2）	—
激动的 - 无聊的（DI3）	—
愉悦的 - 不愉悦的（DI4）	—
放松的 - 压抑的（DI5）	—
举办城市的认知形象	0.913
现代化的 - 传统的（DI6）	—
国际性的 - 区域性的（DI7）	—
商业化程度高 - 商业化程度低（DI8）	—
知名度高 - 知名度低（DI9）	—
有独特氛围（DI10）	—

3. 数据分析方法

本文使用 SPSS 20.0 和 AMOS 17.0 软件，结合多种分析方法及形象契合指数公式对调研所得数据进行分析。

第一步，运用描述统计法分析调研问卷中各题项的调查结果和调研对象的人口统计学分布。

第二步，引入形象契合公式，生成体育赛事与举办城市形象契合指标以及体育赛事与举办城市的情感形象契合和认知形象契合两个新的构

念。Musante 等人（1999）曾提出引进欧几里得距离来测量形象契合。欧几里得距离通常用公式表达为 $D = \sqrt{\sum\limits_{i=1}^{n}(X_i - Y_i)^2}$。在此基础上，Hallmann & Breuer 又提出了形象契合指数的计算公式：image fit index = $1 - \sqrt{\sum\limits_{i=1}^{n}(X_i - Y_i)^2} / \sqrt{n \times 4^2}$（其中，$X$、$Y$ 分别为体育赛事形象、举办城市形象在相应指标上的得分，且 X、Y 的取值在 1～5 之间）。从公式中可以看出，两者间的欧几里得距离除以其可能的最大值，构成了两个形象间的"差距"，经过试验与调整，最终将公式确定为上述形式，且形象契合指数的取值在 0～1 之间。该公式确保了形象契合的高低与契合指数的大小相对应，便于理解与分析。当 image fit index = 0 时，形象契合最差；当 image fit index = 1 时，形象契合最好。本研究中引入该公式作为形象契合指数的测量方法。赋值 n = 1 时可以获得在某一指标上体育赛事与举办城市的形象契合指数，即 Item fit index = $1 - |X_i - Y_i|/4$，从而获得体育赛事与举办城市在 10 个形象指标上的契合度（Item Fit，IF），从而将问卷中体育赛事和举办城市的情感形象与认知形象转化为体育赛事与举办城市的情感形象契合（Affective Image Fit）和认知形象契合（Cognitive Image Fit）两个新构念。

第三步，运用探索性因子分析对这两个构念的维度进行检验。在进行探索性因子分析时，本文遵循以下几个原则：（1）题项的共同性小于 0.4 的应予以删除；（2）因子负荷小于 0.6 的题项应予以删除；（3）旋转后的成分矩阵中，在两个因子上的载荷都大于 0.45 的题项应予以删除；（4）包含题项少于 3 个的因子应予以删除。

第四步，运用验证性因子分析对两个构念的组合信度以及模型的适配度进行评价。本文运用极大似然法进行参数估计，检验模型适配度的指标包括：χ^2/df、RMSEA、NFI、CFI、GFI 和 RMR。由于卡方值随着样本量的增大而增大，随着自由度的增大而降低，稳定度较差，因此研究中通常用卡方自由度之比（χ^2/df）来检验拟合性，χ^2/df 值在 3～5 之间表示模型与样本数据的契合度可以接受，χ^2/df 值越小，模型的拟合性越好；通常情况下，CFI、NFI 和 GFI 的值均大于 0.9 表示模型路径图与实际数据有良好的适配度；RMR 小于 0.05 一般是可接受的适配模型；RMSEA 为一种不需要基准线模型的绝对性指标，其值越小，表示模型的适配度越好，一般而言，当 RMSEA 的数值高于 0.10 时，模型的适配度欠佳，其数值在 0.08~0.10 之间，模型尚可，具有普通适配；RMSEA 值在 0.05~0.08 之间，表示模型良好，即有合理适配，当 RMSEA 值小于 0.05 时，表示模型适配度非常好。

第五步，结合探索性因子分析和验证性因子分析所获得的各个构念维度以及本文引入的形象契合指数计算公式，得出体育赛事与举办城市的情感形象契合指数（Affective Image Fit Index，AIFI）、认知形象契合指数（Cognitive Image Fit Index，CIFI）和整体形象契合指数（Image Fit Index，IFI）。

另外，需要指出的是，考虑到每一个受访者的思想、学历、经历都不尽相同，对于同一事物的看法不同，甚至对于相同看法的表达方式也可能不同，但同一个人对于不同对象的评价标准基本是一致的，因而本研究在计算每一项形象契合指数时，均选择对样本进行逐条计算，然后对所有结果取平均数的方法，从而将误差降低到最小范围。

（三）研究结果

1. 描述性统计

（1）调研对象的人口统计学分布

表 6-2 是三大赛事调研对象的人口统计学分布情况。可以看出，男性观众和运动员普遍多于女性，ATP 大师赛的观众性别分布相对平衡，F1 大奖赛的男女观众比例接近 2∶1，而马拉松赛事则 83.8% 的参赛运动员为男性。年龄上，F1 大奖赛的观众以 18~40 岁为主且较为集中，ATP 大师赛的观众则以 18~30 岁的人群为主，马拉松赛的参赛人群虽以 24~40 岁为主，但整体上看马拉松赛的群众普及度高于 F1 大奖赛和 ATP 大师赛。从调查对象的职业上看，学生成为三项赛事的参与人群中一支重要的

队伍，公司或企业职员、销售人员、私营企业主、自由职业者、企业中层管理人员等也是三大赛事的参与者中比例较大的。从教育程度上看，绝大多数观众和参赛者均为大专及本科以上学历，其中马拉松赛参与者和 ATP 大师赛的观众中均有 30% 以上是研究生或者更高学历。

表 6 – 2　四大赛事调查对象的人口统计学分布

变量	类别	F1 大奖赛	ATP 大师赛	马拉松
		频数（频率%）		
性别	男	951(65.0)	147(57.6)	217(83.8)
	女	513(35.0)	108(42.4)	42(16.2)
年龄	18~23 岁	418(28.6)	71(27.8)	26(10.0)
	24~30 岁	517(35.3)	92(36.1)	84(32.4)
	31~40 岁	317(21.7)	36(14.1)	79(30.5)
	41~50 岁	149(10.2)	32(12.5)	46(17.8)
	51~60 岁	52(3.6)	17(6.7)	17(6.6)
	60 岁以上	11(0.8)	7(2.7)	7(2.7)
职业	私营公司老板/自由职业者/个体户	253(17.3)	29(11.4)	25(9.7)
	专业人士（医生/律师等）	139(9.5)	17(6.7)	44(17.0)
	学生	380(26.0)	46(18.0)	45(17.4)
	高层管理人员	65(4.4)	18(7.1)	21(8.1)
	中层管理人员	155(10.6)	21(8.2)	38(14.6)
	行政人员	87(5.9)	17(6.7)	7(2.7)
	职员/销售人员	174(11.9)	30(11.8)	32(12.4)
	公务员/警察等	73(5.0)	12(4.7)	18(6.9)
	退休	68(4.6)	11(4.3)	8(3.1)
	体力劳动者	21(1.4)	39(15.3)	13(5.0)
	家庭主妇/夫	13(0.9)	6(2.4)	0(.0)
	无业	19(1.3)	2(0.8)	0(.0)
	其他	17(1.2)	7(2.7)	8(3.1)
学历	初中及以下	25(1.7)	2(0.8)	8(3.1)
	高中及中专	206(14.1)	36(14.1)	18(6.9)
	大专及本科	922(63.0)	138(54.1)	148(57.1)
	研究生及以上	311(21.2)	79(31.0)	85(32.8)

（2）问卷主要题项的调查结果统计

表6-3所示是问卷主要题项的调查结果的描述性统计。本研究的调查问卷采用Likert五级量表的形式，赛事和城市的属性描述从积极到消极依次用5~1衡量。由表6-3可知，除了EI8、DI5、DI8以外的所有题项的均值都大于4，说明赛事观众和参赛运动员对于三大体育赛事形象及上海城市形象总体评价是肯定的。除少数题项峰度稍高外，整体偏度和峰度都在-2~2之间，表明数据分布正常，可以做因子分析。

表6-3 问卷主要题项的调查结果统计

指标	均值	标准差	偏度	峰度
EI1	4.53	0.678	-1.400	1.899
EI2	4.48	0.681	-1.268	1.789
EI3	4.53	0.671	-1.350	1.569
EI4	4.46	0.711	-1.285	1.625
EI5	4.19	0.949	-1.149	0.943
EI6	4.48	0.714	-1.338	1.640
EI7	4.54	0.718	-1.560	2.085
EI8	2.76	1.370	0.211	-1.141
EI9	4.35	0.847	-1.326	1.530
EI10	4.29	0.885	-1.194	1.072
DI1	4.30	0.826	-1.132	1.228
DI2	4.20	0.847	-0.953	0.767
DI3	4.25	0.861	-1.041	0.808
DI4	4.21	0.881	-1.074	1.013
DI5	3.90	1.120	-0.820	-0.090
DI6	4.50	0.736	-1.487	2.109
DI7	4.52	0.754	-1.668	2.799
DI8	2.85	1.385	0.150	-1.175
DI9	4.45	0.783	-1.528	2.423
DI10	4.19	0.896	-1.015	0.767

2. 探索性因子分析

如上文所述，在做因子分析前，先对问卷调研获得的数据进行处理，生成体育赛事与举办城市的情感形象契合和认知形象契合两个新构念，并获得体育赛事与举办城市在 10 个形象指标上的契合度，命名为 Item Fit，以下简称 IF。

为了对本研究的理论结构进行检验，本文运用"折半法"将数据随机分为两个相等的样本量，每个样本均为 989 条数据，分别用来进行探索性因子分析和验证性因子分析。探索性因子分析的目的在于探究模型的两个构念的维度，而验证性因子分析则用来检验探索性因子分析所得出的初步模型的优劣。探索性因子分析与验证性因子分析的结合能够提高研究的科学性和严谨性。

本研究选用 KMO 和 Bartlett 球形检验的方法来检验样本数据是否适合做因子分析。根据 Kaiser（1974）的观点，KMO 值大于 0.9 是最好的，大于 0.8 是比较好的，大于 0.7 是中等水平，大于 0.6 较差，大于 0.5 是最低水平，而如果 KMO 值小于 0.5，则不适合做因子分析。对于 Bartlett 球形检验，在做因子分析时，通常要求达到显著水平，即 P 值小于 0.001。如表 6 - 4 所示，KMO 值为 0.861，表明样本量足够，可以用来做因子分析。卡方值为 2724.358，自由度为 45，Bartlett 球形检验的显著性为 0.000，小于 0.001，达到显著水平，适合做因子分析。

表 6 - 4　KMO 和 Bartlett's Test 结果

Kaiser - Meyer - Olkin Measure of Sampling Adequacy		0.861
Bartlett's Test of Sphericity	Approx. Chi - Square	2724.358
	df	45
	Sig.	0.000

对新生成的两个构念及其维度做探索性因子分析。根据本文探索性因子分析遵循的原则，IF8、IF10 的共同度分别为 0.145、0.345，小于 0.4，另外旋转成分矩阵显示，IF5、IF8、IF10 的因子载荷分别为 0.526、0.318、0.478，小于 0.6，故删去 IF5、IF8、IF10。对剩余题项的探索性因子分析结果见表 6 - 5，所有变量的因子载荷都在 0.651 ~ 0.853 之间，

因子解释率较好。关于克伦巴赫 α 系数（内部一致性系数），一般而言，该值以大于 0.7 为佳，但也有学者（Hatcher & Stepanski）认为，对于社会科学研究或者某一领域的首创性研究，一般要求克伦巴赫 α 系数不低于 0.55 即可。体育赛事与举办城市的情感形象契合和认知形象契合两个因子的克伦巴赫 α 系数分别为 0.828 和 0.608，因此本文认为题项具有较好的内部信度。

表 6-5 探索性因子分子结果

因子载荷（克伦巴赫 α 系数）	
因子 1:情感形象契合	$(\alpha = 0.828)$
IF1	0.794
IF2	0.853
IF3	0.828
IF4	0.697
因子 2:认知形象契合	$(\alpha = 0.608)$
IF6	0.736
IF7	0.805
IF9	0.651

3. 验证性因子分析

用另一半的样本进行验证性因子分析，结果见表 6-6。所有变量的因子载荷都至少大于 0.571，两个因子的组合信度分别为 0.858、0.705，说明该假设模型具有良好的构建信度。

表 6-6 验证性因子分子结果

因子载荷（组合信度）	
因子 1:情感形象契合	$(\alpha = 0.858)$
IF1	0.783
IF2	0.835
IF3	0.803
IF4	0.675

续表

因子载荷（组合信度）	
因子2:认知形象契合	（α = 0. 705）
IF6	0. 758
IF7	0. 662
IF9	0. 571

运用 AMOS 17.0 检测整体模型的适配度。本文运用极大似然法进行参数估计，检验模型适配度的指标包括：χ^2/df、RMSEA、NFI、CFI、GFI 和 RMR。一般情况下，$3 < \chi^2/df < 5$，GFI、NFI、CFI 均大于 0.9，RMSEA < 0.08，RMR < 0.05，表示模型适配度良好。由表 6-7 可知，各项拟合优度指标均符合要求，表明本研究所使用的结构模式获得支持，可以用来解释实际的观察数据。

表 6-7　模型拟合指数

Model	χ^2	χ^2/df	GFI	NFI	CFI	RMSEA	RMR
赛事与城市形象契合	51. 141	4. 262	0. 985	0. 979	0. 984	0. 057	0. 001

4. 各项契合指数

（1）三大赛事的各指标契合指数

根据本研究所引入的形象契合指数计算公式，赋值 n = 1，则 image fit index = $1 - |X_i - Y_i|/4$，即可获得单个指标上的契合度。表 6-8 所示是三大赛事与举办城市在各个形象指标上的契合度。

表 6-8　三大赛事的各指标契合指数

指标	F1 大奖赛	ATP 大师赛	马拉松
I1:对赛事/城市的喜爱程度	0. 8613	0. 8804	0. 9254
I2:兴奋的 - 沉闷的	0. 8458	0. 8760	0. 9315
I3:激动人心的 - 无聊的	0. 8433	0. 8616	0. 9218
I4:愉悦的 - 不愉悦的	0. 8485	0. 8436	0. 9079
I6:现代化的 - 传统的	0. 8793	0. 8745	0. 9072
I7:国际性的 - 区域性的	0. 8851	0. 8651	0. 9180
I9:知名度高 - 知名度低	0. 8675	0. 8750	0. 8872

（2）三大赛事的情感形象契合指数

根据因子分析结果，本研究的体育赛事与举办城市形象契合的测量模型由 4 个情感形象契合指标和 3 个认知形象契合指标构成。结合前文引入的形象契合指数计算公式，可以获得体育赛事与举办城市的情感形象契合指数：

$$\text{AIFI} = 1 - \sqrt{(X_1 - Y_1)^2 + (X_2 - Y_2)^2 + (X_3 - Y_3)^2 + (X_4 - Y_4)^2} / \sqrt{4 \times 4^2}$$

三大赛事与举办城市的情感形象契合指数见表 6 - 9。

表 6 - 9　三大赛事的 AIFI 一览

指数	F1 大奖赛	ATP 大师赛	马拉松
AIFI	0.8218	0.8329	0.8990

（3）三大赛事的认知形象契合指数

同上获得体育赛事与举办城市的认知形象契合指数：

$$\text{CIFI} = 1 - \sqrt{(X_6 - Y_6)^2 + (X_7 - Y_7)^2 + (X_9 - Y_9)^2} / \sqrt{3 \times 4^2}$$

三大赛事与举办城市的认知形象契合指数见表 6 - 10。

表 6 - 10　三大赛事的 CIFI 一览

指数	F1 大奖赛	ATP 大师赛	马拉松
CIFI	0.8266	0.8350	0.8764

（4）三大赛事的整体形象契合指数

同理得到体育赛事与举办城市的整体形象契合指数：

$$\text{IFI} = 1 - \sqrt{(X_1 - Y_1)^2 + (X_2 - Y_2)^2 + (X_3 - Y_3)^2 + (X_4 - Y_4)^2 + (X_6 - Y_6)^2 + (X_7 - Y_7)^2 + (X_9 - Y_9)^2} / \sqrt{7 \times 4^2}$$

三大赛事与举办城市的整体形象契合指数见表 6 - 11。

表 6 - 11　三大赛事的 IFI 一览

指数	F1 大奖赛	ATP 大师赛	马拉松
IFI	0.8164	0.8184	0.8729

5. 讨论与比较

(1) 三大赛事的参与人群比较

从三项赛事的观众和运动员的性别上看，男性普遍多于女性，这与实际情况是吻合的，确实绝大多数体育项目的爱好者都以男性居多。从各项赛事单独来看，ATP 大师赛的观众性别分布相对平衡，F1 大奖赛的男女观众比例接近 2∶1，而马拉松赛事则 83.8% 的参赛运动员为男性，说明 ATP 大师赛是三大赛事中目前女性爱好者最多的赛事，而马拉松赛则需要考虑如何吸引更多的女性运动员。姚芹等人（2009）在上海网球大师赛现场观众特征的研究中发现，这项全部以男性运动员参加的国际赛事的女性观众正在逐年增加，并且他们认为最主要的原因是，在观众看来这项赛事在逐步从单纯的国际性体育赛事向一种高雅时尚的休闲方式转变[1]。从年龄上，马拉松赛以 24 ~ 40 岁的人群为主，而其他两项赛事的观众年龄分布相比之下较为集中，表明马拉松赛在群众普及度上高于 F1 大奖赛和 ATP 大师赛。本文认为，一方面这与上海市政府将每年的上海国际马拉松赛纳入上海市全民健身节活动的举措密切相关，另一方面也与马拉松赛本身门槛低、参与度高的特点有关。从调查对象的职业上看，学生成为三项赛事参与人群中一支重要的队伍，除学生以外，F1 大奖赛的观众中私营企业老板、自由职业者、个体户等占了较大比例，据了解，上海某知名业余赛车培训俱乐部的客户群体很大比重来自这些行业，说明 F1 运动更被工作时间比较灵活的人群所喜爱。而其他两项赛事的观众和参与群体中，公司或企业职员、销售人员、私营企业主、自由职业者、企业中层管理人

---

[1]　姚芹、赵敏玲、张颖慧：《网球大师杯·上海赛现场观众基本特征研究》，《上海体育学院学报》2009 年第 4 期，第 7 ~ 22 页。

员、专业人士等所占比例较大。从教育程度上看，绝大多数观众和参赛者均为大专及本科以上学历，其中马拉松赛约90%，F1大奖赛和ATP赛事约85%，值得一提的是，马拉松赛的参与者和ATP大师赛的观众中分别有32.8%和31.0%为研究生及以上学历，表明三大品牌体育赛事更受高学历人群的青睐。这一结果与霍圣禄等人的研究结果基本一致，他们发现F1中国大奖赛的观众以男性为主，主要由学生和月收入在2000~5999元的30岁以下的年轻群体构成，观众的文化程度以本科学历所占的比重最大，除学生之外，F1大奖赛观众的职业主要是在汽车行业和销售[①]。此外，胡光宏也指出，F1上海站的现场观众主要是以30岁以下的大专和本科学历的在校大学生和职场新人为主的中低收入群体[②]。由会贞等人研究了2006年上海网球大师赛现场观众的特征，并总结出观众具有学历高、收入高、年龄小等特点。的确，随着生活节奏的加快和大家健康意识的提高，越来越多的人，特别是高学历的年轻人，开始关注并培养健康的生活方式，当然适量的运动是必不可少的，而跑步以几乎零起点、无门槛的绝对优势成为大多人群的首选，路跑项目也便逐渐风靡起来。网球运动的流行要归功于近年来中国网球运动的迅猛发展，就上海来说，从2004年起的ATP世界巡回赛的年终总决赛，即原大师杯赛，到2009年正式提升为ATP上海大师赛，作为世界网球联合会世界巡回赛的九站"ATP世界巡回赛1000大师赛"之一，其重要程度仅次于网球四大满贯和ATP世界巡回赛年终总决赛，同时还是整个亚洲ATP级别最高的赛事，其影响力自然不言而喻；除此之外，近年来中国网球运动员的快速成长和在国际赛场上的屡获佳绩也为这项运动带来了更高的人气。

---

① 霍圣禄、陈锡尧、王艳、江宗岳：《2004~2010年F1中国大奖赛现场观众特征及满意度的调查》，中国体育科学学会，《第九届全国体育科学大会论文摘要汇编（2）》，2011年，第399~400页。

② 胡光宏：《影响观众现场观看F1上海站比赛的若干因素分析——以2004年、2006年F1上海站为例》，《第三届全国体育产业学术会议论文集》2008年第175期。

（2）三大赛事的各指标契合度比较

从表 6 - 8 可以看出，2012 年上海国际马拉松赛在所有 7 个体育赛事与举办城市的共同属性上的契合度都明显高于另两项赛事，呈现"傲视群雄"的态势。本研究认为这一结果的产生与调研对象和马拉松比赛的特点有着密切的关系。首先，2012 年上海国际马拉松赛的调查对象是本届比赛的参赛运动员，而其他三项赛事的调查对象则是赛事观众，调查对象的不同必然会造成调查结果的差异；其次，就马拉松赛的特点而言，它是一项参与性高于观赏性的体育项目，参赛运动员对赛事的组织、赛事的环境、赛事的激烈程度等方面的感知肯定比观众更直接、更深刻，因而对相关问题的反馈也会有差异；最后，马拉松运动由于路线长、跨度大，加之上海市政府近几年来为了展示上海独特的城市形象而频繁调整比赛路线，使运动员在奔跑途中能够领略到不同以往的城市景观，这也一定程度上影响着参赛运动员对上海城市形象的感知效果。除此之外，上海国际马拉松赛开始于 1996 年，迄今已举办了十八届，是我们通常所说的上海六大品牌体育赛事中历史最悠久、底蕴最深厚的赛事之一。同时，上海国际马拉松赛还是上海市全民健身节的一项重大活动，并与上海旅游节交相辉映，是上海市民健身的一道亮丽风景。这一举措也在无形间提升了市民对上海国际马拉松赛的认同感和归属感。抛开 2012 年上海国际马拉松赛、F1 大奖赛上海站与 ATP 上海大师赛在所有 7 个体育赛事与城市形象的共同属性上的契合度各有千秋，可以发现，2012 年 ATP 上海大师赛在"对赛事/城市的喜爱程度""兴奋的 - 沉闷的""激动人心的 - 无聊的"三个情感形象指标上的契合度明显高于 2012 年 F1 大奖赛上海站，而后者在"国际性的 - 区域性的"这一认知形象指标上的契合度明显高于前者。此外，在赛事与城市的知名度契合上，F1 大奖赛则略逊于 ATP 大师赛。

（3）三大赛事的情感形象契合度比较

情感形象（Affective Image），指的是与情感有关的形象，跟观察者的主观感受密切相关。情感形象契合则是观察者对于两个事物所表达的情感的一致程度。根据因子分析结果，本研究所使用的体育赛事与举办城市的情感形象的测量指标有 4 个，分别是"对赛事/城市的喜爱程度（enthusiastic – indifferent）""兴奋的 – 沉闷的（cheerful – gloomy）""激动人心的 – 无聊的（exciting – dull）"和"愉悦的 – 不愉悦的（pleasant – unpleasant）"。相较于 Hallmann 的情感形象指标删去了"放松的 – 压抑的（relaxing – distressing）"这一题项。在赛事与城市形象测量上最先采用语义差异法的 Russell 提出的量表则包括了"精彩的 – 无聊的（arousing – sleepy）""兴奋的 – 沉闷的（exciting – gloomy）""愉悦的 – 不愉悦的（pleasant – unpleasant）"和"放松的 – 压抑的（relaxing – distressing）"4 个指标[①]。从表6 – 8 可以看出，2012 年上海国际马拉松赛与举办城市的情感形象契合度最高，为 0.8990，2012 年上海 ATP1000 大师赛以 0.8329 次之，2012 年 F1 大奖赛上海站与举办城市的情感形象契合指数 0.8218 为三项赛事中最低。关于三大赛事情感形象契合的差异，本研究认为主要可以从三个方面来解释。首先，从赛事本身特点的角度来看，马拉松比赛运动员对赛事的融入性是最高的，与赛事的情感互动是最直接最完整的；ATP 大师赛的观众分布在不同的球场上，能够全程无间断地欣赏比赛；而 F1 大奖赛由于赛道复杂，占地面积巨大，观众无论在主看台还是副看台抑或是草地都无法看到整个赛道上的事情（包厢里虽然有赛道各段的转播画面，但与看台和草地上观众的直观感受是完全不同的），因而观众与比赛的情感互动是间断的，从这个角度来说，ATP 大师赛的观众能够比 F1 大奖赛的观众拥有更好的赛事情感互动。其次，从赛事组织的角度来看，由于马拉松赛运动的特殊性，上海国际马拉松赛组委会对参赛运动员的赛前寄存衣物、赛中饮水和医疗急救、赛后提供补充能量的小食品等各种需求和可能的突发情况都必须准备充分，历年来马拉松运动的参与者对这项赛事的好评和逐年增长的参赛人数也能反映出大家对上海国际马拉松赛组织工作的满意程度；ATP 大师赛的赛场外围每年都为观众准备了别出心裁

---

① Russell, J. A. , & Pratt, "J. A Description of the Affective Quality Attributed to Environments", *Journal of Personality and Social Psychology* 1980 (2)：311 – 322.

的体验活动，让观众在观看比赛之余收获额外的观赛体验，这也使观众更容易在赛事情感形象感知上给予更高的反馈信息；F1 大奖赛组织方一度在赛场周边开放了一块单独的跑跑卡丁车体验区域，但由于距离赛场较远且价格颇高，观众对此呼声并不高，近两年来像梅赛德斯奔驰等赛事赞助商也时常会开展一些展区和体验活动，但终因娱乐性较弱而很难吸引赛事观众。最后，从赛事的可参与性的角度来看，马拉松运动的进入门槛是最低的，几乎可以说是零起点，在准备充分、运动适量、有防护意识的前提下，人人都可以加入这项运动的行列；网球运动具有一定的技巧性，因此需要进行一定的训练后方能开展；而 F1 赛事相比之下，对于绝大多数人而言是一项纯粹的观赏性运动，尽管 F1 运动现在已经拥有数目可观的爱好者，但由于这项运动本身具有很高的危险性并且开销不菲，因而极少有人能在观赛之余获得额外的体验，这也是限制了这项赛事与举办城市情感形象契合的一个因素。

（4）三大赛事的认知形象契合度比较

认知形象（Cognitive Image），指的是与认知有关的形象，大多以客观事实为基础。认知形象契合则是指观察者对于两个事物客观属性的主观感知的一致程度。根据因子分析结果，本研究所使用的体育赛事与举办城市的认知形象测量指标有 3 个，分别是"现代化的 - 传统的（modern - traditional）""国际性的 - 区域性的（international - regional）"和"知名度高 - 知名度低（high - low reputation）"。相较于 Hallmann 的认知形象指标删去了"商业化程度低 - 高（natural - artificial）"和"有无独特氛围（special atmosphere）" 2 个题项。在此前的相关研究中，Schlattmann（1994）提出认知形象的指标可以有"流行/荣誉（popular/reputation）""氛围（atmosphere）"以及"国际性（international）"。Echtner 和 Ritchie 则用"环境特征（natural characteristics）""文化（cultural）"及"基础建设（infrastructure）"等来描述体育赛事和举办城市的认知形象[①]。如表

---

① Echtner, C. M. and Ritchie, J. R. B. , "The Meaning and Measurement of Destination Image", *The Journal of Tourism Studies* 1991（2）：2 - 12.

6-10所示，2012年上海国际马拉松赛与举办城市的认知形象契合指数最高，为0.8764，2012年ATP上海大师赛以0.8350稍稍落后，而2012年F1大奖赛上海站与举办城市的认知形象契合指数0.8266为三项赛事中最低。关于三大赛事与举办城市认知形象契合的差异，本研究认为主要可以从两个方面来解释。一方面，从这三项赛事的举办地域来看，2012年上海国际马拉松赛的路线贯穿黄浦区、静安区、徐汇区等多个区域，途经上海多个商业圈、景观地带和地标建筑，地处繁华闹市，城市面貌尽显其国际大都市的特征，充分展示了上海的城市建设进程和城市人文面貌，而F1大奖赛和ATP大师赛分别是在嘉定区安亭镇东北角的上海赛车场和闵行区马桥镇的旗忠网球中心举办的，均处远离市中心的远郊地段，对于专程为观看比赛而来上海的外地和外籍观众而言，即使这座城市享有很好的声誉和很高的知名度，但"耳闻"终究不如"眼见"，因而马拉松赛参赛者对上海城市的物理形象的感知在客观条件上更占优势，这也为马拉松赛收获更高的赛事与城市认知形象契合度提供了支持。另一方面，在本次调研中我们发现这三项赛事的观众和参赛人群的年龄和平均学历存在差异，2012年上海国际马拉松赛的参赛者平均学历最高，2012年F1大奖赛和2012年上海ATP1000大师赛的观众整体更趋于年轻化，2012年上海国际马拉松赛的参赛运动员平均年龄相对大于另两项赛事，这一差异可能会导致观众对于"认知形象"的认识和理解存在差异，从而形成调研结果上的误差。

（5）三大赛事的整体形象契合度比较

从表6-11可知，2012年上海国际马拉松赛与举办城市上海的形象契合指数为0.8729，是三项赛事中最高的，2012年上海ATP1000大师赛与2012年F1大奖赛上海站不相上下，分别为0.8184和0.8164。这一结果跟三大赛事与举办城市的情感形象和认知形象的契合情况是基本一致的。作为一项参与型赛事，以及上海市全民健身节的主打活动之一，同时还与上海旅游节交相辉映，上海国际马拉松赛已成为上海市民和来自全世界的路跑爱好者们欢聚的盛典。举办至今，上海国际马拉松赛的规模和影响力逐年扩大，2012 年报名人数首次突破 3 万人，在参赛人数上达历史之最。这些都为上海国际马拉松赛成为与城市形象契合度最高的赛事提供了有力的支持。需要指出的是，由于体育赛事形象和举办城市形象是由情感形象和认知形象的多个维度构成的，因而体育赛事与城市的形象契合是由体育赛事和举办城市的多个共同属性所决定的，具有多面性，所以，尽管数据显示 2012 年 F1 大奖赛上海站与上海城市形象的整体契合度较低，但考虑到 F1 大奖赛对于上海经济的巨大拉动作用：有研究显示，F1 大奖赛上海站每年带动旅游业和其他三产项目可能带动的投资约 130 亿元，间接带动就业约 3 万人①。同时 F1 赛事对于上海城市形象的国际推广具有不可替代的贡献：有数据显示，每年全球收看 F1 一级方程式大奖赛电视转播或直播的观众多达 600 亿人次②。因而本文认为 F1 上海站对于上海城市形象的提升是有积极意义的，是符合上海城市特点和发展需求的。

综上所述，本文认为应当综合地评价一项体育赛事与其举办城市的形象契合，不可武断地下结论。

（6）体育赛事与举办城市形象契合研究的应用

体育赛事与举办城市形象契合的研究具有可观的实际应用价值。首先，赛事的组织是赛事形象的一个重要组成部分，也是保证赛事形象与城市形象相吻合的重要环节，这一研究可以帮助赛事组织者探寻赛事服务、媒体宣传、赛场和赛道的设计、赛场气氛、观众体验游戏等与观众有直接联系的环节做得是否完善，从而帮助他们对症下药，进一步提高体育赛事的组织水平和质量，构建与城市形象相契合的赛事形象。其次，体育赛事的赞助商也是体育赛事形象的关键因素，赛事赞助商不仅能够影响观众对赛事情感形象的感知，同时还能影响观众对赛事认知形象的感知，因此，选择合适的赞助商对于构建体育赛事形象至关重要。最后，对于城市营销者来说，体育赛事与城市形象契合的研究一方面可以帮助他们评估当前所

---

① 王志宇、王富德：《F1 赛事对上海区域旅游经济的影响浅析》，《北京第二外国语学院学报》2005 年第 1 期，第 90 页。

② 陈亮：《旅游视角下的上海 F1 大奖赛》，《旅游学刊》2004 年第 3 期，第 56 页。

举办的体育赛事是否适合其城市发展，另一方面还能为城市营销者在考虑申办新的体育赛事时提供参考依据。

第三节　体育赛事与城市旅游形象的互动方式

一　赛事与城市品牌合作

我们要利用赛事来打造城市品牌形象，首先所要面对的问题就是挑选何种类型的赛事来打造品牌。这主要是看赛事品牌形象与城市形象的契合程度。例如，世界杯、超级碗、奥运会和美洲杯都具有鲜明的赛事品牌形象。当一项赛事的品牌形象已经深入人心，那么它的赛事名、标志和口号就会激活赛事网络的节点和联系。通过赛事品牌和城市品牌的相互作用，赛事品牌中的元素就会转换为城市品牌的元素，反之亦然。这就是品牌互动整合最重要的一种形式，即品牌合作。

品牌合作在近年来得到了格外的重视，因为这是加深和改变品牌形象极其有效的方式。从城市市场营销的角度来说，品牌合作的目的就在于将赛事品牌中的一部分转移到城市品牌中。在黄金海岸印地赛车比赛对于黄金海岸地区长期和短期市场形象的研究指出，赛事媒体宣传工作并没有在短时间内提高城市形象和增加旅游收益。更糟糕的是，不管是长期市场还是短期市场，赛事媒体的报道反而使观众对于黄金海岸的自然风景越发失望，而其自然风光却是其城市品牌中重要的一环。其原因就在于汽车比赛的喧闹和高科技形象与黄金海岸试图建立风景如画的品牌形象并不相符。

品牌合作的效益主要体现在赛事品牌与城市品牌的关联度。一般而言，需要这两个品牌在宣传过程中体现出相同的特征。然而，在宣传过程中即赛事举办前，能有效地将赛事与城市品牌相互联合合作的案例却少之又少，截至目前为止，在这方面唯一具有指导性的赛事就是悉尼奥运会。在赛事举办的过程中，赛事与城市有效的品牌合作也较少。因为在赛事举办过程中，媒体的焦点通常都集中在比赛中，对主办城市的关注度则非常低。一项对美国女子大学生篮球比赛的研究发现，在 11 小时 45 分钟的电视转播中，主办城市出现的画面少于 3.5 分钟，即使主办城市的画面出现在电视中，城市名称也并不会被提及，因此大多数的电视观众并不能分辨出画面所拍摄的是主办城市。相比而言，赛事标志在电视画面中出现 28.6 分钟，这为赛事举办城市获得了更多的曝光率，因为赛事标志中包括了城市名称和标志性旅游景点的轮廓。

从黄金海岸印地赛车比赛和美国女子大学生篮球比赛这两项研究中，我们可以发现仅仅在城市举办一项赛事对提高主办城市品牌效益并不会有很大帮助，有时甚至还会起到相反的作用。为了提高两者合作的效益，必须将品牌转移这一方式加入城市市场营销战略中。这需要在城市市场营销中加入赛事这一元素，同时，在赛事营销广告策略中加入主办城市这一元素。为了增加城市和赛事的契合度，在赛事标志中可以加入城市名称和城市标志，并且必须将主办城市视觉化地呈现在赛事媒体中。这就需要签署媒体合同及条款，明确摄像机的位置、角度从而使主办城市达到推广品牌形象的目的，同时也可以在条款中加入在城市画面播放中必须配以相应的解说，从而增加观众的印象。消费者很难有效地意识到赛事和城市的契合度。赛事和城市契合度感知方式是由两者品牌可感知契合度的程度所决定的。因此，即使这两个品牌单独形象都十分良好，但是，当两者的品牌契合度更高时，各自的品牌价值还会远远高于两者契合度低的时候。这种契合可以将城市和赛事品牌合二为一。如果一位游客的城市图式和在这个城市举办赛事图式不一致，那么两者将在该游客的记忆中没有任何关联。因此，赛事和城市的关联作用没有体现，那么赛事在城市品牌的打造过程中也是毫无意义。这种关联的失败可能会导致一些负面影响，例如城市和赛事的品牌估值及影响力的下降。

从理论和专业实践的角度来说，想要两者完美契合需要解决两个问题。第一，没有明确的证据基础表明契合概念真实存在。在目前的研究中，契合仅仅是一个辅助条件，就好像化妆品广告需要一个美女做代言人，或者说契合之说仅仅是一家之辞，就像有人并不认为赛事和城市品牌会互相契合。虽然图式理论可以解释契合所需具备的条件，但是图式理论并未明确指出契合的标准定义。第二，由契合的需求可知品牌合作可以加强人们对于品牌形象的认知，但是其可以在何种程度上改变品牌形象仍不得而知。但是，改变城市形象是城市举办赛事的一个重要原因。有时，赛事品牌和城市品牌的不一致还会对两者的品牌合作带来负面影响。唯一可以得到验证的是，良好的赛事宣传对改变城市形象具有一定的作用。图式理论提出，如果赛事和城市的契合度曝光过多，那么最初的感知契合可能会慢慢减少。从某种程度上来说，契合也不都是正向契合。总的来说，赛事和城市的契合度是需要通过人为解释和阐述才能够得到体现的。赛事组织方和城市政府的沟通是实现这一解释的唯一途径，这两方主导了节点的属性和消费者的关注度。当赛事试图改变举办地城市品牌时，双方可以通过沟通为消费者增加接纳新节点的路径，创造出赛事和城市共有的新节点。

赛事的品牌越复杂，那么可被转移至城市节点的赛事节点就越多。因此，从理论上来说，可以通过赛事创造出许多独特的城市品牌形象，一旦品牌元素之间的转移被认同，那么赛事和城市的关联就可以通过语言和视觉广告媒体宣传得到加强。

二 赛事与城市品牌延伸

大部分赛事并没有很明显的品牌形象。一些赛事的品牌形象与主办城市的品牌形象十分相近，因此很难从主办城市固有的品牌形象中解脱出来。这些赛事在主办城市品牌的影响之下渐渐成长，赛事名称通常都包含城市名称。例如，纽约马拉松比赛是目前世界上规模最大的马拉松赛事之一，其引以为豪的是高达3.6万的参赛人数和大量本地及国际媒体的报道。但是，1977年第一届纽约马拉松赛只有区区55位参赛者完成了比赛，预算也只有1000美元，关注度远远无法和现在相提并论。该项赛事品牌的发展与纽约城市品牌的发展紧密联系在一起，1976年主办方改变了原有路线，将马拉松路线设定在纽约的五个自治区：史坦顿岛、布鲁克林区、皇后区、布朗克斯区和曼哈顿区（赛事原有的路线仅仅在中央公园内）。包括环法、墨尔本赛马节和亨利皇家赛船赛在内，还有很多赛事品牌是由城市品牌催生，并紧密相连的。

这种赛事与城市的关系我们称其为品牌延伸，而不再是品牌合作，这是体育赛事与城市品牌互动整合的第二种形式。因为赛事与主办城市紧密相关，禁锢于主办地的品牌之中。品牌延伸的重点并不在于赛事名中包含主办地名，而是赛事已经成为城市品牌的一部分。事实上，即使赛事名不包含主办地名，其也可以作为城市的品牌延伸。例如，玫瑰碗是美国高校橄榄球季后赛非常重要的赛事之一。该项赛事的品牌与帕萨迪娜即其举办地紧密相连。其一，赛事举办会场也被称为"玫瑰碗体育场"。其二，每年参赛队伍都会在赛前进行横跨帕萨迪娜的玫瑰巡游，这种巡游活动获得的国内外媒体关注度并不比正式比赛少。这种赛事与其主办地相关场所和巡游活动的联系是品牌延伸的一种表现形式。品牌延伸最好的诠释就是每个产品的概念和特征彼此相一致，并且具有共同的品牌意义。换句话说，如果赛事的市场开发是基于城市品牌，那么赛事的品牌更容易被大众所接受。这就表示赛事的概念元素已经和城市产品服务融为一体，或者说城市与赛事的特征相一致。对于玫瑰碗来说，相同的体育场和赛事名加强了两者之间的联系，同时，其赛前在城市各区的巡游使城市与赛事更为紧密相关，两者已合二为一。

一项赛事的基本优势在于它与主办地区品牌的关联性，可以被视为主办地的品牌延伸。赛事与主办地之间的这种内在联系就是当赛事得到市场的青睐时，城市市场的游客感知价值就会增长，城市品牌形象和价值也得到提升。作为城市品牌延伸的一部分，任何游客在赛事中感知到的效益都会成为城市品牌的效益。品牌延伸中品牌形象提升的原理与品牌合作的原理是十分相近的，因为两者都是从游客的心理机制来研究的。但是，品牌合作和品牌延伸两者的市场挑战是不同的。品牌合作是指两个独立的品牌相互关联，品牌延伸是指赛事作为城市产品服务的一部分，两者合二为一。品牌延伸需要赛事与主办地的活动和景点特征保持一致。在城市品牌延伸中，当赛事逐渐形成自己品牌特色时城市品牌就要承担一定的风险。

一项大型赛事将会获得大量的媒体关注，游客更乐于来到城市观看这项赛事，有些赛事品牌效益已经超越了城市品牌效益。例如，"温布尔登"这个名字在国际上作为一项顶级网球赛事被人们所熟知，大家并没有意识到其主办地温布尔登是伦敦西南部的一个小镇。同样，勒芒24小时耐力赛自1923年在法国小镇勒芒举办以来，该项汽车赛的品牌价值已经远远超过了勒芒小镇的品牌价值，即使该项赛事一开始深受城市品牌的影响，并且赛事还被冠以城市名称，但现在只要说到"勒芒"，人们自然而然就会想到汽车耐力赛而不是法国的一个小镇，该项赛事已经完全不是城市品牌的延伸。

从"温布尔登"和"勒芒"的案例中可以看出，城市品牌与赛事品牌的一致性十分重要，赛事品牌价值的提升同样也要表现城市品牌价值的提升。随着赛事的成长，城市品牌营销需要将赛事加入其营销战略中，利用赛事的品牌优势来提高城市品牌价值。如果赛事能够与城市品牌共同发展，那么赛事对于城市品牌打造的作用是不可限量的。换句话说，如果城市品牌营销中没有抓住赛事特色，那么城市品牌价值则会出现负效应。

三 赛事与城市品牌特色

在赛事与城市营销策略中，如果赛事想要成为城市品牌打造的重要工具，那么赛事就需要具备鲜明的品牌特色，其为赛事与城市品牌第三种互动整合方式。但是，就目前各大赛事的整体情况而言，大部分赛事在旅游市场中并没有获得较高的曝光度，也没有创造出其鲜明的品牌特色，即使有，其代价也是巨大的。部分研究城市品牌的学者认为鲜明的赛事品牌对城市品牌的打造并不是十分重要，因为赛事可以成为城市品牌的特色。

在这种情况下，赛事在市场中的特色并不鲜明，但是赛事是城市品牌中的有形资产。例如，斯托克顿堡（位于德克萨斯州西部）每年都会举办"水狂欢节"，该节日包括各项水上运动。该项赛事的品牌价值远远低于斯托克顿堡的品牌价值，但是对于来到斯托克顿堡旅游的游客来说，赛事的愉悦氛围会成为该地区的标签——"德州友好小镇"。像斯托克顿堡的"水狂欢节"之类的赛事在其主办地并没有获得足够的媒体关注。这类赛事对于城市品牌的价值在于赛事所具有的属性和优势正是城市市场想要形成品牌特色中的一部分。在城市广告和宣传中加入这类赛事的属性使其与城市特色相一致从而提高城市品牌的价值。

本章小结

体育赛事因其具有的聚集性特征，在提升城市知名度、打造城市形象、塑造城市品牌方面具有十分重要的作用。本章通过对上海三大品牌体育赛事的实证研究，证实上海国际马拉松赛、上海 ATP 网球大师赛及 F1上海站对于上海城市形象的提升是有积极意义的，也论证了可以通过有效提升举办城市的形象来吸引更多的潜在旅游者，还能通过提高旅游者的满意度从而增加重访的可能性。同时，本章阐述了体育赛事与城市旅游形象互动的三种方式：品牌合作、品牌延伸及品牌特色。

第七章 体育赛事与城市旅游空间的互动

本章通过资料搜集、文献整理和逻辑分析，试图较为系统地呈现体育赛事对城市旅游空间发展的影响及其影响因素，探讨体育赛事与城市旅游空间的内在相关性，大型体育赛事旅游空间发展路径、发展模式，并对 F1 大奖赛上海站旅游空间发展进行实证分析，归纳和总结经验启示。

第一节 城市旅游空间的概念

一般意义上的空间，可以理解为物质存在的一种客观形式，它通过长度、宽度、高度表现出来，这个定义从数学和哲学的角度解释了空间的概念。但是从城市旅游的角度来看，本文认为，空间更具有其社会学的属性。社会学重要的奠基人之一涂尔干从社会差异性的角度对空间进行了划分，他认为空间不仅仅作为一个物质的环境存在，它还是具有情感价值的，蕴含了特定的社会情感价值，是特定的社会组织形式的投射①。本文认为，城市旅游空间是城市旅游活动在城市地域上的投影及空间表现形式。它是一种包含了具有旅游意义的实体（如自然生成物、人为构筑物）与旅游文化的实体空间，为旅游者提供休闲、娱乐、旅游的服务，也是城市空间主要的人流聚集场和扩散场②。当城市空间通过利用某种旅游资源，被赋予了旅游的情感价值，它就具有了旅游意义，就成为城市旅游空间。

城市旅游空间的发展受城市旅游经济活动的影响，呈现持续动态发展的过程。从外部动力来看，大型体育赛事作为城市特殊事件的重要组成部

---

① 涂尔干、爱弥尔：《宗教生活的基本形式》，上海人民出版社，1999。
② 吴国清：《大型节事对城市旅游空间发展的影响机理》，《人文地理》2010 年第 5 期，第 137~141 页。

分，对城市旅游空间成长具有极大的刺激作用。奥运会、世界杯足球赛、F1 大奖赛等大型体育赛事的举办会形成外部突发驱动力刺激举办地城市旅游发展，并对城市规划、城市管理、城市旅游空间演进轨迹有着长期的、深远的影响。

赛事旅游空间是指在城市范围内包含了具有赛事旅游意义的实体（如大型体育赛事场馆、赛事主题公园、赛事主题酒店等）与赛事文化的实体空间，为旅游者提供观赛体验、体育休闲、场馆参观等服务。赛事旅游空间根据其发展阶段与发展程度的不同，其内涵及范围也有所区别。当赛事旅游空间处于萌芽、初级阶段时，赛事旅游空间指的是体育赛事场馆所在地，它由体育场馆本身及其基本的配套设施组成。当赛事旅游空间成长到发展、成熟阶段时，赛事旅游空间的外延不断扩大，其成为以体育场馆为中心，以赛事文化为主线的，具有赛事特色的空间总和。

第二节　赛事旅游空间的形成条件

一　地理位置的聚集

在全球化时代，地理位置与业务发展并没有直接的联系。全球市场的开放性、交通的快捷性和交流的高效性使人们相信在任何时间、任何地点都可以找到属于企业自身的竞争力。但是，理论上一个企业的竞争力是由其所处的区域所决定的，在某种程度上而言，企业周边环境决定了其是否能够获得成功。例如，高质量的员工、完善的基础设施和便捷的公共交通都会对企业表现具有重要的影响。企业的地理位置和其与相关产业的地理距离为它们提供了一定的竞争力。对于赛事运作商来说，赛事非本地观众的参与人数很大程度上由当地餐饮、住宿、交通所决定。同样，赛事举办场馆周边平时收入平平的旅游景点、商业、服务业的利润也会随着赛事举办得到大范围的增加。可见，一个成功的赛事旅游空间，在其周边还需要有其他景点和相关服务。所以，在赛事旅游空间的打造中，赛事举办场馆周边需要提供与其规模相辅的奢侈品服务，如餐馆、酒吧、咖啡馆和商场，形成地理位置的聚集。

二 产业聚集及空间的延伸

产业空间长时间被认为是地区经济发展的工具，其具有一定的潜在益处（见表 7 - 1）。按照波特的思想，产业集聚空间是指相互关联的企业群体由于地理空间上的接近而形成的组织结构。在空间定义这个问题上，理论学家和经济学家一直存在着一定的争论，"空间"和"网络"经常交换使用。普遍认同的观点是地理位置上的毗邻具有重要的意义。在大多数的文献中，只有当很多同类型的企业聚集在一起的时候，才把它称为空间。但是，空间还可以用来形容本地、地方和国家组织团体的联动作用，这就指出除了在地理聚集之外，纵向联系也格外重要。

表 7 - 1　产业空间潜在益处总结

序号	潜在的益处	原因
1	降低风险和减少不确定因素	大量科技技术、市场信息、人才和经济资源的聚集，使公司对于突发事件的准备会更充分
2	打造良性的竞争合作环境	由于更强大的实务能力和共同的合作关系，竞争者对战略资源获得的有效性得到加强
3	创建更大的经济规模	更强大的全方位覆盖（购买、预订、销售）降低了各企业联系交流的成本。例如，大量订购原材料或者共享市场将会有一定的折扣优惠
4	增加经济发展机会	产业空间合作精神能够促进更大规模的专业化分工，同时，由于内部竞争的减少，市场的可经营空间变大
5	提高市场控制力	各企业之间的合作关系使市场规模越来越大
6	加速科学技术的发展	知识体系的完善加强了技术的传播和辐射面，加速了新兴科学技术的发展
7	提高产业空间整体形象	对消费者和供应商来说，产业空间品牌形象加强了人们对企业整体和空间整体的印象
8	提高企业的产品质量和生产效率	合作关系的形成促进了企业之间良性竞争的格局，从而提高了企业的产品质量和市场手段

序号	潜在的益处	原因
9	增加产业间的协同关系	产业空间的形成促进了专业的基础设施建设,加快了产业间服务平台的打造
10	促进当地整体经济的发展	产业空间的聚集吸引了其他产业进入已初具规模的产业空间,因此形成了多产业空间相互竞争及合作的环境。同时,多产业之间的相互联动关系也加速了当地经济的发展

三　区域特色赛事品牌的形成

在产品促销理念中,品牌是产品的特征和附加值(由旅游资源引起的游客情感的释放)的结合体。赛事旅游空间作为一种旅游产品,游客也会对其产品的品牌进行理性的选择。特色主题品牌战略不仅仅是世界发达国家旅游促销的成功经验,也是发展中国家创建自己新的旅游产品的重要战略。对赛事旅游空间而言,需要良好的共同市场和品牌,促进具有强烈区域特色旅游空间的形成。以一级方程式旅游空间为例,其作为赛车比赛、赛车企业和赛车文化的聚集地,赛车产业空间都已经初具规模。区域内拥有高科技性能产品、设计工程、赛车产品研发、基础设施、创新服务等企业和大量专业车队、赛车场。整个赛车产业空间,通过内部技术转变创新、系统生产等紧密相连。这个密集的赛车产业空间为一级方程式旅游空间的发展提供了良好的品牌基础。这个产业空间的品牌名称对一级方程式旅游空间的打造大有益处。借 F1 大奖赛举办之机,以产业空间品牌为基础,及时推出自己的旅游空间品牌是赛车场主题旅游空间效益最大化的有效手段。

四　多产业的合作联动

赛事相关部门几乎不会想要从旅游效益里分一杯羹,即使这种效益是来自赛事活动。其原因是赛事活动很难直接在旅游效益中去寻找其所占的比重。体育赛事所带来的经济效益最后通常都归于其他产业的效益,例如酒店业、交通业、零售业、餐饮业。但是,旅游业不同于其他产业,在旅游业中，各子产业之间的相互依赖性较高，它们共同的目标就是满足游客的需要。旅游景点可以吸引许多游客，但是如果景点地处偏僻，周围没有公共交通、住房设施，那么这个景点则没有长久的竞争力。由此可见，旅游景点、服务业、交通业相互联动依赖，它们之间的合作尤为重要。同时，游客体验质量也带动了旅游业各子产业相互联动依赖。游客体验是指其对旅游所经过地方的整体印象，包括对地区酒店、餐馆、商场的印象，它并不仅仅局限于对某个主要旅游景点的印象。由于旅游整体印象越来越重要，未来地区旅游产业将很有可能被某个子产业的低效服务所摧毁。例如，即使酒店的服务令游客十分满意，但是酒店路口餐馆不尽如人意，那么这位游客就很有可能再也不会入住这家酒店。各产业之间是相互联动依赖的，某个产业的良好发展可以带动其他产业的成功。想要形成合作意识和相互联动效益，各产业之间的相依性必须得到一定的认识。一些赛事运作商会为观赛者提供赛场周边食宿信息，虽然在赛事举办期间住宿费会有所上涨，但是通常观众只要手持观赛票还是可以得到一定的优惠的。除此之外，赛事运作商还会为游客规划观赛前后的当地旅游出行计划，同样游客只要手持赛事票根就可以在当地的旅游景点得到相应的折扣，以此来增加旅游景点的游客数量。

五　基础设施服务的完善

　　旅游业发展利益的最大化，离不开基础设施的建设和完善，旅游业基础设施是旅游空间形成和发展的基础支撑之一，其主要是由政府部门和社会企业协同投资和开发的。这些基础设施包括交通设施、住房设施、商场配套设施和娱乐设施。其中，交通设施最为重要。一般来说，场馆以外的交通，主要由政府投资，是公共工程。场馆内部的交通，由场馆运作单位进行自主投资开发。住房设施主要是指床位数量，是旅游空间接待容量的关键门槛，一般是由社会投资商进行投资。而商场配套设施在旅游空间中作为游客体验又一场所，将通过政府的规划，引导其集约化、特色化、休闲化发展。娱乐设施是旅游空间吸引力的重要方面，需要由政府结合商场配套设施进行系统规划开发。由此可见，良好的旅游基础设施离不开政府的协助，其为赛事旅游空间发展创造了优越的条件。如果没有这些基础设施和政府的协助，赛事旅游空间中的旅游收益将会大大缩水。

第三节　体育赛事对城市旅游空间发展影响的表现

大型体育赛事对城市旅游空间发展的影响主要体现在城市旅游空间的客源地市场和旅游目的地市场两方面（见图7－1）。大型体育赛事的举办对城市旅游空间发展的影响主要体现在五个方面：第一，为旅游目的地增添了一个新的旅游节点；第二，从客源地吸引了更多的游客前往目的地参观游览；第三，旅游需求的旺盛，推动旅游空间基础设施的建设及区内路径的改善；第四，随着体育赛事知名度与影响力的不断扩大，以体育赛事为主要旅游资源的旅游节点不断壮大，城市旅游空间结构将不断优化；第五，随着赛事旅游空间的不断优化，其影响力与知名度不断提高，推动旅游空间的形象提升。

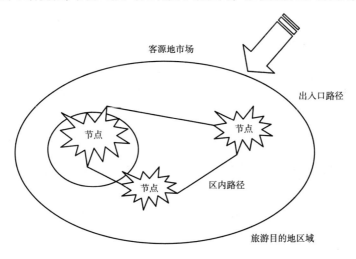

图7－1　旅游空间结构关系图

一　增添新的城市旅游节点

大型体育赛事的举办，往往伴随着体育场馆的建设。体育场馆是体育赛事的重要遗产内容和空间体现。当今的体育场馆朝着标识化、规模化、综合化和多功能化方向发展。体育场馆往往成为举办城市标志性景观建筑物和城市专业化的休闲中心，是城市旅游和市民休闲的重要吸引物，为城市旅游空间增添城市旅游节点。纽约、伦敦和东京等很多国际赛事中心城市都在推动赛事场馆空间和城市旅游空间之间转化和融合。通过开发相应的体育旅游产品，对场馆进行旅游功能衍生和转型，可以将场馆及其周边区域发展成城市的旅游景区，吸引大批专程而来的游客。一方面优化与整合城市旅游目的地的空间结构，形成城市旅游新增长极。另一方面，也很好地解决了场馆的后续利用和维护问题。例如，美国网球公开赛（简称"美网"）举行的场地就修建在纽约的法拉盛公园内。公园内绿树成荫、环境宜人。在每年美网举办期间，这里是网球的乐园，而在赛事之后，良好的生态环境又使这里成为纽约市民和外地游客的休闲度假旅游胜地。而温布尔登网球锦标赛（简称"温网"）所在的温布尔登只是伦敦北部的一个宁静的小镇，每年六月的温布尔登让这里成为网球的圣地，在两周的温网赛事之余，这里的温网场地、网球博物馆都是温布尔登镇的重要旅游景点。

而 F1 大奖赛阿布扎比站为了举办 F1 大奖赛，用了两年的时间新建了亚斯玛瑞纳车道，并在亚斯玛瑞纳车道旁建设了世界上最早、最大的法拉利主题公园。每年的赛季，亚斯玛瑞纳车道是 F1 车迷的狂欢场所，赛季中及赛季后，亚斯玛瑞纳车道通过举办一系列赛车赛事，为赛车爱好者提供赛道体验、为体育运动爱好者提供健身服务等活动，逐步将 F1 大奖赛在阿联酋城市旅游中的作用保温、升级。同时，亚斯玛瑞纳车道所在地是位于距离阿联酋首都 30 分钟车程的亚斯岛。亚斯岛是阿联酋新兴的以娱乐休闲为主的旅游胜地。目前已经逐步形成以亚斯玛瑞纳车道为中心，各类高端体育休闲、娱乐设施配套齐全的中东地区旅游休闲的重要集聚地。

二 改善旅游节点的基础设施条件

大型体育赛事的举办推动城市基础设施的超前建设，其中城市交通设施和城市旅游设施的增加尤为明显。城市对外交通系统和城市内部交通系统往往在大型体育赛事举办的过程中发生结构性的变化，这种变化既满足了大型体育赛事举办的要求，同时也符合城市旅游业长远的发展要求。基础设施是城市旅游业发展的基础，也是体育赛事发展的必要条件。体育赛事具有集聚效应，对于大规模、国际化和强影响的体育赛事活动来说，其旅游功能作用的发挥需要配套的较为现代和完备的基础设施和旅游设施，且对举办地城市在短时间内应对大客流的旅游接待提出了极高的要求。这就促使举办地城市改善旅游节点的基础设施条件，不断提高旅游节点在交通、住宿、餐饮、购物、信息等方面的管理水平，提升赛事旅游接待服务能力。例如，雅典为了满足奥运会的举办要求，投入了大量的资金在轨道交通建设上，从四个方面对城市交通进行了升级：改造了海伦尼克铁路的市郊路网，扩建城市内部地铁，更新了电气化铁路（ISAP）的车辆并开通了两条新的轻轨线路。这都为解决奥运会期间的交通问题发挥了重要的作用。而F1大奖赛阿布扎比站在举办吸引全世界目光的F1大奖赛的同时，其基础配套设施也不断升级，完全以符合F1赛车特征的高科技、顶级、奢华的标准配套建设。不仅建设有世界上唯一一间一半建在水上，一半跨越F1赛车道的五星级奢华酒店；同时，还吸引了从澳大利亚远道而来的超级游艇，建设有亚斯玛瑞纳及游艇俱乐部，使阿布扎比有希望与地中海及加勒比海等传统赛艇地有一争之力。在亚斯岛的西岸，还建设有世界上最杰出的高尔夫球建筑师设计的获奖级高尔夫球场——阿布扎比亚斯林克。2004年雅典奥运会，希腊政府也借助举办奥运会的机会，完成了原本打算花20~30年时间开展的城市建设工程，极大地改善了雅典的市容市貌，也解决了让雅典城市一直饱受困扰的交通问题。

三　催生大量体育旅游者

一个国家或地区举办一项体育赛事，特别是一些重大体育赛事，势必吸引大量外埠和境外观众、媒体和运动员等相关主体前往赛事举办地，从而引起体育赛事举办地相关产业需求的变化，推动城市旅游空间的发展。2011年F1大奖赛新加坡站举办期间，游客人数比以往上升30.3%，宾馆平均入住率达到 73% 。在举办 F1 大奖赛之前，阿布扎比在中国游客和中国旅游业界的知名度远不如迪拜。从当时各大出境游旅行社的数据可以看到，旅游市场上涉及阿布扎比的旅游线路中，在阿布扎比的停留时间一般不超过一天，游客主要还是由此中转去迪拜，阿布扎比对游客的吸引力还不够大，不能让旅游者滞留旅行。而 F1 大奖赛阿布扎比站的举办为阿布扎比的旅游业注入了活力，以 F1 观赛游为契机，为阿布扎比吸引了大量的体育旅游者，逐步使阿布扎比成为一个集体育竞赛、旅游观光、健身休闲于一体的体育旅游活动集聚地。

四 影响城市旅游空间布局

大型体育赛事对城市旅游空间布局的影响主要体现在三个方面。首先，大型体育赛事的举办打破了原有城市旅游空间的格局，促使城市旅游空间形态内敛及重构。如北京奥运会的举办使北京城市旅游空间的核心轮廓进行了重构，进一步提升了北京奥林匹克公园区域在旅游发展中的轴功能。其次，体育赛事的举办推动了城市旅游空间的扩展。赛事旅游的不断发展，赛事旅游空间逐渐扩散，城市游憩带在这个过程中"生地熟化"，形成赛事旅游空间与城市游憩带外延空间的耦合，进一步加速了城市游憩空间的外延与成长。如上海国际赛车场、旗忠网球中心、崇明岛自行车主题公园、金山城市沙滩、东方体育中心和八万人体育场等，它们都是目前上海因体育赛事而逐渐成长、扩散出的新兴城市旅游空间。最后，体育赛事的举办促进城市旅游空间的联动发展。体育赛事，特别是持续性体育赛事的举办，有利于特色的新旅游增长极的形成，并可以以特色旅游资源带动城市其他旅游空间的发展，从而达到城市旅游空间的联动发展。F1 大奖赛新加坡站作为世界上唯一一个 F1 大奖赛夜间公路赛道，备受 F1 车迷的关注。其赛道途经新加坡的一些著名地标如滨海湾巨型浮动舞台、滨海艺术中心、浮尔顿酒店、政府大厦和新达城等。新加坡在 F1 大奖赛举办的同时，也为新加坡传统的旅游空间做了宣传及推广，形成特色赛事旅游空间与传统旅游空间的联动发展。

五　提升城市旅游空间影响力

体育赛事，尤其是奥运会、F1 大奖赛、ATP 系列赛等大型体育赛事的举办会在短时间内吸引大量的境内外游客、媒体和业内人士，同时，体育赛事赛前和赛时声势浩大的推广活动和众多媒体大规模、长时间的报道能够大大地提升赛事举办城市的知名度，而知名度的提升则会显著提高赛事举办城市作为旅游目的地的概率，不仅在赛事举办期间给举办城市带来大量的客源，而且对于举办城市旅游业的可持续发展产生重大积极的影响。芝加哥经济发展部门的研究报告指出，芝加哥熊队赢得超级杯赛为芝加哥带来的知名度相当于花 3000 万~4000 万美元进行宣传活动所产生的知名度；澳大利亚阿德莱德市的一级方程式汽车锦标赛在很短的时间内改变了该地区的旅游形象，并将南澳大利亚与一级方程式汽车锦标赛联系在一起。

第四节　大型体育赛事与城市旅游空间的内在相关性

一　地域空间角度的分析

从物质空间概念的角度来看，城市是大型体育赛事与城市旅游空间发展的共同依托条件，是两者互动结合的物质载体。随着社会、经济的发展，越来越多的城市意识到体育赛事对社会的影响力，城市的发展为体育赛事的兴起提供了广阔的平台，并逐渐成为大型体育赛事的聚集地。而城市旅游空间是城市旅游在空间概念上的一种物质表现，离开了城市的发展，城市旅游空间就没有存在和发展的基础。

城市成为大型体育赛事的最主要举办地。首先，大型体育赛事的举办离不开城市经济的支持及交通、餐饮、住宿、都市旅游与购物、法律服务相关服务业的辅助支持。而这些对大型体育赛事的举办起支撑作用的服务业，只有在城市尤其是大都市才能得到充分发展。其次，随着城市的不断发展，越来越多的城市认识到体育是城市魅力展示的有效途径，有助于城市其他政策的目标实现。体育赛事具有极强的集聚效应，能在短时间内吸引大量的人流及社会的关注，对拉动城市的经济发展及展示举办地的城市形象是极佳的平台。巴塞罗那通过举办 1992 年夏季奥运会兴建了大批高质量的体育基础设施，同时将巴塞罗那塑造成了一个极具体育魅力的城市，极大地推动了巴塞罗那的城市发展。此外，纽约、伦敦、巴黎、墨尔本等著名体育城市也通过举办国际顶级的周期性体育赛事及不定期地举办一次性的大型国际体育赛事抓住全球体育爱好者的眼球，持续、定期地引起全球关注。在城市和大型体育赛事发展的共同需求下，越来越多的城市以举办体育赛事作为刺激城市发展的契机，城市也成为大型体育赛事的最主要举办地。

城市是城市旅游空间存在和发展的前提。任何一个城市都具有旅游功能，区别在于各类城市吸引范围、吸引规模不同。随着城市的综合实力不断提升，功能不断完善，旅游功能逐渐凸显，城市具有了旅游管理、接待、集散和辐射中心的功能，同时城市能提供非城市地区所没有的娱乐、文化设施，提供独特的旅游体验。由此，旅游开始"城市化"，城市旅游应运而生。城市旅游是在空间上依托城市作为载体，在内容上以城市自然环境、城市的传统文化积淀、城市的生产生活以及城市的基本功能所提供的服务为主体，兼有物质形态和非物质形态的一种旅游形式。因此，城市是城市旅游空间的物质载体，城市的存在和发展是城市旅游空间产生和发展的前提。

二　发展机制角度的分析

城市旅游空间结构演进的动力机制是城市旅游内、外部各种力量相互作用的空间反映，各种动力在相互作用之后的耦合力推动城市旅游空间的成长或扩展。一般的城市旅游空间结构演进的动力机制是受到常规机制和非常规机制两方面共同作用，由内部动力和外部动力综合推动的结果。而大型体育赛事是城市旅游空间发展的重要动力条件。

城市旅游空间结构演进的内部动力是旅游业规模的增长。体育赛事旅

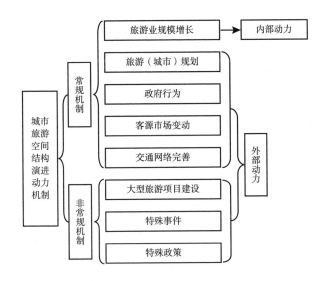

图 7 - 2　城市旅游空间结构演进动力机制

游属于高端的城市旅游业态，是城市旅游业发展到一定阶段的产业。从大型体育赛事对城市旅游空间影响的表现上也可以看出，大型体育赛事的举办为城市增添了新的城市旅游节点，催生了大量体育旅游者，提升了城市旅游空间的影响力，体育赛事旅游的发展、壮大对旅游业规模的增长有很大的推动作用，大型体育赛事是城市旅游空间发展的内部动力。

城市旅游空间结构演进的外部动力离不开旅游（城市）规划、政府行为、客源市场变动、交通网络完善、大型旅游项目建设、特殊事件、特殊政策的影响。大型体育赛事的举办往往带来大量的基础设施建设，并为服务业带来一定的特殊政策支持，成为城市旅游空间结构演进的重要外部动力。

第五节　大型体育赛事旅游空间发展路径

不同的节事活动，其对城市旅游空间发展的影响是不同的，这体现在表现形式、发展路径、影响因素、发展模式等各个方面。本文认为目前大型体育赛事旅游空间发展路径主要有多中心主副协同发展路径与单中心辐射发展路径两种。

一 多中心主副协同发展路径

多中心主副协同发展路径是指，体育赛事旅游空间由多个主中心与多个副中心组成。主中心在赛事旅游空间中起主导与统领的作用，副中心补充主中心的赛事旅游空间功能。副中心与主中心之间建有完善的交通网络，方便旅游者流动。

这类发展路径一般体现在超大型体育赛事的举办中。超大型体育赛事影响力极为广泛，广为世界关注，它们在一定的时间内，在举办地只可能举办一次，如奥运会、亚运会等。虽然超大型体育赛事在短期内只能举办一次，但其影响力、推广力是巨大的。这类节事活动的举办往往伴随着城市大片场馆的建设，如北京奥运会的举办，在北京兴建了鸟巢（国家体育场）、水立方（国家体育馆）、北京射击场、老山自行车馆等众多的场馆。因此，超大型体育赛事旅游空间的发展路径往往是围绕多中心场馆发展，不断形成各个中心之间的功能集聚与扩散。

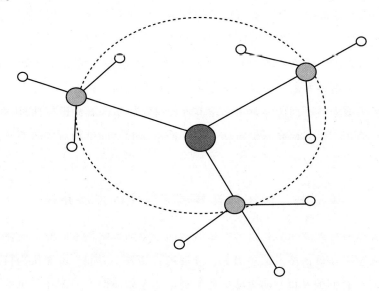

图 7 – 3 多中心主副协同发展路径

巴塞罗那开创了奥运会新的举办模式，充分利用奥运设施为城市自身发展服务。将奥运赛区分出蒙杰伊克区，作为主赛区，并设对角线区、沃迪布朗区和帕克迪马区三个分赛区，这就是超大型体育赛事场馆建设中典型的主中心＋多个次中心的布局模式。同时，为了奥运会的举办，还修建了40km的环路，为分布在城市不同方向的四个赛区提供便捷的交通。奥运会后，这条环路成为城市的高速环路，最终形成的城市交通网络北至法国，南到西班牙南部城市，不仅加强了赛事旅游空间与城市内部各旅游空间的联系，还将大型体育赛事对城市旅游空间的影响扩张到邻近城市。

二　单中心辐射发展路径

单中心辐射发展路径是指，围绕单个赛事旅游空间发展，通过该旅游空间基础设施、活动体系等建设，不断壮大该旅游空间，推动该旅游空间成为地区重要的旅游节点。同时，将赛事旅游空间的影响力辐射到周边的旅游空间中，以点促线，以线带面，共同发展。

这类发展路径一般体现在标志性体育赛事旅游空间的发展中。标志性体育赛事是定期地在某一地举办，定期地为该举办地吸引较为固定的旅游流。对于定期举办的大型节事活动，其旅游空间的发展与更新，往往是围绕一个旅游空间为中心发展，最终形成城市的一个新的旅游增长极，最终达到城市旅游空间更新、发展的目的。目前，标志性体育赛事对城市旅游空间的影响有两类。一是体育赛事的举办，需要建设大型体育场馆，在赛事举办后，大型体育场馆会逐渐发展成为旅游目的地；二是体育赛事的举办本身不需要建设大型体育场馆，但是通过举办大型体育赛事，举办地看到了体育赛事对举办地的积极影响，希望通过建设相关的场馆来保持体育赛事对城市旅游空间的带动作用。如上海在举办了女子自行车公路赛后，打算在崇明依托女子自行车公路赛建设自行车主题公园。虽然，标志性体育赛事对城市旅游空间影响分为两种类型，但是从城市旅游空间的成长路径来看，它们的发展还是具有一致性的。标志性体育赛事空间的成长路径是以赛事核心场馆空间为中心，不断将赛事影响扩散、外延。

F1 大奖赛新加坡站作为世界上唯一一个 F1 大奖赛夜间公路赛道，备受 F1 车迷的关注。其赛道途经新加坡的一些著名地标如滨海湾巨型浮动舞台、滨海艺术中心、浮尔顿酒店、政府大厦和新达城等。新加坡在 F1 大奖赛举办的同时，也为新加坡传统的旅游空间做了宣传及推广，形成特色赛事旅游空间与传统旅游空间的联动发展。

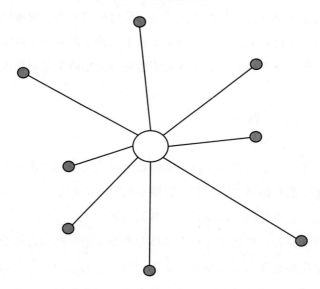

图 7 - 4 单中心辐射发展路径

第六节 体育赛事旅游空间发展的影响因素

大型体育赛事旅游空间发展受到内部、外部因素的综合作用，与体育赛事资源的特色、体育场馆及周边旅游资源的分布和旅游相关产业的介入有着千丝万缕的联系。

一 内部因素

（一）赛事资源特色

体育赛事的级别是国际体育组织为了区分各种赛事的重要性而对赛事进行的划分，通常情况下，同一个运动项目的竞赛，赛事的级别越高，参

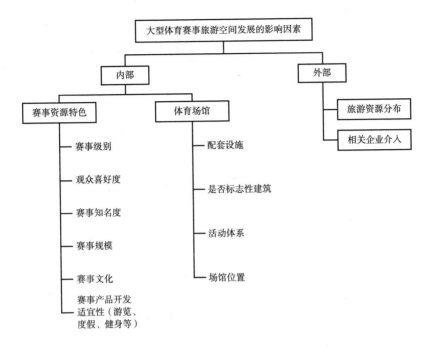

图 7 - 5　体育赛事旅游空间发展的影响因素

赛的优秀运动员越多，赛事的精彩程度越高，对媒体与观众的吸引力越大。例如，每四年一届的奥运会毋庸置疑是综合性大型体育赛事中级别最高的一个，世界各国都以自己的城市能成功申办一届奥运会为荣，每一位运动员都以能够参加奥运会为毕生的梦想。奥运会作为一个集体育、教育、文化于一体的综合性、持续性、世界性的体育赛事，无论是赛事申办期间还是赛事举办期间都引起全世界体育爱好者、媒体的关注。而对单项大型体育赛事来说，F1 大奖赛、世界杯足球赛则是世界三大体育赛事中单项大型体育赛事级别最高的，无论是参加赛事的运动员素质还是世界的关注度都是极高的。这对大型体育赛事旅游空间的宣传及影响力的扩大有着至关重要的作用。特别是对于旅游吸引力不太大的城市，举办高级别的体育赛事是为其注入强大活力的有效途径之一。因此，体育赛事的级别高低对赛事旅游空间的形成与发展有着十分重要的作用。

观众喜好度是指体育爱好者对该赛事项目喜爱的程度。不同的人对体育赛事项目的偏好不同，若赛事旅游空间举办的体育赛事是不受体育爱好者欢迎的运动项目，体育爱好者就不会对该赛事给予关注，就更不可能前往赛事旅游空间观赛或进行旅游休闲活动；反之，当赛事旅游空间举办体育爱好者喜爱项目的赛事的时候，体育爱好者可能不仅仅通过身体力行的锻炼、观看电视转播等方式接触与了解该体育项目。因此，体育爱好者对赛事项目的喜好程度越高，赛事旅游空间对体育爱好者的吸引力越大，可以将体育爱好者吸引到现场观赛，提高赛事旅游空间的曝光率，推动赛事旅游空间的成长壮大。

体育赛事的知名度是指一项体育赛事被公众知晓、了解的程度，以及这一赛事社会影响的广度和深度，它是评价一项体育赛事名气大小的客观尺度。根据影响区域的不同，体育赛事的知名度可再细分为赛事的区域知名度、全国知名度和国际知名度。一项体育赛事的区域知名度高，并不表示全国知名度就高，更不能表示该赛事的国际知名度高；相反，一项体育赛事的国际知名度高，也并不代表它的全国知名度或区域知名度就高，例如 NFL 的国际知名度非常高，但在国内的知名度则很小。体育赛事，尤其是奥运会、F1 大奖赛、ATP 系列赛等大型体育赛事的举办会在短时间内吸引大量的境内外游客、媒体和业内人士的到来。同时，体育赛事赛前和赛时声势浩大的推广活动和众多媒体大规模、长时间的报道能够大大地提升赛事旅游空间的知名度，而知名度的提升则会显著提高赛事旅游空间作为人们旅游目的地的概率，不仅在赛事举办期间给赛事旅游空间带来大量的客源，而且对于赛事旅游空间的可持续发展也产生了重大积极的影响。

体育赛事的规模是指一个体育赛事项目所包含的范围。通常情况下，人们用参与赛事组织和筹备的人数、参与赛事及相关活动的居民人数、运动员人数、现场观众人数以及所动用的资源数量等来描述一项体育赛事的规模。体育赛事的规模越大，其对观赛者的吸引力越大，吸引的观众群体越多，为体育赛事旅游空间的客源打下一定的基础。

赛事文化是指体育赛事在举办的过程中，融合赛事特点，将体育赛事作为一种文化，丰富城市文化核心竞争力的内涵。提升赛事文化内涵必将是赛事及赛事旅游空间的重要长期目标，没有文化内涵的体育赛事是没有生命力的，只有提升体育文化内涵，将我国体育文化融合到相应的体育赛事组织中去，从而加大民众对体育文化的认识，才能打造具有世界影响力的赛事旅游空间。

赛事与旅游产品的结合还需要考虑赛事旅游产品开发的适宜性。开发的适宜性除了一般旅游业，主要包括气候条件对旅游业的影响（表现为旅游的节律性变化）、环境质量现状、交通条件，配套设施建设情况，旅游资源区位与中心城区的距离，区域经济发展水平之外，还包括周边市场竞争下的市场前景、产品链条完整性、产品综合效益、产品开发条件、产品开发适宜性等。一般来说，参与度与观赏性较高的体育赛事，其赛事旅游产品开发的适宜性较高，不仅可以满足观众观赛的需求，同时还可以将观赛、度假及体验性旅游融为一体，开发具有丰富内涵的赛事旅游产品，推动赛事旅游空间的可持续发展。

（二）体育场馆

体育赛事旅游空间及体育赛事的发展离不开配套设施的基础支持。体育赛事具有集聚效应，对体育赛事旅游空间在短时间内应对大客流的旅游接待提出了极高的要求。对于大规模、国际化和强影响的体育赛事活动来说，其旅游功能作用的发挥需要配套较为现代和完备的基础设施和旅游设施，没有这些硬件的强力保证，赛事对旅游产业带动作用将大打折扣。若赛事旅游空间配套旅游服务基础设施较为完善，各部门在应对短时间、大客流的旅游接待时，在旅游交通、旅游住宿、旅游餐饮、旅游购物、旅游信息等方面就能协调配合，赛事旅游接待服务能力得到提升，这对体育赛事旅游空间的发展具有重要意义。

以简单的形态和极少的笔画就可以使人想起的建筑被称为标志性建筑，如埃及金字塔、悉尼歌剧院、巴黎埃菲尔铁塔、天坛祈年殿等。标志性建筑在整个城市所有建筑中处于主角地位，不仅需要在外形上具有创新性，同时还应具备超前性和包容性的功能。标志性建筑应具有一定的社会影响力，是集合文化、经济活动的平台，推动城市功能的完善。① 当体育场馆被称为标志性建筑时，意味着它已经不仅仅是因为举办了特殊的体育赛事活动，更重要的是它在功能上、运作上具有印上了赛事独树一帜的烙印。成为一个城市的标志性建筑是体育赛事旅游空间发挥自身特色，与其他旅游空间差异化竞争力的重要因素之一。一般情况下，标志性建筑的体育场馆，其在赛事旅游空间的发展上占有更多的优势。例如，巴塞罗那的奥运场馆在赛事举办后成为巴塞罗那的标志性建筑，举办了4000余场包括各种赛事活动如世界杯以及其他形式的活动如音乐会、展销会等，在一定程度上成为当地的旅游客源支持，拉动了城市旅游业的发展。

体育赛事旅游空间的活动体系是增强空间活力，丰富赛事旅游空间内容的重要部分。大型体育赛事是赛事旅游空间的重要吸引物，但是只依靠体育赛事的旅游空间发展是有缺陷的。通过不断组织赛事相关活动，形成有机的活动体系，才能进一步扩大体育赛事旅游空间的影响，放大及延长赛事的集聚效应。F1 大奖赛阿布扎比站的亚斯玛瑞纳赛道不仅是 F1 大奖赛阿布扎比站的赛场，在非赛季还定期组织一系列的赛车竞速活动、全民健身活动，逐步建立了一套有机的活动体系，将赛车运动、体育休闲的观念不断地注入城市居民与旅游观光者的脑中，将体育赛事旅游的文化与观念在赛季后不断强化与放大。亚斯赛车俱乐部是亚斯玛瑞纳车道上赛车竞速赛事与活动的主要主办组织，其在 F1 赛道非赛季期间组织了亚斯系列赛（Yas Racing Series）、漂移阿联酋（Drift UAE）、亚斯飙车之夜（Yas Drag Racing Nights）等赛车竞速赛事，还组织了杜卡迪骑行体验课程（Ducati Riding Experience Master Course）、亚斯三项（Tri Yas）等体育休闲体验活动，逐步形成了一套吸引城市居民参与、聚集城市旅游者目光的活动体系。

场馆区位条件。场馆区位是指体育赛事场馆所占据的场所，场馆由于

---

① 标志性建筑－百度百科［EB/OL］，http：//baike.baidu.com/view/271339.htm。

空间位置的不同会存在不同的市场约束、成本约束和资源约束。场馆区位具体表现为它在旅游经济体系中由空间地理坐标所决定的旅游经济利益的差别。场馆区位条件的优劣直接影响到旅游者活动的选择及赞助商投资的选择。区位可及性较高，市场吸引力较大，宣传较为积极的场馆，其往往受到旅游者和赞助商的青睐，对推动体育赛事旅游空间的发展具有重要的作用。

二 外部因素

（一）旅游资源分布

大型体育赛事旅游空间周围的旅游资源分布情况对旅游空间的建设、发展具有一定的影响。首先，旅游资源的数量是旅游空间发展的前提条件，充足的旅游资源为旅游者提供多样化的选择，为旅游空间的发展吸引了更多的游客。其次，旅游资源分布的合理性是旅游空间科学化，可持续发展的重要因素。较小区域的旅游资源的重复建设和集聚容易造成低成本重复性建设，造成恶性竞争。合理的旅游资源空间安排，各类旅游资源形成主、次节点，发挥各自特色，有利于形成错位竞争，共同促进发展。

（二）相关企业的介入

旅行社是体育赛事旅游发展的重要媒介与桥梁。旅行社的介入是体育赛事服务创新的重要依托。旅行社作为专业性的旅游服务机构，拥有充足的目的地和旅游资源信息，在信息的来源上和相关机构的协作关系上具有优势。体育赛事旅游资源的产品化开发也依赖旅行社，旅行社利用其专业优势，根据掌握的赛事活动及其相关信息，进行旅游线路设计，把赛事旅游资源和其他要素（住宿、交通等）组合在一起，形成赛事旅游产品。只有当旅行社逐渐成为赛事旅游的主导者，才能真正实现体育赛事与城市旅游的互动发展。当然这个过程是复杂而漫长的，并非一朝一夕可以实现，必须采取循序渐进、不断演进的方式，阶段递进式地最终实现旅行社在体育赛事与城市旅游业互动发展中的主导作用。例如，2010 年新加坡旅游局与当地两大旅行社（MMI 及 Omeir 旅行社）进行合作，为来自世界各地的方程式爱好者打造了新加坡一级方程式旅游套餐，其中包括往返新加坡的飞机票、酒店住宿费、一级方程式门票、赛场周边演出门票、新加坡特色景点旅游门票等。这一旅游套餐一经推出就获得了良好的销售成绩，而良好的销售成绩也促进了新加坡旅游局与各国旅行社推出更多系列的旅游套餐。

酒店业与交通运输业的能动性参与是体育赛事旅游发展的重要途径。例如，为迎合 F1 大奖赛期间入住游客的需求，促进车迷们在非比赛期间的交流与活动，新加坡赛事组委会选择与酒店业进行合作，制定了三日 F1 大奖赛酒店特别套餐，将酒店客房与 F1 大奖赛门票打包销售，既可以进入赛场观看娱乐演出又可以在酒店的空调房中观看现场 F1 大奖赛，享受与众不同的观赛体验。例如，F1 大奖赛阿布扎比站就与阿提哈德航空与阿布扎比的酒店合作，为乘坐阿提哈德航空前来观看赛事的旅客提供住宿特价服务。目前，可选择优惠计划的酒店有 11 家。从风情独特的三星级酒店到顶级奢华的五星级度假别墅都有包括，世界上唯一一个一半建在水上，一半建在陆地上，并跨越方程式赛道的五星级酒店——亚斯维斯瑞酒店也包括在这项优惠计划之中。只要在抵达阿联酋的七天内向参与计划的酒店出示登机牌，便可获得特价优惠，操作十分方便快捷，并且可以在促销活动中不限次数地使用。

第七节　体育赛事旅游空间互动发展模式

大型体育赛事根据其赛事特性、地理区位、周边产业特色的不同，其体育赛事旅游空间发展模式可分为单核外溢、多核联动、核带面、能量分层、网格链态五个发展模式。

一　单核外溢发展模式

单核外溢发展模式是旅游目的地空间结构核心－边缘理论模型的一种特殊形式。希尔斯（Hills）、朗德格仁（Lundgren）认为在旅游目的地空间结构中边缘地区对核心地区具有一定的依赖关系。① 当核心地区的影响力达到一定级别的时候，城市旅游空间的结构表现为单核外溢的发展模式。当城市举办知名度、认同度高的顶级赛事时，其赛事旅游空间在城市旅游空间中占有十分重要的地位，对边缘其他相关产业空间有巨大的影响。因此，举办城市充分利用顶级赛事的号召力及影响力，围绕赛事特点，对赛事旅游空间区域进行长期的战略论证与规划，建设赛事场馆，丰富赛事旅游功能需求的服务设施，打造具有鲜明赛事特色的赛事旅游增长极。在利益的驱动下，体育产业、旅游业等相关市场主体围绕赛事需求修建相关设施。空间布局上呈现其他相关主体附属核心赛事旅游空间的结构。赛事旅游空间外溢的效果取决于经济社会发展阶段和实力的差异，从品牌外溢、资本外溢、人才外溢三个方面表现出来。顶级赛事高端的品牌效应会吸引相关产业围绕赛事设计、开发赛事特色产品，利用赛事平台进行公关营销活动；并以顶级赛事为核心，进行场馆、配套基础服务设施的规划建设，形成赛事资本的外溢；顶级赛事的举办吸引相关产业的人才在城市旅游空间流动扩展，形成人才的外溢。

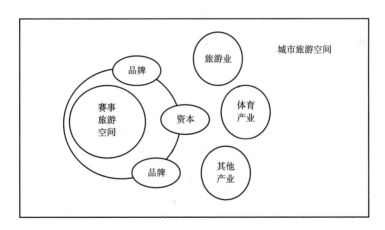

图 7 - 6　单核外溢发展模式

①　Hills, T. L, and Lundgren, J. , "The Impacts of Tourism in the Caribean: A Methodological Study", *Annals of Tourism Research*, 1977, 4 (5): 248 – 267.

二 多核联动发展模式

赛事旅游空间发展模式中较为普遍的是多核联动发展模式。当赛事及其相关产业呈现差异性的能量效应，赛事旅游空间的发展呈现多核联动的模式。赛事旅游效应明显的空间为主功能核，为一级，其次为二级，以此类推。不同等级的空间之间通过产业交叉互动发展，产生产业带动的效应。一级空间是赛事旅游空间的核心主体，集中了空间中的主要旅游要素，并对二级空间及其他空间有着辐射与带动的作用。而边缘的其他空间也为主体空间提供基础旅游要素的支持。一级、二级及边缘空间有着便利的交通联系，便于各空间多核联动发展。如F1大奖赛上海站的主功能核是汽车生产研发和F1大奖赛，区域平面中分布的是其他能量较小的功能点，随着功能点的成长、壮大，逐渐形成新的功能核时，就形成了多核联动的状态。

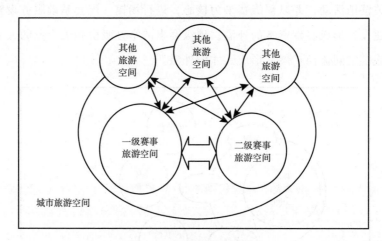

图 7-7 多核联动发展模式

三 核带面发展模式

随着赛事旅游空间的发展，增长极数量不断增多，各增长极之间联动发展的需求日益加强，建立了完善的交通联系，逐渐从点状的增长极形式汇集成赛事旅游增长带，具有了高于增长极的功能。赛事旅游增长带具有增长极的所有特点，作用范围更大。赛事旅游空间中，依据空间自身地理特点，如沿江、沿海、沿高速公路等地理自然带，以重大赛事及其相关产业为核心，发展具有体育特色与优势的旅游、度假、地产等功能带，逐步形成多个功能集面的发展路径。如蒙特卡洛赛事旅游空间的核心为博彩业和赛车业，围绕核心产业发展沿海旅游休闲度假、滨海旅游地产及邮轮母港延伸带，银行产业集群面，港口产业集群面，旅游休闲产业集群面和高端房地产业集群面。

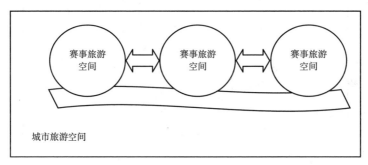

图 7 - 8 核带面发展模式

四 能量分层发展模式

为了充分发挥赛事在举办地的作用，赛事举办地政府会从城市规划的角度，对赛事的发展进行长期规划。甚至会舍弃短期内获得暴利的行业而围绕赛事进行特色产业布局。经过长期的历史积淀，该赛事旅游空间将形成国际著名的以重大赛事为中心的赛事旅游空间。如温布尔登网球城即以百年著名的国际四大网球公开赛——温布尔登网球公开赛为核心，发展网球旅游、网球观战、网球博物馆、网球购物和网球在线购物平台等产业模式，形成以网球产业为核心的中心圈层，而其他配套服务产业围绕这个中心产业圈进行布局，形成众星拱月态势的能量圈布局。[①]

---

① 李亚青：《体育赛事旅游主体功能区研究》，华东师范大学硕士论文，2011，第31页。

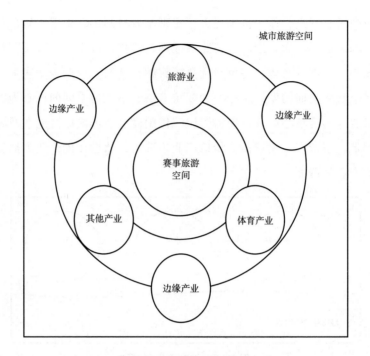

图 7 - 9　能量分层发展模式

五　网格链态发展模式

陆大道认为，在效益的引导下，旅游目的地的人口和产业布局会逐步形成点轴空间结构，最终形成网络空间结构。[①] 大型体育赛事的发展，推动赛事旅游空间的成长，赛事空间主体数量不断增加，促进了赛事旅游空间出现具有性质差异的功能亚区。各个赛事空间节点间通信与交通技术发达，设备设施完善，打破了地理空间的交流障碍。各赛事旅游空间联动发展，既存在竞争关系，又有合作的可能性，空间结构上形成网格链态的布局。例如，意大利足球甲级联赛的举办产生了多个世界著名的顶级足球俱乐部。各个俱乐部所在的区域构成足球主体功能亚区，亚区之间分庭抗礼、相互竞争与合作。足球旅游空间与其

---

① 杨万钟：《经济地理学导论》，华东师范大学出版社，第 17～18 页。

他相关产业空间之间并行不悖、相互融合，呈现多节点、多链条的网格链态发展模式。

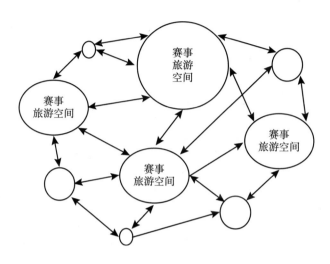

图 7 - 10　网格链态发展模式

第八节　实证分析：F1 大奖赛上海站旅游空间发展

一　F1 大奖赛上海站旅游空间发展概况

上海国际赛车场位于上海嘉定区安亭镇东北，地处中国经济最发达地区之一的长江三角洲中心地带，毗邻江苏和浙江两省，位于上海西北角的嘉定区，紧邻上海国际汽车城与建设中的嘉定新城。总占地面积约为 5.3 平方公里，由 2.5 平方公里的赛车场与 2.8 平方公里的综合配套区两块区域组成。赛车场周边交通十分便捷，多条高速公路与中环线组成的道路交通网络，从上海国际赛车场到市区仅 40 分钟左右的车程，离虹桥机场 30 分钟车程、浦东国际机场 1 小时车程。加上已经建成通车的轨道交通 11 号线（支线）直达赛车场，大大缩短了该地区与上海市中心城区以及周边昆山、太仓、无锡、苏州等地的距离。

目前，上海国际赛车场是由上海国际赛车场有限公司运营，主要的运作内容有四个方面。一是举办各类赛车赛事。目前上海国际赛车场已经成功举办了 2004～2012 年的 F1 中国大奖赛，还先后举办过 Moto GP 中国大奖赛、V8 房车赛、A1 世界杯汽车大奖赛、全国汽车场地锦标赛等一系列国际、国内重大赛事。二是推广赛车相关商业活动。上海国际赛车场为汽车厂商的企业宣传、品牌推广、新车发布、车辆测试等活动提供了理想的平台。目前已经为法拉利、保时捷、奔驰、宝马、奥迪、雷克萨斯、马自达、本田、上汽大众等著名品牌做了相关企业推广活动。三是打造高端娱乐休闲胜地。上海国际赛车场通过汇聚国际国内顶级体育运动项目和高端休闲运动项目，结合商业配套区的整体商业开发，力求打造国内最具代表性的休闲与运动胜地。目前，上海国际赛车场拥有顶级的 F1 赛道、卡丁车场、航模竞技场、高尔夫球场、马场，以及待建的各种高端娱乐休闲设施，为体育休闲旅游爱好者提供了一个新的旅游目的地选择。四是推广赛车俱乐部组织。上海国际赛车场俱乐部由上海国际赛车场有限公司提供资源、项目、政策等一系列扶持，委托力扬投资全权负责策划、筹建和运营，依托上海国际赛车场各联动项目，整合上海久事公司和各界商业机构资源，通过市场化实体运营，实现联动开发、互惠共赢的目标。

图 7-11　上海国际赛车场示意图

目前从上海国际赛车场发展的主导者、组织形式、需求和具体体现来看，上海国际赛车场旅游空间发展的成长阶段已经从萌芽阶段过渡到初级阶段，嘉定旅游局以及春秋国旅、港中旅等旅行社逐步介入 F1 大奖赛（上海站）的赛事运营中。但相对国际其他体育赛事旅游空间的发展，上海国际赛车场旅游空间的发展仍然以政府模式为主导，由体育部门和旅游部门共同推进，少数中小企业旅行社参与，个人需求与企业盈利需求共存，体育赛事空间的活动体系初步形成，体育赛事空间的旅游作用仅得到了部分发挥，亟待由当前的初级阶段向发展阶段迈进，最终步入成熟阶段。

　　目前，上海国际赛车场旅游空间的发展模式应该是多核联动成长路径的特殊形态——双核联动成长路径。虽然，在嘉定除了上海国际赛车场之外，与赛车运动相关的旅游空间还有汽车会展中心、汽车博物馆、汽车博览公园，但是这四个旅游空间单体发展还比较薄弱，对于旅游者的吸引力较小，更多的是依靠 F1 大奖赛的集聚效应或是作为汽车产业发展的一个部分吸引旅游者的目光。所以，目前本赛事旅游空间的主体是以 F1 大奖赛上海站与嘉定汽车产业的发展为两大极核，其他能量较小的功能点散布在区域平面，未来单体的旅游空间在两大极核的带动下成长壮大成为功能核时，就逐步形成了多核联动的状态。

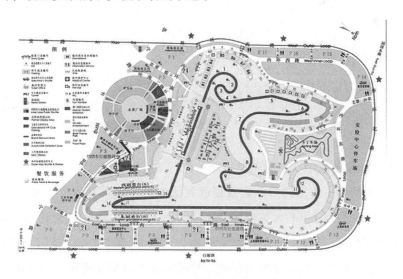

图 7 – 12　上海国际赛车场示意图

二 F1 大奖赛上海站旅游空间的发展对上海旅游空间的影响

（一）增加了新的城市旅游空间

对 F1 大奖赛上海站观众的问卷调查结果显示了 F1 大奖赛较强的旅游带动效应，为上海旅游增加了新的城市旅游空间。调查显示，81.9% 的观众是因为喜爱 F1 大奖赛专门来上海观赛。若不来观看这场比赛，38.90% 的调查者不会来到上海；48.02% 的被调查者会因为 F1 大奖赛上海站在上海多逗留，F1 大奖赛上海站的平均逗留时间为 6 天；62.43% 的被调查者表示有兴趣参加旅行社组织的包含观赏上海体育赛事（譬如 F1 大奖赛上海站）的旅游。上海国际赛车场已经成为 F1 国际大奖赛期间上海重要的旅游吸引物之一。

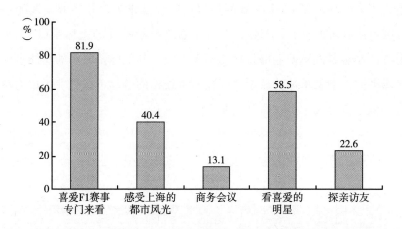

图 7-13 2012 年 F1 大奖赛上海站现场观众旅游动机

（二）改善旅游节点的基础设施条件

F1 大奖赛上海站的举办有效地改善了嘉定上海国际赛车场周边的基础设施条件。为了 F1 大奖赛上海站的举办，新修建轨道交通 11 号线（支线）直达赛车场，大大缩短了该地区与上海市中心城区以及周边昆山、太仓、无锡、苏州等地的距离，并吸引了大量配套宾馆、酒店在嘉定落户。过去，嘉定的旅游配套设施相对上海其他区县比较薄弱，像样的配套宾馆，星级酒店不多。目前嘉定区现有四星级酒店四家，还没有五星级酒店。在 F1 大奖赛上海站举办的不断推动下，嘉定"十二五"期间旅游业发展的重点落在酒店建设上。

（三）催生大量体育旅游者

F1 大奖赛上海站为上海旅游业带来了大量的体育旅游者，主要包括赛事观众、参赛车队和媒体人员。2004 年至今，每年 F1 大奖赛上海站三天的观众人数均超过了 10 万人次。2011 年，现场观众人数达到 18.5 万。参赛的 10 支 F1 车队，每支车队都有着庞大的随行服务团队。大的 F1 车队多达 200 ~ 300 人，最小的车队也有 60 ~ 70 人，根据 2011 年上海外办统计，F1 大奖赛上海站比赛期间，入境车队人数达 1300 ~ 1500 人。同时，作为世界三大赛事之一，F1 大奖赛是媒体关注的焦点，每年吸引着全球众多媒体和大规模观众的关注。根据统计，F1 大奖赛上海站比赛期间，境外媒体 300 多人，境内媒体 400 多人。F1 大奖赛为上海旅游业带来的旅游者不仅规模庞大，而且旅游人群国际化程度高。作为一项历史悠久的赛事项目，F1 大奖赛在全球范围具有极高的认可度和普及度。2012 年，F1 大奖赛上海站的观众有 33% 来自境外，其中又以欧美人群为主；同时，外地观众比例较高，其中有 37% 的现场观众来自上海之外的其他国内地区。而 F1 大奖赛上海站参赛车队除了 1 支来自印度，其余的 9 支均来自欧美日等发达国家。

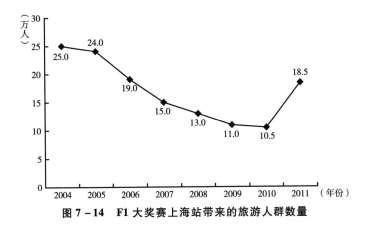

图 7 - 14　F1 大奖赛上海站带来的旅游人群数量

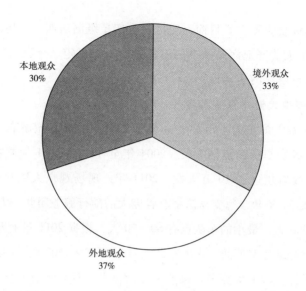

图 7 – 15　2012 年 F1 大奖赛上海站观众人群来源

（四）影响城市旅游空间布局

嘉定区以本区旅游资源的特点及实际情况，充分利用 F1 大奖赛上海站的举办机遇，以不同功能区差异发展，规划了"一线两城四区"的现代服务业发展规划布局。"一线"指 11 号线，依托地铁交通加强旅游资源之间的联系。"两城"以嘉定州桥景区为主体的嘉定新城及以汽车博物馆、汽车博览公园等汽车工业游为主体的上海国际汽车城。"四区"是指以南翔老街为主体的南翔文化旅游区、以马陆葡萄公园为主体的马陆葡萄休闲旅游区、以华亭人家和毛桥村为主体的华亭生态旅游区及以曹安商贸城和轻纺市场为主体的曹安商贸休闲旅游区。

上海国际赛车场位于嘉定新城与上海国际汽车城的中间位置，借 F1 大奖赛上海站的举办契机，逐渐成为嘉定旅游空间中极具吸引力的重要空间。F1 大奖赛上海站不仅给嘉定区带来了大量观众，极大地加强了嘉定新城与上海国际汽车城之间的联系，同时借 F1 大奖赛上海站的平台为嘉定区其他四个区域提供国际旅游的宣传平台，给观众更大的吸引力，让他们滞留旅游。

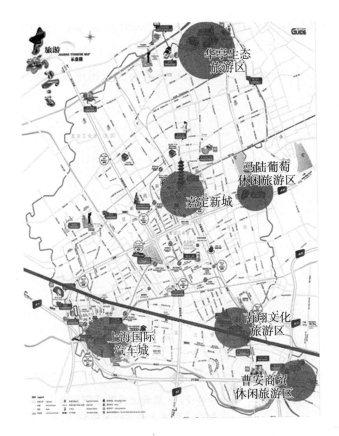

图 7 - 16　嘉定区主要旅游资源空间分布示意图

（五）提升城市旅游空间影响力

F1 大奖赛的举办极大地提升了上海国际赛车场及嘉定旅游空间的影响力。从 2011 年开始，F1 大奖赛上海站专设了一块"嘉定欢迎你"的广告牌，在 F1 大奖赛电视转播的时候，这块广告牌会不断地出现在 F1 大奖赛上海站电视观众的眼前。同时，将嘉定的旅游景点和特色旅游节事活动与体育赛事活动相结合，促进赛事旅游空间影响力的提升。2011 年，嘉定区在 F1 大奖赛上海站正赛开赛前半小时，在 F1 赛道上举行了嘉定汽车文化节的开幕式，为嘉定的赛车旅游、汽车文化进行了有效的宣传。从 2012 年 F1 大奖赛上海站现场观众的调查数据中可以看到，有 88.1% 的观众在观看过 F1 大奖赛上海站的比赛后，愿意以后再来上海国际赛车场进行参观旅游（见图 7 – 17）。可见本次观赛体验，对现场观众未来的旅游观赛意愿有着一定的影响，对吸引旅游者到上海国际赛车场、嘉定区旅游有着重要作用。

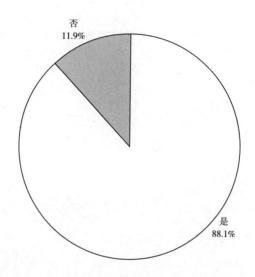

图 7 – 17　2012 年 F1 大奖赛上海站现场观众
是否会再来上海国际赛车场

三　F1 大奖赛上海站旅游空间发展中的问题

（一）赛车运动文化在我国还未形成核心内涵

虽然，从本文对 F1 大奖赛上海站的问卷调查中可以看到（见图 7 – 13），前来观看 F1 大奖赛上海站的人群中有 81.9% 的观众是因为喜爱 F1 大奖赛专门来上海观赛，这充分体现出 F1 大奖赛作为一项国际知名赛事对中国观众的吸引力。但是，从现场观众出游方式的调查中，可以看到，只有 1.8% 的观众是通过赛车俱乐部的组织观看赛事的（见图 7 – 18）。可见，赛车运动在我国、在上海的发展还不够普及，没有形成固定的赛车参与、观赛群体。

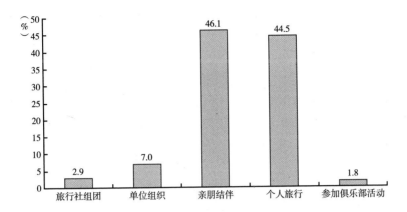

图 7 – 18　2012 年 F1 大奖赛上海站现场观众出游方式

（二）上海国际赛车场的活动体系尚未成熟

上海国际赛车场活动体系可以分为赛季中与赛季后两个部分。从 F1 大奖赛赛季期间，现场观众对现场娱乐活动的满意度来看（见图 7 – 19），53.7% 的观众基本满意 F1 大奖赛现场设置的活动环节，但也有很多的观众认为 F1 大奖赛的现场活动设计比较一般，没有完全体现出 F1 大奖赛的特色。2012 年 F1 大奖赛上海站赛季期间，上海国际赛车场的活动以商业展示活动为主，比如奔驰的试驾活动，一些参展商提供的虚拟驾车体验或车手见面会等。唯一较为专业性质的活动是维修厂参观活动。但是这些活动远远不能满足专业车迷的要求。通过调查得到，83.4% 的观众认为在赛季期间举办 F1 嘉年华活动，可以为车迷在观赛之余提供更多的 F1 相关休闲活动；79% 的观众认为赛季期间可以多组织车迷俱乐部的活动，让更多的车迷可以利用 F1 大奖赛这个平台进行沟通交流；82.7% 的观众认为可以在赛季期间组织赛车展，让观众在观看赛事的同时了解汽车产业的发展；66.6% 的观众认为可以举办 F1 论坛，向前来观赛的车迷展示更多的高科技赛车成果（见图 7 – 20）。可见，在 F1 大奖赛赛季中，各类活动还比较松散，活动体系初步形成，还未成熟。

F1 大奖赛赛季后的上海国际赛车场的活动数量就更少了。平日的上海国际赛车场的旅游功能主要体现在四个方面，一是其他汽车赛事的组

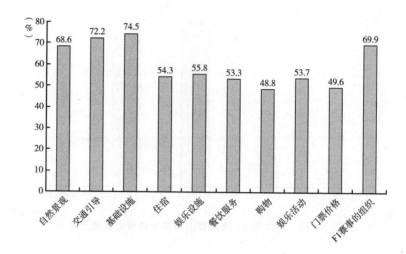

图 7 - 19 2012 年 F1 大奖赛上海站现场观众满意度

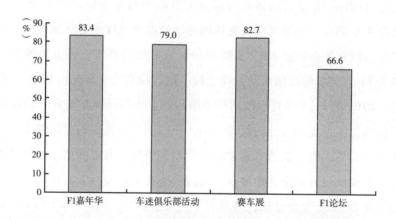

图 7 - 20 2012 年 F1 大奖赛上海站现场观众对赛季中活动的喜爱度

织，二是卡丁车赛事体验，三是汽车厂商的商业活动，四是上海国际赛车场的旅游参观。而这些活动对于一般的旅行者来说吸引力不足，对车迷来说又缺乏专业性，对上海国际赛车场的旅游带动作用不强。调查可知，现场观众中只有 37.6% 在非赛季时期到过上海国际赛车场（见图 7 - 21），其中 30.9% 的观众是来上海国际赛车场观看除 F1 大奖赛以外的其他赛事；前来旅游、参观的观众占 8.6%；前来参加上海国际赛车场组织的周边活动的占8.6%；前来参与赛车体验活动的占9.8%（见图7-22）。由调查数据可知，目前上海国际赛车场在非赛季期间旅游功能的开发还不够，活动体系尚未成熟，对旅游者的吸引力不大。

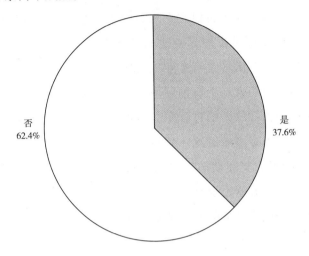

否
62.4%

是
37.6%

图7-21 2012年F1大奖赛上海站现场观众是否来过上海国际赛车场

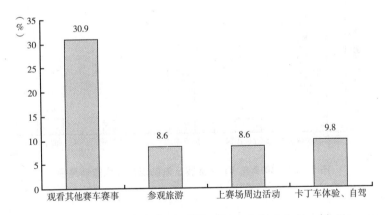

图7-22 现场观众非赛季时期前往上海国际赛车场的目的

(三) 赛事旅游产品的开发欠缺专业性

目前，围绕F1大奖赛上海站观赛的旅游具有自发性，以小团体为主，现场观众中只有5.7%是由旅行社代购赛票（见图7-23），而只有

2.9%的现场观众是通过参加旅行社组团的方式前来观赛。可见，专业旅行社在F1大奖赛上海站的赛事旅游中介入较少，而调查中有62%的现场观众表示，愿意参加由旅行社组织的F1大奖赛上海站赛事旅游的旅行团，一些外地的游客也愿意在观看赛事之余到嘉定周边的景点、上海的景点，甚至江浙周边的景点进行旅游参观，参与赛车交流体验活动。可见赛事观众与游客是有专业旅行服务的需求的，但是目前这种需求并未得到赛事组织者、上海国际赛车场和相关旅行社的重视。从走访调研春秋国旅和锦江旅游的过程中，可以看到，目前上海的几家大的旅行社还未深入介入赛事旅游这一领域。目前，只有春秋国旅一家开设了会展部，负责F1大奖赛期间赛票的销售并提供相关旅游服务。但是这样的旅游服务还不普遍，也是最基础的，并没有旅行社根据赛车运动的特点，设计符合车迷口味的专业旅游产品。

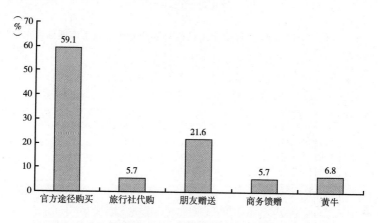

图7-23　2012年F1大奖赛上海站现场观众购票途径

四　F1大奖赛新加坡站与城市旅游空间发展经验

F1大奖赛新加坡站是F1历史上首场也是目前唯一的夜间大奖赛。作为亚洲的第一条F1街道赛道，它以不同的赛事特色为世界各地的F1车迷提供了全新的视觉体验。F1大奖赛新加坡站的运作不是以新加坡体育局或体育赛事运作公司为主体，而是由新加坡商贸局下属的旅游局全权运

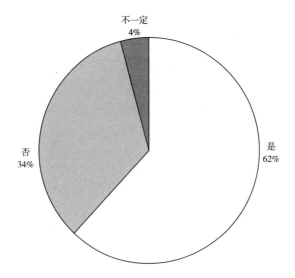

图 7 – 24 2012 年 F1 大奖赛上海站现场观众跟团赛事旅游意愿

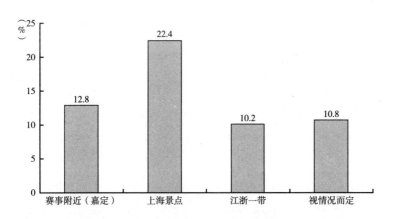

图 7 – 25 2012 年 F1 大奖赛上海站现场观众周边旅游意愿

作，将 F1 大奖赛定位为新加坡特色赛事旅游产品来推广。F1 大奖赛新加坡站每年举办的经费约为 1.5 亿新元，这笔资金 60% 由新加坡旅游局从旅游发展基金中资助，其余的 40% 则由赞助商、门票、赛事相关零售和酒店业共同承担。F1 大奖赛新加坡站的举办对新加坡旅游空间的发展有着明显的推动作用。赛事的举办每年吸引了近 25 万游客来新加坡滨海湾公园观赛，海外游客占总人数的 45%。F1 大奖赛新加坡站的举办推动了新加坡旅游业的发展，酒店业、娱乐业、零售业、交通、服务业的收入在赛期间都有了明显的提升，大大促进了国家经济发展。2008 年至 2011 年四年间，该项赛事为新加坡带来的收益就达约 5.6 亿新元。F1 大奖赛新加坡站对新加坡旅游空间发展的推动有很多经验，值得我们参考与借鉴。

（一）加强与旅游相关产业的合作

1. 积极加强与旅行社的合作

从 2010 年开始，新加坡旅游局围绕 F1 大奖赛新加坡站与当地两大旅行社（MMI 及 Omeir 旅行社）进行了合作，根据赛车迷的实际需要，打造了一批具有赛事特色的新加坡 F1 旅游套餐。套餐中可选择的项目有新加坡往返机票，酒店住宿、赛事门票、赛事特色演出门票与新加坡景点门票等。这一套餐给赛车爱好者和旅游观光者提供了个性化及极具性价比的选择，因此一经推出就得到了赛事爱好者与旅游者的欢迎，取得了良好的销售业绩。在旅游局、旅行社、游客"三赢"的情况，也促使新加坡旅游局与各国旅行社的合作，推出更多系列的旅游套餐。

2. 积极加强与酒店业的合作

新加坡酒店业作为 F1 大奖赛新加坡站重要的利益相关者之一，在 F1 大奖赛新加坡站期间通过加强酒店服务推动新加坡城市形象的打造，带动经济增长。首先，为了满足赛期观众住宿需求，促进车迷们在非赛期的交流，主办方加强与酒店业的合作，推出了赛期 F1 酒店特别套餐的服务。服务将酒店住宿与 F1 门票捆绑销售。观众可以自由选择观赛场地，享受与众不同的观赛体验。目前可供前来观看的车迷选择的酒店套餐共有四个（见表 7 - 2）。其次，在 F1 大奖赛赛期，大量外籍游客涌入新加坡，新加坡酒店业将会进入一个饱和状态。另外，由于 F1 大奖赛新加坡站是街道赛，赛道附近有许多酒店设施，一些酒店客房的公共区域甚至比赛事组委会提供的赛事官方座位更有观赛优势。在这样的情况下，很多 F1 观众选择能够俯瞰整场比赛的高级酒店租住，使原本就处于饱和状态的酒店变得"一房难求"，因此在大奖赛期间，客房收费都会较平日有大幅度上调。新加坡贸工部在征询了新加坡酒店协会的意见后，在保留酒店大部分利益的前提下，制定了征收额外税收的措施。不仅最靠近赛车路线、受益最大的酒店要缴这笔"F1 税"，另外 103 家较具规模的酒店，也因为能从这项世界级赛事中获利而必须支付相当于客房收入 20% 的税款。

表 7 - 2　F1 大奖赛新加坡站酒店套餐

序号	酒店套餐	服务特色
1	名流包厢套餐	包括大看台的 F1 门票，酒店客房，观赛接送，限额 90 名。
2	天空套间套餐	包括赛场 1 区 F1 村庄大舞台的门票，酒店顶楼的套间，观赛接送，限额 150 名。
3	俱乐部套餐	包括赛场 1 区 F1 村庄大舞台的门票，酒店单身贵族套间，观赛接送。
4	绿色客房套餐	包括赛场 1 区 F1 村庄大舞台的门票，酒店客房。

3. 打造赛事旅游特色产品

F1 大奖赛新加坡站作为影响力大、极度吸引国内外游客眼球的国际赛事，在吸引了一大批 F1 忠实车迷的同时，也吸引了一部分是陪伴车迷前来的随行人员。在这样的情况下，单一的旅游产品已经不能满足各类游客的需求。因此，新加坡旅游局竭力在 F1 大奖赛新加坡站期间，打造涵盖文化、娱乐、艺术、购物、体育、时尚的全方位旅游产品。

（1）打造 F1 时尚旅游产品

F1 赛车是一个高消费的产业，赛事观赛人群普遍收入较高，对生活品质有较高的要求。因此，在 F1 旅游产品的打造上不能脱离时尚的元素。在 F1 大奖赛新加坡站期间，新加坡围绕赛事举办了各类具有时尚元素的旅游活动。第一，在赛事相关场所中应营造出适合社会名流交流、互动的氛围，满足高消费群体的需求。一年一度的 F1 大奖赛新加坡站赛后派对吸引了赛车手、车队经理、皇室、国际名模、知名影星、大使等一批上流社会人员参与，并吸引名流在赛期间举办会员私藏珍品展览会。2010 年罗杰·杜彼先生公开展出其私人钟表及珠宝 11 天。第二，打造赛车风情时装秀，将时尚元素充分融入赛车文化。2011 年，名流派对的成员联合打造了新加坡名流派对时装秀。该时装秀以 F1 的代表色（红、黑、白）

为灵感，将时尚与疾驰的 F1 赛车融合在了一起。时装秀不仅邀请 F1 车手作为嘉宾模特展示充满赛车风情的服装，同时，还与车手合作，设计带有 F1 元素，融合时尚与趣味的服装，吸引车迷购买自己喜爱车手的相关产品，一定程度上推动了服装业的发展。第三，打造赛事观众参加的官方拍卖活动，通过活动，观众可获得著名车手在颁奖仪式上使用过的签名香槟瓶、车手签名汗衫、签名照片，等等。

（2）打造 F1 娱乐旅游产品

F1 大奖赛新加坡站不仅吸引了大批的车迷来体验赛场的飞驰，赛期丰富的娱乐活动也吸引了一批音乐、杂技、视觉爱好者。F1 大奖赛新加坡站期间，举办方都会邀请当年世界最具影响力的天王、天后，表演团，歌剧团等到新加坡赛道内进行演出。赛事组织方充分利用夜场赛事的特色，为不同的观众人群量身定制，提供不同的巡游演出（见表 7-3），任何持有 F1 大奖赛新加坡站三日门票的观众都可以免费观看赛道所有区域的娱乐演出。

表 7-3　2011 年新加坡 F1 大奖赛演出情况

演出名单	国籍	演出地点	演出时间	演出类别
夏奇拉（Shakira）	哥伦比亚	4 区政府大厦大草场舞台	周六	流行音乐类
乔治男孩	英国	4 区 F1 村庄舞台	周六	
林肯公园	美国	政府人厦人草场舞台	周日	
Shaggy	牙买加	3 区滨海艺术中心户外剧场	周六	
		1 区 F1 村庄舞台	周日	
RickAstley	英国	4 区滨海艺术中心户外剧场	周六	
		1 区 F1 村庄舞台	周日	
Charice	美国	3 区政府大厦大草场主舞台	周五	
		1 区 F1 村庄舞台	周六	
Massive Attack 乐队	英国	4 区滨海艺术中心户外剧场舞台	周五	
宝莱坞音乐剧团	印度	4 区滨海艺术中心户外剧场	周五	歌剧类
		1 区 F1 村庄舞台	周六	
		PaddockClub 名流包厢舞台	周日	
FORBIDDEN BROADWAY	美国纽约	1 区 F1 村庄舞台	周五至周日	

续表

演出名单	国籍	演出地点	演出时间	演出类别
StudioFesti 带来的威尼节	意大利	3 区 Bay 看台	周五至周六	视觉类
BRIANOLSEN 的名人画像	—	1 区 F1 村庄舞台	周五至周日	
NASA 真实图像的仿真 10 大天体	—	1 区及 Premier 走动区	周五至周日	
烟火表演	新加坡	赛道公园所有区域	周五至周日	巡游演出类
杂技表演	—	赛道公园所有区域	周五至周日	
FRITITI 踩高跷	非洲	赛道公园所有区域	周五至周日	

（3）打造体育旅游产品

F1 大奖赛新加坡站在举办具有赛事特色的文化、时尚活动之外，还在赛期为赛车爱好者打造了更多选择的体育旅游产品。2011 年，F1 大奖赛新加坡站成功举办之后，新加坡体育局在滨海湾举办了有水上 F1 之称的 F1 水上摩托艇世界锦标赛。水上摩托艇是水上运动中速度最快的比赛，能够在 3.5 秒之内加速到 160 公里/每小时的时速。F1 观赛者大都具有热爱惊险、刺激的特点，水上 F1 赛事对 F1 车迷有很大的吸引力。旅游者只需在 F1 大奖赛新加坡站后在新加坡多逗留一周，就可以在滨海湾观赏到世界级的水上摩托艇高手的表演，感受滨海湾独特的美丽风景。

（二）多样化附加值赛票的打造

F1 大奖赛新加坡站作为新加坡政府打造的旅游产品，与旅游业、航空业、酒店业的联系十分密切，促使了赛票售票渠道的多元化。车迷们不仅可以通过常规的渠道购买赛票，还可以通过航空公司、酒店及旅行社购买赛票。同时，F1 大奖赛新加坡站赛票的附加值内容也十分多样化。观众可选择的赛票不仅可以包括观赛区食品、服装、演出票等赛事相关产品，还附加了新加坡市内购物、娱乐、艺术活动的打折券，根据游客消费能力的不同，还可以提供 F1 飞机票及酒店客房的专属价格。新加坡 F1 大奖赛组委会通过增加门票价值，大大促进了前来观看 F1 观众的消费活动，增加了旅游收入。

（三）赛场内分区销售门票

F1 大奖赛新加坡站的主办方将赛道按照区域划分（见图 7 - 26）而不是像 F1 大奖赛上海站一样将赛道按照看台划分。这样，每个区域都有符合各自价值的独享服务和观赛区域，就很好地限制了人流并在一定程度上保证了区域观赛质量，满足了各个消费阶层的需求。例如，区 1 观赛者可凭票免费乘坐新加坡摩天观景轮，从高空俯瞰整个赛场。在赛事结束后，部分赛道还将会限时开放，区 1 持票人可亲身体验滨海湾公路赛道，并可观赏政府大厦大草场舞台的精彩演出。而区 2 的持票者独享的特权则是可以进入垫赛围场，观察车队车库内的情况。

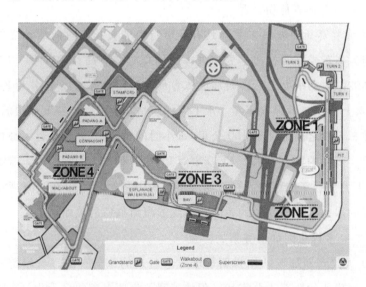

图 7 - 26　新加坡赛道区域分布图

（四）团体票及提前购票的销售优惠

2012 年，F1 大奖赛新加坡站为了吸引更多的游客前来观赛，推出了团体预订特价的活动。第一，多买多优惠的活动。一次性购买 4 张门票可节省 10%，一次性购买 8 张门票及以上的，可享受 16% 折扣。第二，"早订优惠票"活动。部分提早购票的观众可以享受到约 17% 的折扣优惠。

如果观众不仅多买而且早买，则可节省约 30% 的票价。第三，在优惠票售票期间购买 F1 大奖赛新加坡站赛票两张的观众，同时可获得 F1 赛期演唱会嘉宾的歌迷会面与接待区的机会，并有机会免费获赠歌迷区的手腕带。票价团购、早购、演唱会歌迷会的活动对观赛者，特别是 F1 赛车的忠实观众有着极大的吸引力。

（五）三日三种观赛体验

针对第一次观看 F1 大奖赛新加坡站的车迷，2012 年主办方首次推出了三日三种观赛体验赛票。车迷可以根据自己的需求，任意选择赛期周五到周日三天在赛道的一号弯，政府大厦大草场和还玩大看台三个不同区域进行观赛，充分体验不同角度的观赛乐趣。从目前的销售情况来看，这一组合套票获得了广大车迷的推崇。

五　F1 大奖赛上海站旅游空间发展的建议

（一）建立体育赛事与城市旅游业统筹协调的工作机制

建议成立以上海市政府领导牵头，体育、旅游等相关部门共同参与的"大型活动办公室"，统筹考虑体育赛事、文化、旅游等大型活动的引进、协调与资源整合等问题；与此同时，建议成立由体育、旅游等相关政府部门，赛事主办主体、体育场馆、旅行社、社会团体等赛事与旅游相关主体共同参与的理事会，从体制机制上保证体育赛事旅游业的发展，从而推动体育赛事城市旅游空间的演进。

（二）科学规划，培育 F1 大奖赛特色旅游空间

建议由上海市政府牵头，体育局和旅游局等有关部门共同参与，以 F1 大奖赛为产业特色，打造赛车旅游示范基地。基地以 F1 大奖赛上海站为平台和吸引物，以上海国际赛车场、汽车博物馆和配套旅游休闲区域为载体，建设赛车文化旅游商务集中区，培育或者吸引 10～20 家专业赛车运动俱乐部、体育赛事旅游市场主体入驻，形成集聚；建设房车露营基地、汽车旅馆、赛事运动电子竞技馆、赛车旅游纪念品销售中心，形成上海赛车休闲旅游集聚区。重点开发集观赛、运动休闲、观光旅游于一体的

赛车赛事旅游线路和产品设计和推广，发展赛车旅游产业，形成赛事旅游空间增长极。

（三）创新设计，完善 F1 大奖赛旅游空间活动体系

体育赛事旅游属于高端的城市旅游业态，是城市旅游业发展到一定阶段的产业。因此，传统的旅游产业发展方式难以满足体育赛事与城市旅游业互动发展的要求，这就需要城市旅游业本身的转型升级，由粗放型、低水平的旅游业经营模式向现代的、高端的旅游业发展模式转变。建议在 F1 大奖赛中国站旅游产品的设计上要抓住赛车赛事文化的内涵，充分结合赛事特色推出专业的体育旅游特色产品，建立健全赛事旅游空间的活动体系。如结合上海国际赛车场的场地资源和特色餐饮、娱乐、表演活动，策划 F1 大奖赛车迷营地活动。谋划 F1 大奖赛车迷嘉年华"一票通"旅游路线，与 F1 大奖赛（上海站）的比赛互动，设计上海国际赛车场观赛、天马山竞速体验、F1 大奖赛主题交通接驳、F1 大奖赛主题酒店入住等特色活动及服务，打包各种类型的门票产品，搭配美食、旅游景点的优惠门票，将城市旅游与 F1 大奖赛（上海站）嘉年华活动串联起来，打造 F1 大奖赛上海站体育旅游季。

（四）体旅互动，扩大 F1 大奖赛旅游空间影响力

建议上海市体育局、旅游局加强互动，共同推动赛车特色节事活动的举办，扩大 F1 大奖赛旅游空间的影响力。如在举办上海旅游节的基础之上，将 F1 大奖赛的元素融入进去，打造一个以 F1 大奖赛上海站为主题的、集观赛、运动休闲、观光旅游、精彩演出、车迷交流于一体的 F1 大奖赛主题体育狂欢节。

本章小结

赛事旅游空间是指在城市范围内包含了具有赛事旅游意义的实体（如大型体育赛事场馆、赛事主题公园、赛事主题酒店等），及赛事文化的实体空间，为旅游者提供观赛体验、体育休闲、场馆参观等服务。第一，体育赛事对城市旅游空间发展具有深远的影响，其可以增加新的城市

旅游节点、改善旅游节点的基础设施条件、催生大量体育旅游者、影响城市旅游空间布局、提升城市旅游空间影响力。第二，大型体育赛事与城市旅游空间在地域空间、发展机制中存在一定的内在相关性。第三，大型体育赛事旅游空间具有多中心主副协同发展路径、单中心辐射发展路径两种发展路径。第四，大型体育赛事旅游空间发展受到内部、外部因素的综合作用，与体育赛事资源的特色、体育场馆及周边旅游资源的分布和旅游相关产业的介入有着千丝万缕的联系。第五，大型体育赛事根据其赛事特性、地理区位、周边产业特色的不同，其体育赛事旅游空间发展模式可分为：单核外溢、多核联动、核带面、能量分层、网格链态五个发展模式。第六，本章对 F1 大奖赛上海站旅游空间发展进行实证分析，分析该旅游空间所存在的问题并提出发展建议。

第八章　实证分析：体育赛事与
上海旅游业互动发展

本章以上海为研究对象，通过资料搜集、文献整理和逻辑分析，将上海与国内外赛事城市进行对比，分析上海体育赛事的现状。并进一步分析上海标志性 F1 大奖赛上海站和上海马拉松特征及上海体育赛事的旅游贡献，试图较为系统地呈现上海在推动体育赛事活动与城市旅游业互动发展方面的主要做法，提出存在的问题，归纳和总结经验和启示。

第一节　上海体育赛事的总体格局

从 1993 年举办东亚运动会以来，上海的体育赛事不断发展。目前上海体育赛事呈现数量、规模、级别逐年提升的趋势。

一　上海体育赛事的现状

目前，上海已经形成高级别的体育赛事集群（见表 8 - 1）。自 2008 年以来，上海每年全国性以上体育赛事基本上保持在 100 次以上，其中，国际性体育赛事约占 40%。上海已经形成以 F1 大奖赛（中国站）、上海 ATP1000 大师赛、世界斯诺克上海大师赛、田径钻石联赛、汇丰高尔夫赛和上海国际马拉松赛等六大标志性体育赛事为核心，以各区县"一区一品"赛事和各类特色商业性精品体育赛事为补充的高级别体育赛事集群。这些体育赛事，从规模到数量，从级别到质量，从效益到影响，都已具备了一定的标准，在带动赛事市场繁荣的同时，有效推进了相关产业的发展，为体育赛事与城市旅游业的互动发展奠定了基础。

表 8-1 上海高级别体育赛事基本情况

赛事名称	赛事级别	观众规模	媒体数量
F1 大奖赛(中国站)	国际顶级	18.5 万	国内、国际媒体报道量均较大
上海 ATP1000 大师赛	仅次于网球"四大满贯"和年度总决赛	12 万	国内、国际媒体报道量均较大
世界斯诺克上海大师赛	是亚洲顶级的斯诺克赛事	1 万	以国内媒体为主,境外媒体报道较少
田径钻石联赛	全球顶级的田径系列赛	5 万	以国内媒体为主,境外媒体报道较少
汇丰高尔夫赛	世界锦标赛	1 万	以国内媒体报道为主,境外媒体有一定报道
上海国际马拉松赛	级别较低,国际影响力较小	2 万	以上海媒体为主
环崇明岛国际自行车赛	国际级,影响力较小	10 万	以上海媒体为主
世界沙滩排球巡回赛	国际顶级	10 万	以国内媒体报道为主,境外媒体报道较少

二 上海体育赛事的国内外比较

纽约和伦敦都被认为是国际著名的体育赛事之都,每年都要举行数量众多的各类体育比赛。纽约市体育委员会（New York City Sports Commission）统计显示,2011 年,纽约市举办国际性赛事 37 项,全国性赛事 40 项。英格兰体育委员会和伦敦旅游局数据显示,2011 年,伦敦共举办了约 34 项主要的国际国内重大赛事,其中国际性赛事 22 项,全国性赛事 12 项。2011 年,北京举办的国际性赛事和全国性赛事分别为 54 项和 29 项。而同年,上海举办的国际性赛事和全国性赛事分别为 45 项和 54 项（见表 8-2）。

通过上海和纽约、伦敦和北京的赛事数量和级别的对比,可以看出,上海的体育赛事在数量和级别上已经处于国内乃至国际上的领先水平。上海的赛事呈现数量多、级别高的整体特点。这一方面奠定了上海作为全国乃至国际性体育赛事中心城市的地位,另一方面,高级别体育赛事作为重要的城市旅游吸引物,为上海体育赛事与城市旅游互动发展提供了重要的基础和前提。

表 8 – 2   2011 年上海与国内外其他城市高级别赛事数量比较

单位：项

城市	国际性赛事数量	全国性赛事数量	总数
上海	45	54	99
北京	54	29	83
纽约	37	40	77
伦敦	22	12	34

第二节   上海标志性体育赛事的旅游需求特征分析

体育赛事具备高观赏性和高参与性的旅游产品特点。体育赛事会为举办城市带来稳定的大规模参赛人群和观赛人群，这为城市带来了餐饮、住宿和观光等相关旅游收入。不同类型的赛事的观众人群和参赛人群的不同，因此，不同赛事的人群旅游需求也存在着一定的差异。依据赛事为城市提供的旅游产品的不同，赛事可以分为观赏型赛事和参与性赛事。观众是观赏型赛事旅游的主要消费者。例如上海六大品牌赛事中 F1 大奖赛上海站、上海 ATP1000 大师赛、国际田联钻石联赛等都属于观赏赛事。而赛事的参加者则是参与性赛事旅游的主要消费者。例如上海国际马拉松赛就是典型的参与性体育赛事。下面分别通过对 F1 大奖赛上海站和上海马拉松的消费者的旅游需求和行为特征进行分析，以期针对不同类型的赛事提出相应的旅游推动策略。

一　F1 的旅游需求和行为分析

（一）F1 旅游需求的总体特征分析

F1 作为全球三大赛事之一，其具有现场观众数量多、观众国际化和高端化的旅游人群特征。

F1 首先为上海带来了大规模的观赛和参赛人群。通过下图可见，2004 年和 2005 年观众人数一度超过 25 万人次，经历过 2008 年和 2009

年的低谷后，F1 观赛人数开始回升。2013 年，F1 三天的观众人数达到 19 万人次。但 8 年来，F1 三天的观众人数均超过了 10 万人次。F1 参赛的十支球队除了一支来自印度外，其余的车队均来自欧美日等发达国家。而且每支车队都有着庞大的服务团队。参加上海 F1 车队中，大的车队多达 200 ~ 300 人，最小的车队也有 60 ~ 70 人；根据上海外办统计，F1 比赛期间，入境车队人数达 1300 ~ 1500 人。F1 是世界三大赛事之一，是媒体关注的焦点，每年吸引着全球众多媒体和大规模观众的关注。根据统计，F1 比赛期间，境外媒体 300 多人，境内媒体400 多人。

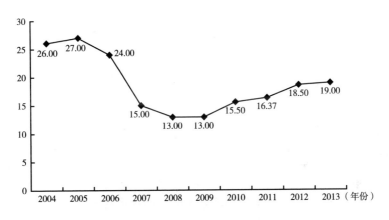

图 8 - 1　F1 大奖赛上海站历年观众人数

其次，F1 不仅观众人群规模庞大，而且 F1 的观众国际化程度高。F1 赛事项目历史悠久，在全球范围具有极高的认可度和普及度，是一项深具国际化特征的高端运动项目。2012 年，上海 F1 的观众有 33% 来自境外，其中又以欧美人群为主；同时，外地观众比例较高，其中有 37% 的 F1 现场观众来自上海之外的其他国内地区（见图 8 - 2）。

最后，F1 的观赛群体高端化特点明显。F1 向来是高端游客和高消费族追捧的休闲活动。F1 游客花费在娱乐、餐饮和住宿方面的平均消费，是一般游人的四倍左右。而课题组 2012 年针对 F1 的观众调查也

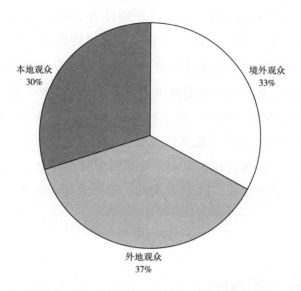

本地观众
30%

境外观众
33%

外地观众
37%

图 8-2　F1 大奖赛上海站观众人群的来源

显示，F1 的观众花费较高。境外及其外地被调查者在上海的花费主要
有门票、住宿费、餐饮费和交通费等，具体平均每天花费金额如表
8-3 所示。

表 8-3　F1 大奖赛上海站观众花费类别及其平均金额

单位：元

花费的类别	金额	花费的类别	金额
门票	2065.29	邮电通信费	114.68
住宿费	1111.69	游览消费	397.60
餐饮费	637.69	娱乐消费	778.15
往返车票（机票）的费用	4352.09	购物消费	1542.30
市内交通费	316.10	其他消费	727.54
购买赛事纪念品消费	663.18		

如表 8-4 所示，上海市民观看 F1 比赛的花费也不菲（包括居住在
上海的外籍观众）。

表 8 - 4 上海市民在观看 F1 比赛中的花费类别及其金额

单位：元

花费的类别	金额
自购门票花费	2245.01
为观看赛事而多花的餐饮费	626.57
市内交通费（自驾车为油耗）	149.36
其他消费	202.92

F1 赛事观众人群的特征不仅给上海带来现实的旅游拉动效应，而且 F1 的国际性和高端化特征和上海国际化高端化的都市旅游形象定位非常契合，欧洲是 F1 最主要的市场，在平均收视率方面排前十名的国家中欧洲国家占了九席。F1 可以显著提升上海在欧洲市场的旅游知名度和美誉度。

（二）2012 年上海 F1 观众旅游消费需求和行为分析

在 2012 年 F1 赛事期间，课题组对 F1 现场观众进行了问卷调查，以了解 F1 赛事的观众特征和需求。本次调查发放问卷 1500 份，其中国内观众 500 份，国际观众 1000 份。对 F1 观众的调查结果的统计分析显示如下。

在被调查者的特征结构方面，男性、未婚、35 岁以下、大学本科以下、月收入在 5000 元以上的观众在观众中占据主要地位，所占比例分别为 58.3%、57.8%、82.5%、71.5%、72.4%。在职业方面，观众白领的比例仍为最高，达到了 32.3%。

针对被调查者观赛消费需求和动机方面的调查显示如下。首先，赛事已经成为上海城市旅游的吸引物。调查显示，64.17% 是因为喜爱 F1 赛事专门来看上海观赛。若不来观看这场比赛，38.90% 的调查者不会来到上海；48.02% 的被调查者会因为 F1 在上海多逗留，为 F1 的平均逗留时间为六天。其次，很多观众都对观看赛事和上海旅游的结合有着不同的需求。例如，观众中分别有 18.72% 上海旅游，10.43% 商务会议，4.14% 探亲访友的同时观看比赛；62.43% 的被调查者表示有兴趣参加旅行社组织的包含观赏上海体育赛事（譬如 F1）的旅游；42.52%的被调查者表示在观看比赛后还准备去周边其他景点进行游览，准备去游览的景点主要有赛事附近的景点：上海的旅游景点（城隍庙、外滩等：58.21%）、（嘉定区景点：42.11%）、视情况而定（25.07%）以及江浙一带的景点（21.04%）。

最后，调查还显示了观众的行为习惯，例如被调查者获得 F1 赛事旅游信息的主要途径分别是互联网（66.14%）、电视和广播（49.07%）、朋友介绍（29.35%）、报刊和杂志（21.71%）、广告（12.68%）、旅行社介绍（2.52%）；观众取得赛票的方式分别有官方途径购买（62.82%）、朋友赠送（20.58%）、商务馈赠（6.44%）、旅行社代购（6.18%）、黄牛（6.18%）；被调查者出游方式分别为：个人旅行（48.21%）、亲朋结伴（41.77%）、单位组织（8.57%）、旅行社组团（5.05%）、参加俱乐部活动（2.32%）。

二 上海国际马拉松赛旅游需求特征分析

国际上看，马拉松是一项大众参与性赛事，该类赛事对城市的旅游拉动作用首先取决于其参赛和随行人员的数量。众多参与者及其随行人员是举办城市的重要旅游客源。马拉松的参赛者参与性高，一般在赛事举办地旅游意图强烈、对赛事忠诚度较高。其次，马拉松也可以带来可观的观赛者，不过观赛者一般以市民为主。

上海国际马拉松赛是品牌赛事中唯一的上海自主品牌赛事，自从1996 年上海第一届国际马拉松开始，每届的马拉松都有来不同国家的众多参赛者。2011 年，有来自五十多个国家和地区的 2 万多名运动员参加了比赛。

2011 年上海国际马拉松赛事期间，上海体育学院体育赛事研究中心对马拉松参与人群进行了问卷调查，调查共发放问卷 1500 份，其中针对参赛者发放 1000 份，收回有效问卷 807 份。针对观赛者发放 500 份，收回有效问卷 452 份。通过对问卷的统计和分析，我们初步掌握上海国际马拉松参与者和观赛者的特征和需求。

（一）参赛者调查分析

在接受调查的 807 个参赛者中，常住上海市人员（以下简称"本市人员"）601 人，占 75.03%；外地来沪人员（以下简称"外来人员"）人，占 24.97%，其中境外参赛人群占据外地来沪人员的 67%，其中，日本和韩国的参赛人群比例最高，分别达到外籍选手的 40% 和 23%。国内其他地方的参赛人员占据外地来沪人员的 33%；男性 437 人，占 54.5%，女性 364 人，占 45.4%。

大量的外地参赛者带动了上海的旅游消费。调查显示来沪参赛的运动员平均在沪住宿 4.5 天，人均花费 8230 元。87% 的被调查的参赛者表示准备在观看比赛后去周边其他景点进行游览，准备去游览的景点主要有：赛事途经的景点（40%）、上海代表性的旅游景点（城隍庙、外滩等）（80%）、江浙一带的景点（38%）、视情况而定（20%）、其他（13%）；32% 的被调查者愿意参加旅行社组织的旅游，而 68% 的被调查参赛者选择自助游。15% 的被调查的参赛者不是第一次参加比赛，其中，有 67% 的日本和韩国参赛者不是第一次参加比赛，他们对上海国际马拉松的忠诚度高。被调查的参赛者获得马拉松赛事旅游信息的主要途径和消费决策的影响因素分别是互联网（39%）、电视和广播（45%）、报刊和杂志（23%）、广告（32%）、朋友介绍（60%）和其他（9%）。其中，日本和韩国参赛者很注重人际间的推荐，89% 的日韩参赛者的消费选择来自朋友推荐。

（二）观赛者调查分析

452 份观赛者有效问卷的统计显示，92% 的观赛者是上海本市市民，67% 的被调查的观赛者是将观赛作为家庭活动；49% 的观赛者将观赛视为一日游休闲活动，观看马拉松赛的观众的人均花费 231 元。

综合以上数据来看，首先，上海国际马拉松仍是以上海市民参与为主的一项体育赛事。每届的国际马拉松也是上海市民的"狂欢节"，更是上海全民健身节的重要组成部分。因此，上海国际马拉松的旅游需求主要是围绕赛事开展一系列的市民活动和旅游需求。其次，随着运动成绩逐年提高。凭借出色的赛事组织工作以及环境优美、气氛融洽的比赛环境吸引着越来越多国际知名选手参加。近年来，先后有日本、肯尼亚等进入世界马拉松前30名的运动员来沪角逐。通过上海马拉松参赛者比例可以看出，日本和韩国是上海马拉松重要的游者来源地。

第三节　上海体育赛事的旅游贡献分析

一　上海体育赛事的旅游价值比较

参照国内外主流学者的研究成果，同时结合"世界旅游城市"的评价标准，我们认为体育赛事的城市旅游价值主要体现在两个方面：直接旅游价值和间接旅游价值。直接旅游价值是指一项体育赛事给城市带来的门票、住宿、餐饮、购物和观光等现实的旅游收入。一项体育赛事的直接旅游价值高低主要受到的运动员、教练员和媒体记者等赛事参与者数量、现场观众总人数、专业观众数量、外来客源比例、在举办城市的逗留时间、观众消费能力等因素的影响。间接的旅游价值是指一项体育赛事给城市潜在的旅游收入。体育赛事的间接旅游价值体现在体育赛事对城市的传播和展示机会，间接旅游价值大小主要受到媒体传播范围和媒体人数的影响。在此基础上，课题组邀请五位相关领域专家构建体育赛事旅游价值评价指标体系（见表8-5）。

根据体育赛事旅游价值评价指标体系，上海现有体育赛事对上海旅游的促进作用各不相同。而对城市旅游价值较大的赛事主要为固定周期、职业化程度较高、赛事级别高并具有较高国际影响力的体育赛事。上海现有的六大标志性体育赛事是目前最具旅游价值的一批赛事，在与上海旅游业互动发展中应担当重要角色。课题组利用上述体育赛事旅游价值评价指标体系对上海六大标志性体育赛事进行了旅游价值判定与比较，结果如表8-6所示。

表 8 - 5 体育赛事旅游价值评价指标体系

一级指标（权重）	二级指标（权重）	三级指标（权重）
直接旅游价值（0.75）	现场观众人数（0.50）	现场观众总人数（0.35） 门票收入（0.15）
	参与者人数（0.30）	裁判员人数（0.05）
		运动员人数（0.10）
		媒体人数（0.10）
		教练员人数（0.05）
	赛事举办时间（0.15）	—
	观众旅游消费（0.35）	境外观众比例（0.20）
		外地观众比例（0.15）
	赛事举办周期（0.05）	—
	专业观众人数比例（0.10）	—
间接旅游价值（0.25）	媒体人数（0.60）	—
	覆盖范围（0.40）	—

表 8 - 6 上海标志性体育赛事的城市旅游价值比较

赛事名称	赛事旅游价值判定分值（百分制）	综合排序
F1 大奖赛上海站	87	1
上海 ATP1000 大师赛	76	2
斯诺克锦标赛	71	3
国际田联钻石联赛	68	4
汇丰高尔夫球赛	62	5
上海国际马拉松赛	58	6

二 上海体育赛事对城市旅游贡献的不足

上海举办的各项体育赛事对城市旅游业已经产生了不同程度的积极影响。但是，以上海最主要的几项体育赛事与其他城市同级别赛事相比，其对城市旅游的贡献，尚存在以下几方面不足。

（一）体育赛事对旅游经济的带动作用尚待进一步挖掘

现场观众是赛事旅游价值最直接的体现。上海赛事与同级别赛事现场观众的比较见表 8 - 7。

表 8 - 7 上海赛事和同级别赛事现场观众人次比较

单位：万人次

赛事	同级别城市	上海
网球大师赛	印第安维尔斯（37）	11
F1 大奖赛	摩纳哥（120）	18.5
国际马拉松	纽约（4.6）	2

注：表中为 2011 年、2012 年数据。

美国印第安维尔斯大师赛是和上海同级别的 ATP1000 级网球赛事，2012 年该赛事共吸引 370408 人次观看比赛，单日比赛入场人数超过 24300 人，赛事给科切拉谷地区带来了 2.89 亿美元的旅游收益。而同级别的上海网球大师赛的现场观众人数仅为 11 万人次，不到印第安维尔斯大师赛现场观众人数的 1/3。

摩纳哥站是 F1 在全球 20 站中最吸引人的一站，每年的 5 月 24 至 27 日是摩纳哥 F1 赛事举办的日子。这短短四天也是摩纳哥一年中最热闹的日子，整个国家几乎都陷入赛车狂欢，酒店客房价格飙升，全球的富豪新贵都汇聚在这里，摩纳哥凭借 F1 吸引了全世界的媒体目光。2011 年，摩洛哥站的单日人次达到 40 万人，三天的比赛带来 120 万人次的现场观众。电视观众高达 6100 万。而同级别的上海 F1 的 2011 年现场观众人数仅为 18.5 万人次，媒体观众为 3200 万，差距明显。

马拉松比赛是城市景观赛事，是对举办城市形象的最好展示。世界知名旅游城市都有自己的国际马拉松比赛。纽约国际马拉松和伦敦国际马拉松赛都是国际上著名的城市马拉松赛。每年吸引的大量参赛者，特别是外来参赛者为城市带来了巨大的旅游收益。例如，2011 年，纽约马拉松赛共有 4.7 万人参加，其中 60% 为外地参赛者；2011 年伦敦马拉松的参赛者也达到 3.6 万，其中 65% 为外地参赛者。2011 年上海的参赛人数为 2 万人，其中外地参赛者比例较低，仅为 5% 左右。

通过以上赛事现场参与人数的比较可以看出，上海各项赛事的现场观众人数与同级别赛事还有较大差距，旅游吸引力和旅游价值还有待进一步开发，但同时也说明上海的体育赛事对城市旅游经济的带动作用有着巨大的提升空间。

（二）上海赛事场馆空间和旅游空间之间的转化和融合尚有待提高

体育场馆是体育赛事的重要遗产内容和空间体现。当今的体育场馆朝着标识化、规模化、综合化和多功能化方向发展。体育场馆往往成为举办城市标志性景观建筑物和城市专业化的休闲中心，是城市旅游和市民休闲的重要吸引物。推动赛事场馆空间和城市旅游空间之间的转化和融合是纽约、伦敦和东京等很多国际赛事中心城市的成功经验。这些城市在赛事场馆规划之初往往就会慎重考虑赛事场馆的后续利用问题，有些场馆本身就建立在原有的旅游空间内。赛后通过开发相应的体育旅游产品，对场馆进行旅游功能衍生和转型，可以将场馆及其周边区域发展成城市的旅游景区，吸引大批专程而来的游客。这种转化和融合既优化与整合了城市旅游目的地空间结构，又很好地解决了场馆的后续利用和维护问题。例如，美网举行的场地就修建在纽约的法拉盛公园内。公园内绿树成荫、环境宜人。在每年美网举办期间，这里是网球的乐园，而在赛事之后，良好的生态环境又使这里成为纽约市民和外地游客休闲度假的旅游胜地。

现阶段，上海标志性体育赛事场馆的旅游功能尚未充分发挥，上海赛事场馆空间和旅游空间之间的转化和融合尚有待提高。主要体现在以下两方面。第一，赛事场馆旅游空间的开发尚待提高。上海国际赛车场、旗忠森林网球中心、东方体育中心、八万人体育场等作为上海标志性的赛事场馆仍然以单一的赛事功能为主，在旅游市场的影响有限。第二，赛事场馆作为城市专业化休闲中心的地位尚未体现。上海现有大部分的大型赛事场馆都修建在城市的边缘地带，受到周边居民较少、交通不够便利、专业性团体不多、休闲配套不齐全和场馆休闲消费定位不清晰等多方面的制约，赛事场馆的城市专业化休闲中心的功能尚未充分发挥。

（三）上海赛事对城市旅游形象的推动作用尚待提升

城市旅游形象是提升城市旅游综合竞争实力的重要路径。通过举办大型国际赛事不仅可以吸引大量游客，而且可以吸引大量的媒体和电视观众，以此树立赛事举办城市的城市旅游形象，给举办城市的旅游业带来潜在的发展机遇。

从电视转播收视观众的数量来看，上海很多品牌赛事的观众数和其他同级别赛事观众人数相比排名均靠前。例如，钻石联赛上海站的电视转播收视人数一直名列全球各站前茅，2011 年电视转播收视人数占总人数的66.28%；世界斯诺克上海大师赛在电视转播的收视率长年排名全球各站的前三位。但相对于大量的电视观众，体育赛事给上海带来的城市曝光机会尚显不够，导致赛事在树立上海旅游形象上的作用尚待提升。主要体现在以下两点。第一，在赛事转播过程中缺乏对上海城市标志性元素的植入。国际上著名的赛事举办城市都通过各种策略将城市标志性元素有意识地融入赛事中，让赛事能够直观体现某一城市的特色景观或独有文化，以此为举办城市创造更多的媒体曝光机会，树立城市旅游的良好形象。例如，著名的环法自行车赛、伦敦国际马拉松赛和纽约国际马拉松赛的路线设计中充分考虑到举办地标志性景观的融入。但上海的品牌赛事大多为场地赛，赛事组织者又缺乏对上海城市标志性元素进行植入的意识，这导致上海城市形象展示的缺位。第二，主动利用赛事平台宣传城市旅游形象的意识不够。在美网比赛期间，纽约在其多个标志性旅游区域都会举办大量和美网相关的活动，并邀请各路媒体进行报道，以此来积极展示纽约的旅游形象。而上海现在的赛事运作中，政府和赛事主办方对国际媒体的报道内容缺乏统筹考虑，且赛事期间与赛事相关的主题活动较少，媒体的报道点不多，难以充分展示上海的城市旅游形象。

第四节　体育赛事与上海旅游业互动发展的现状

一　所处阶段

总体而言，目前上海体育赛事与城市旅游业互动的阶段模式已经从萌芽阶段过渡到初级阶段，闵行区旅游局、嘉定旅游局、金山区旅游局、崇明县旅游局以及春秋国旅、港中旅等旅行社逐步介入 F1 大奖赛（上海站）、上海 ATP1000 大师赛、世界斯诺克上海大师赛、世界沙滩排球巡回赛、环崇明岛国际自行车赛等赛事运营中。但对上海国际著名旅游城市建设的目标，上海的体育赛事与城市旅游业互动发展亟待由当前的初级阶段向发展阶段迈进，最终步入成熟阶段。

二　互动开发的模式

目前上海在体育赛事与城市旅游业互动开发方面，三种模式均有涉及。2002 年上海网球大师杯赛期间，9 位世界网坛大师身着唐装在外滩的市民见面会活动堪称上海赛事与城市旅游"形象互动"模式的典范；以自行车为主题的崇明郊野公园的建设是体育赛事与城市旅游业"空间互动"模式的实践探索；2003 年金茂集团和上海国际赛车场签订"F1 金红联盟"协议是体育赛事与城市旅游"内容互动"模式的有效尝试。但总体而言，目前上海体育赛事与城市旅游业的互动开发还处于零散的、自发的、浅层次的探索阶段，亟须政府进行科学的统筹、系统的规划和积极的引导。

三　旅游市场主体

上海的部分旅行社自 2004 年开始进入 F1 大奖赛（上海站）的赛事旅游开发领域，在 F1 大奖赛（上海站）期间，旅行社纷纷围绕 F1 大奖赛（上海站）设计出了许多独特的旅游路线。春秋国旅、上海中青旅、大众旅行社等 6 家负责代售票的旅行社在深化城市旅游产品、旅游节目的细节、目的地上都做了重大更新和提升，把 F1 大奖赛与城市旅游融合起来，并针对外国和兄弟省市车迷和游客推出了一系列"F1 大奖赛（上海站）+周边游"的旅游套餐。在吸引外国游客来沪观赛方面，2004 年春秋国旅在欧洲、美国开展了"F1 大奖赛（上海站）+中国旅游"特色组合产品的宣传，成功吸引近千人的欧美观众前来上海观赛和旅游；上海中青旅锁定日本、美国、西班牙、德国和澳大利亚等国的车迷和游客，使其成为吸引来沪观赛团队和散客的主要境外群体。但总体而言，除了春秋国旅在 2004～2006 年的 F1 大奖赛（上海站）介入较深之外，旅行社在上海体育赛事旅游开发方面的参与度还较低，旅行社在上海体育赛事与城市旅游业互动发展中的作用模式尚处于起步阶段的单一自发模式。

第五节　体育赛事与上海旅游业互动存在的问题

上海是全国体育赛事之都，在推进体育赛事与城市旅游业互动发展方面已经开始了积极有效地尝试。但由于各方面原因，相对于墨尔本、悉尼、纽约、伦敦等世界其他著名的体育赛事之都，体育赛事与上海旅游业之间的互动发展尚处于被动的、浅层面的、不稳定的状态，距离主动的、深层次的、可持续的良性互动状态还有较大差距，主要表现在以下几方面。

一　认识不到位

目前体育赛事和旅游有关部门对体育赛事的旅游价值以及赛事与城市旅游互动方面还缺乏足够的了解，还存在一些模糊的认识，双方的主动性、积极性都不高。一是有些体育赛事主管和运作部门认为抓好竞赛组织和赛事商务开发工作是重点，发展赛事旅游不是赛事部门需要考虑的事情，因而体育赛事有关部门从城市旅游的角度对赛事格局进行思考和总体规划尚显不足，在推进赛事与城市旅游业的互动发展方面自觉性不够；二是有些旅游相关部门认为目前体育赛事运作的市场化程度较低，利用体育赛事平台促进城市旅游业发展难度较大，需要沟通的环节多，赚钱效应不明显，因而旅游部门尚未将体育赛事纳入上海世界著名旅游城市建设的总体规划，旅游市场主体对推进该项工作的积极性也不高。

二 基础不牢靠

体育赛事与上海旅游业互动发展基础不牢靠主要体现在以下三方面。第一，体育赛事与旅游市场的现有运作模式不匹配。一方面，现有的粗放型、低水平的城市旅游业经营模式难以满足作为高端旅游业态的体育赛事旅游的需求，亟须向现代的、高端的旅游发展模式转变；另一方面，体育赛事运作部门在赛事策划、赛事营销、门票销售等赛事运作诸环节中并没有兼顾到与城市旅游的互动，致使现有的赛事运作模式难以满足旅游市场开发的要求。第二，赛事旅游专业人才匮乏。目前上海赛事旅游市场中缺乏一批既懂体育赛事又熟悉旅游市场规律的复合型人才，难以设计开发出高质量的赛事旅游产品。第三，赛事旅游市场主体缺位。上海现有旅行社涉足赛事旅游业务的较少，缺乏一批成熟的赛事旅游市场主体。

三 可持续发展能力不强

体育赛事与上海旅游业互动可持续发展能力不强主要体现在两个方面。第一，体育赛事现有布局有待完善。目前上海的体育赛事存在职业联赛发展较弱、固定标志性体育赛事不多、自主标志性体育赛事不强、赛事时间分布过于集中、具有旅游价值的赛事偏少等一系列问题，这直接关系到赛事与上海旅游互动的可持续发展。第二，项目的群众基础有待提高，赛事的参与度有待加强，比赛场馆的旅游功能缺位，这就造成除了比赛期间的赛事对旅游业有一定带动之外，其他时间的赛事对上海旅游业的带动能力非常有限。

四 政策不配套

体育赛事与上海旅游业互动发展的政策不配套主要体现在以下两方面。第一，缺乏科学的评估考核机制。利用体育赛事平台进行城市营销从而推动城市旅游等相关产业的发展是上海市政府支持办赛的主要目标之一，但目前对于赛事运作主体和赛事本身的评估考核仅仅尚停留在赛事组织以及赛事自身的效益评估方面，没有将赛事对提升城市旅游形象以及带动城市旅游经济纳入考核与评估体系。第二，缺乏引导激励政策。目前上海品牌赛事运作主体大多是自负盈亏的企业，其主要目标是为企业自身带来收益，缺乏推动城市旅游发展的积极性和行为动机。若没有有效地引导和激励政策，赛事运作企业在赛事的推广和运作期间就很难主动地、有意识地去综合考虑赛事与城市旅游业的互动发展问题。

五　协调机制不健全

体育赛事与上海旅游业互动发展遇到的另一大问题就是协调机制不健全，它主要体现在以下两点。第一，缺乏统筹体育赛事和上海旅游业互动发展的协调机构和合作机制。上海现有的赛事主管部门和旅游主管部门相互平行独立，缺乏长序稳定的协调机构和合作机制，尚没有形成主动、深层次的良性互动发展模式。体育部门和旅游部门的合作也仅仅停留在简单的接待服务、门票销售等外围层面，并没有在赛事旅游产品设计、赛事推广和境外观众组织等核心层面开展广泛合作。第二，与其他相关主管部门之间的协调机制尚待完善。F1 新加坡站的经验表明，体育赛事与城市旅游业有效互动体现在赛事与宾馆、餐饮、娱乐、购物、交通等方面的全面融合，这就需要建立一个多部门的协调机制。但目前上海在这一方面还需要进一步加强。此外，上海还经常出现赛事旅游市场主体有很好的创意，但主管部门从部门自身利益出发对赛事及其配套活动进行限制的现象，例如久事公司曾设想在 F1 大奖赛（上海站）期间举办露营活动，但因为公安部门过分担心出现安全问题而得不到批准，这在某种程度上制约了赛事与城市旅游业的互动效应的发挥。

第六节　体育赛事与上海旅游业互动的
总体思路与主要做法

推动体育赛事与城市旅游业互动发展是上海建设世界著名旅游城市的重要战略举措。总体思路是：以体制机制创新为动力，以整合体育赛事和旅游资源为核心，以重点赛事为突破口，充分发挥政府、社会和市场的力量，进一步优化赛事布局，培育赛事旅游市场主体，将上海打造成为全国，乃至世界范围内著名的赛事旅游示范区，为上海世界著名旅游城市建设做贡献。当前推动体育赛事与上海旅游业互动发展有以下主要做法。

一　转变思想，推进互动

体育赛事与城市旅游与生俱来的本质属性决定了两大产业之间密不可分、相辅相成。应以转变思想，统一认识为先导，牢固树立大产业、大融合的理念，在体育赛事、城市旅游工作中的每个领域、各个方面，深入推进全方位、立体式互动。一是体育赛事相关部门主动互动。将体育赛事与城市旅游互动发展上升到推进体育体制改革，加快体育产业发展，满足人民群众消费需求，扩大上海城市影响力的层面上加以推进。二是旅游部门策应互动。从促进旅游产业转型升级，推动旅游成为国民经济支柱性产业的高度，从各项具体工作中分析"大产业、大融合"理念的实际应用，从城市旅游规划设计、形象打造、线路编排、产品营销、市场监管、环境营造、人才培养等方面推进互动。三是全市上下共同参与。借助上海建设世界著名旅游城市的契机，在全市范围内进一步加大宣传力度，全面营造氛围，使体育赛事与城市旅游互动发展成为全市上下的共识，取得公安、交通、财政、税务、土地、文化等相关部门的支持。

二　统筹规划，引导互动

高起点、科学合理、可持续发展的体育赛事与城市旅游业互动发展规划是体育赛事与城市旅游业互动发展的科学灵魂，是将潜在的体育赛事和城市旅游资源转化成为后发优势的重要基石。应在研究体育赛事与城市旅游业互动发展的规律和路径的基础上，结合上海的优势、特色资源统筹规划体育赛事与上海旅游业的互动发展问题，引导体育赛事与城市旅游有效融合。一是更加注重超前性。在制定体育赛事与城市旅游业发展规划时，应结合新一轮城市发展规划，并着眼于未来体育赛事、城市旅游产业的发展需要，综合考虑游客和赛事观众对赛事旅游产业的发展需求，科学论证、超前谋划、防止简单化和短期行为，确保规划的连续性。二是更加注重可行性。体育赛事与旅游业发展的规划必须与区域的发展规划相一致，符合上海体育与旅游发展的实际情况。这要求我们在规划制定时要更加科学，综合多方面的意见。在规划的编制、论证和评审工作中，既要深入总结国内外体育赛事和城市旅游方面的一流专家学者和规划机构的观点，又要广泛听取各区域体育、旅游的政府部门、体育赛事主办方、体育场馆、旅行社、社会团体的意见与建议，不断提升规划的科学水准。三是更加注重特色化。在科学规划体育赛事与城市旅游业互动发展的同时，尽可能地添加具有地域特色的体育符号和城市体育休闲体验性的经营项目，融合体育元素、加强体育旅游的专业化程度，使接待和服务设施等自然地融入体育赛事旅游吸引物中去，打造以体育赛事为主导的特色城市旅游空间，最终形成高端化、专业化的城市体育休闲旅游集聚区。

三　创新体制，保障互动

体育赛事与城市旅游业的互动发展不是孤立的发展模式，特别是体育赛事与城市旅游业的发展尚处在初级阶段时期，更需要注重体制创新，推进体育赛事与城市旅游业发展进度的统筹协调、发展机制的合作互补。一是创新管理体制。鼓励体育、旅游等相关政府部门，赛事主办主体、体育场馆、旅行社、社会团体等与赛事旅游相关的主体共同参与到体育赛事与城市旅游业互动发展的实践中来；建立健全体育赛事旅游发展的管理体制，对体育与旅游的发展规划、扶持政策、联合推广、旅游产品和人才培养等方面加强协调指导，使之互动发展、综合配套、协调共赢。二是创新投入机制。按照政策引导、多元投入、市场运作的思路，积极创造条件，吸引赛事主办主体、旅行社以及相关团体投资体育赛事旅游。并通过大型活动专项基金的方式，鼓励赛事主办主体、旅行社以及相关团体共同推进赛事与城市旅游业的不断融合。三是创新人才机制。逐步建立完善的人才选拔、引进、培养使用和优胜劣汰机制。重视赛事与旅游复合的高层次人才的培养和引进。培养一支懂赛事、会旅游、善经营、会管理的高素质人才队伍，促进赛事旅游互动的跨越式发展。

四 搭建平台，支撑互动

体育赛事与城市旅游业的互动发展，需要载体来支撑，需要平台来展示。体育赛事与城市旅游业互动平台的搭建有利于上海体育赛事特色、都市旅游形象的展示，是提升上海软实力的重要举措。一是推进体育赛事旅游企业融合创新，增强企业主体的支撑力。体育赛事主办方、体育场馆及相关社团组织应借助旅游这个载体，充分挖掘赛事品牌、管理、科技中的旅游因子，结合自己特有的体育赛事、场馆资源，创造体育旅游产品。旅游企业则应注意研究体育赛事文化，主动与体育赛事、场馆对接，深入挖掘体育赛事中的旅游因子，将体育特色注入旅游产品中，创造新的竞争力。二是精心打造体育旅游示范区，推动体育赛事与城市旅游业聚集发展。从区域的实际情况出发，按照规模化开发、空间化集聚的发展思路，充分利用体育赛事资源，规划建设一批体育旅游示范区，促进区域特色的体育赛事与城市旅游业互动发展。三是策划体育赛事旅游节庆活动，搭建体育赛事与城市旅游业互动发展平台。体育赛事旅游节庆活动是体育赛事与城市旅游业充分融合的载体和节点，是展示上海体育赛事特色，推动体育赛事与旅游互动发展，促进旅游业蓬勃发展的重要平台。应整合上海丰富多彩的体育赛事资源与旅游节庆资源，共同谋划、巩固和创新体育赛事与旅游节庆活动的组织筹划，共建平台。如在上海的旅游节、上海国际艺术节中，融入更多的体育、文化、旅游的元素，增加体育、旅游的交流性。同时借助体验性及参与性的体育赛事资源，拓展旅游节庆活动的内容，设计多元旅游节庆活动产品，促进体育赛事与休闲旅游节庆相结合，体育赛事与旅游推广节庆相结合，通过互动和融合不断迸发新火花。如将体育赛事的元素增加到旅游节庆活动中去，打造网球大师赛作为上海旅游节的亮点，将上海旅游节塑造成为上海体育与旅游互动发展的标志性节庆活动。

五　整合资源，促进互动

体育赛事和城市旅游资源的整合是实现体育赛事与城市旅游业互动发展的一条捷径。上海拥有丰富的体育赛事资源，有 F1 大奖赛、ATP1000大师赛等广受国际关注的高端体育赛事，同时还有上海国际马拉松赛等具有广泛参与度的国际性体育赛事，这为统筹体育赛事与城市旅游互动发展、促进两者融合互动提供了良好的资源条件。体育赛事与城市旅游的资源整合主要体现在两个方面。一是采用新机制，坚持政府推动和市场运作相结合来整合资源。既要依靠政府体育、旅游相关部门及政策的引导统筹考虑上海体育赛事、文化、旅游的资源整合问题；又要积极培育市场，充分发挥市场配置资源的基础性作用，充分利用旅游和体育展会、活动、媒体等各种渠道，加大在国内外联合营销的力度，鼓励体育专业公司与旅游企业发挥各自优势，联手开发赛事旅游产品，拓展赛事旅游市场。如充分利用政府和市场的力量，共同打造体育赛事旅游精品路线，采用"点（景区、景点、场馆）－轴（旅游线路）－圈（赛事特色带、传统旅游圈）"的模式，以点串线，以线带面，共同在上海各大区县组合若干条体育特色鲜明、一程多站、面对不同需求游客的观赛游线、参赛游线、体育休闲游线等精品线路。二是采用新手段、创造新产品来整合资源。整合上海市丰富多彩的旅游资源、优质的体育场馆资源和完善的相关配套能力，共同谋划、联合申办或引进国际知名赛事，如世界游泳巡回赛、世界马术锦标赛、轮滑马拉松赛等；以国际精品体育赛事为平台，促进体育赛事产品向旅游产品的转变与升级，打造特色化、差异化的体育赛事旅游产品，不断提升上海在国际赛事旅游市场上的影响力。

六　创意设计，实现互动

创意是体育赛事旅游发展的核心动力，设计是体育赛事旅游资源产品化的桥梁。上海具有丰富的体育赛事、旅游资源，但是资源优势向产业优势的转化离不开旅游产品的创意设计。应坚持挖掘、提炼体育赛事中的体育精神及具有参与性、体验性的元素，为体育赛事旅游产品注入生命力；立足于体育赛事的特点与体育赛事观赛者的需求特征，充分利用体育赛事、旅游相关政府部门、体育赛事主办方、体育场馆、旅行社和相关社会团体的财力、智力，共同创新体育赛事旅游产品，不断推出体育赛事旅游精品、专业化路线。以体育赛事门票产品为例，一是充分运用国际品牌体育赛事、国际旅游节庆活动等平台，借鉴悉尼、新加坡、釜山等国际旅游城市推出的都市旅游模式，挖掘和创新符合游客需求的"一票通"路线，打造体育旅游的特色门票产品；二是通过门票产品的打包，不断深入体育赛事与旅游景点、交通设施、酒店、参与性活动的联系与合作，推出适应游客需求的，涉及旅游中"吃、住、行、游、购、娱"各个方面的门票打包、门票优惠产品。

七　重点突破，加速互动

按照"注重特色、差异发展、突出重点、协调发展"的原则，突出重点赛事、重点场馆，在重点区域取得突破，以点的突破带动线的联动，以线的联动促进面的发展。目前上海可以以 F1 大奖赛（上海站）为突破口，以上海国际赛车场为重点突破场馆，以嘉定区作为体育赛事与城市旅游业互动发展的重点扶持区域，整合各方资源，从旅游特色活动、门票产品、旅游设施、旅游节庆活动等方面创新体育赛事旅游产品，积极探索和推进体育赛事与上海旅游业的互动发展。一是结合上海国际赛车场的场地资源和特色餐饮、娱乐、表演活动，策划 F1 大奖赛车迷营地活动；二是打造以 F1 大奖赛（上海站）为主题的，集观赛、运动休闲、观光旅游、精彩演出、车迷交流于一体的 F1 大奖赛主题体育狂欢节；三是谋划 F1 大奖赛车迷嘉年华"一票通"路线，与 F1 大奖赛（上海站）的比赛互动，设计上赛场观赛、天马山竞速体验、F1 大奖赛主题交通接驳、F1 大奖赛主题酒店入住等特色活动及服务，打包各种类型的门票产品，搭配美食、旅游景点的优惠门票，将城市旅游与 F1 大奖赛（上海站）嘉年华活动串联起来，打造上海 F1 大奖赛体育旅游季。

八 品牌打造，升华互动

城市体育旅游品牌是城市形象品牌的一部分，它根植于城市的历史，反映城市发展的定位，引领城市的发展方向。特别是体育赛事与城市旅游业在一个城市互动发展的起步时期，更应该重视体育赛事、赛事旅游产品、赛事旅游线路、赛事旅游空间的品牌培育。一是打造体育赛事品牌。对有可能成为旅游产品的体育赛事，要进一步打造赛事品牌，提升赛事知名度。如上海国际马拉松赛、环崇明岛国际自行车赛的升级等。二是打造赛事旅游产品品牌。依托赛事资源与传统旅游资源中具有资源互补性的旅游产品，打造具有都市风光、体育特色、文化底蕴、生态环境、休闲娱乐的赛事旅游产品品牌。三是打造赛事旅游空间品牌。以 F1 大奖赛（中国站）、上海 ATP1000 大师赛、环崇明岛国际自行车赛、世界沙滩排球巡回赛等国际体育赛事和赛事所在场馆为依托，积极融入旅游元素，增强体育赛事场馆的旅游功能，将上海赛车场、旗忠森林网球中心、崇明岛自行车主题公园、金山城市沙滩、东方体育中心和八万人体育场打造成为高端化、专业化的城市休闲旅游集聚区。

第七节 政策措施

一 建立赛事与城市旅游业统筹协调的工作机制

建议成立以市政府领导牵头，体育、旅游等相关部门共同参与的"大型活动办公室"，统筹考虑上海体育赛事、文化、旅游等大型活动的引进、协调与资源整合等问题；与此同时，建议成立由体育、旅游等相关政府部门，以及赛事主办主体、体育场馆、旅行社、社会团体等赛事和旅游相关主体共同参与的理事会，从体制机制上保证体育赛事与城市旅游业的互动发展。

二 科学规划，积极打造赛事旅游国家级示范区

建议由市政府牵头，市体育局和旅游局等有关部门共同参与，研究制

定"上海体育赛事旅游示范区建设规划"；与此同时，建议市体育局和旅游局分别与国家体育总局和国家旅游局的有关部门沟通，落实申报"国家级体育产业基地"和"国家级赛事旅游示范区"的具体事宜。

三　建立体育赛事评估、选择机制

建议制定并出台"上海市体育赛事评估标准和办法"，建立体育赛事事前和事后评估机制，优化上海体育赛事格局。一方面要对上海拟申办或引进的重大体育赛事进行事前评估，提高赛事申办决策的科学性；另一方面要对上海目前举办的体育赛事进行事后评估，确保赛事对城市综合效应的最大化。

四　培育和打造赛事旅游市场主体

建议在拟筹建的上海体育产业集团下成立上海国际体育旅游公司，或通过整合、重组国有资产，组建在赛事旅游产业发展中能够起到龙头和带动作用的大型体育旅游集团。建议选择一批发展前景好的中小企业，采取"捆绑式"服务、政策支持、投入倾斜等方式予以重点帮扶，引导中小企业围绕大企业延伸配套服务，促进提质增效。建议加强软环境建设，破除民营资本介入赛事旅游的"玻璃门"和"弹簧门"，为民营企业创造宽松和谐的发展环境。

五　建立资金支持保障体系

建议设立市级大型活动专项资金，出台"大型活动专项资金申请指南和评估办法"，并以此为杠杆促进赛事主办主体、旅行社以及相关团体共同推进赛事与城市旅游业的不断融合，推进国家级赛事旅游示范区建设；建议探索成立市场化运作的大型活动发展基金，鼓励社会资本参与基金的运作与管理，鼓励建立各类社会资本参与的大型活动股权投资基金。

六　加强赛事旅游专业人才培养

建议充分发挥行业协会、专业院校的作用，做好对赛事旅游人才的教育培训、资格认证等工作。促进校企合作和赛事旅游产学研一体化进程，采取"订单式"人才培养模式，培养一批视野开阔、专业熟悉、用于创新的赛事旅游复合型人才。

本章小结

上海体育赛事呈现数量、规模、级别逐年提升的趋势。上海标志性体育赛事的旅游需求也越来越大，其中以 F1 大奖赛上海站、上海国际马拉松赛为案例对上海体育赛事的旅游需求特征进行分析，并提出相应的旅游推动策略。进而探讨了上海体育赛事的旅游贡献及体育赛事与上海旅游业互动发展的现状，发现上海目前存在认识不到位、基础不牢靠、可持续发展能力不强、政策不配套、协调机制不健全等问题，提出体育赛事与上海旅游业互动的总体思路与主要做法以及政府政策措施。

第九章　结论与研究展望

第一节　主要结论

第一，国外体育赛事与城市旅游业互动发展的经验主要有三：一是理顺赛事管理体制与运行机制，实现体育赛事与城市旅游业的外在耦合；二是有效整合旅游资源与赛事资源，促进体育赛事与城市旅游业的内在融合；三是创新政府资助模式，推动体育赛事与城市旅游业的全方位互动与发展。

第二，体育赛事与城市旅游互动经历了四个阶段，即萌芽阶段、初级阶段、发展阶段和成熟阶段。并不是所有的体育赛事都会对城市旅游业产生较大影响，根据旅游需求和旅游价值的不同，体育赛事可以分为超大型体育赛事、标志性体育赛事、区域性体育赛事和地方性体育赛事。体育赛事与城市旅游业互动的开发模式主要有"内容互动"模式、"空间互动"模式和"形象互动"模式三种。

第三，从本地居民视角，体育赛事对城市旅游业的影响包括赛事对城市旅游经济影响、旅游形象影响和旅游空间影响。居民对体育赛事旅游影响的感知将进一步影响居民对举办体育赛事的态度以及继续支持举办体育赛事的行为意愿。

第四，从外地观众视角，体育赛事与城市旅游形象的契合由情感形象契合和认知形象契合构成，且这两种形象的契合度均对赛事外来观众的满意度有一定的正向影响。同时，体育赛事和城市旅游情感和认知形象契合对外来观众满意度产生的影响又会进一步影响外来观众的重游意愿。

第五，在体育赛事与城市旅游经济的互动中，体育赛事可以给举办城市带来直接和间接的经济效益。实证分析表明，F1赛事对举办城市住宿业的影响具有显著性。此外，体育赛事对城市旅游经济的贡献可以通过四种互动方式来实现，即刺激赛事观众的消费、增加观众的逗留时间、留住赛事花费、创造和加强商业伙伴关系。

第六，体育赛事因其具有的聚集性特征，在提升城市知名度、打造城市形象、塑造城市品牌方面具有十分重要的作用。不同的体育赛事与城市旅游形象的契合程度不同，提高体育赛事与城市旅游形象的契合度是体育赛事与城市旅游形象互动的有效前提。体育赛事与城市旅游形象互动主要有三种方式，即品牌合作、品牌延伸及品牌特色。

第七，体育赛事与城市旅游空间互动可以增加新的城市旅游节点、改善旅游节点的基础设施条件、催生大量体育旅游者、影响城市旅游空间布局、提升城市旅游空间影响力。根据体育赛事特性、地理区位、周边产业特色的不同，体育赛事与城市旅游空间发展分为单核外溢、多核联动、核带面、能量分层和网格链态五种模式。

第八，上海体育赛事与城市旅游业互动的阶段模式已经从萌芽阶段过渡到初级阶段。但目前，体育赛事对上海旅游业的贡献不足，主要表现为：体育赛事对旅游经济的带动作用尚待进一步挖掘、赛事对上海旅游形象的推动作用尚待提升、赛事场馆空间和旅游空间之间的转化和融合尚有待提高，存在着认识不到位、基础不牢靠、可持续发展能力不强、政策不配套、协调机制不健全等问题。为此，上海应当以体制机制创新为动力，以整合体育赛事和旅游资源为核心，以重点赛事为突破口，充分发挥政府、社会和市场的力量，进一步优化赛事布局，培育赛事旅游市场主体。

第二节　研究的社会影响和效益

体育赛事与城市旅游业发展领域已成为赛事管理研究的新热点、新方向。在本项目的研究过程中，课题组成员先后在 SSCI、CSSCI 等期刊发表论文 13 篇，指导研究生完成硕士论文 3 篇，并多次在国内外学术会议做专题报告，引起了相关领域的专家学者以及实务界的关注。此外，该研究项目还进一步获得上海市政府重点决策咨询研究项目资助，受到上海市体育赛事主管部门领导的高度重视，上海市体育局、上海市旅游局有关领导多次到上海体育学院体育产业发展研究院听取课题组的相关建议，并委托课题组在已有研究成果的基础上，继续开展上海市体育赛事与城市旅游业规划的研究。同时，该成果被"东方早报经济评论""上海国资"等多家媒体和杂志转载报道。最后值得一提的是，课题组的部分成果已经得到社会的认可，目前课题组与上海市春秋国旅、中信旅游公司、F1赛事官方合作推出了一系列赛事旅游产品，得到社会各界广泛认可。

第三节　研究的局限性

第一，体育赛事与城市旅游业互动发展的研究是一个新兴交叉领域，涉及众多学科，需要进行长期研究。限于人力、物力、财力等方面原因，本课题组从旅游经济互动、形象互动、空间互动三个方面对体育赛事与城市旅游业互动发展问题进行了探讨，但赛事与城市旅游互动发展的研究不仅仅局限于此，很多问题还有待进一步深入研究。

第二，本课题的实证研究对象均为在上海举办的各项赛事，但由于上海是我国发展最快的城市之一，雄厚的经济实力和丰富的办赛经验是很多其他城市所不及的，因此本课题所使用的研究体系能否适用于国内其他城市和赛事有待进一步的探索。

第三，本课题的实证研究只选取了某个时间点进行调研，没有对体育赛事与旅游业互动关系进行跟踪调查，因此，该研究结果只反映了某个时间点体育赛事与旅游业互动关系的状态。研究有待于进一步地纵向分析，从而更全面地了解体育赛事与旅游业互动的持续性发展状况。

第四节　研究展望

本课题通过理论和实证的结合，可以为政府或者其他赛事组织者与旅游从业人员提供相应的参考意见，使其进一步了解体育赛事与城市旅游业的关系和加快体育赛事与旅游业互动发展的重要意义，熟悉推进体育赛事与城市旅游业互动发展的机制。掌握这方面的信息后，有利于政府、赛事组织者及旅游从业人员有针对性地开展工作，使体育赛事与城市旅游业形成良好的互动机制，增强体育赛事对举办地经济社会的贡献度。在今后的研究中，一方面课题组将在对更多地区、更多体育赛事的实证分析的基础上继续完善体育赛事与城市旅游业互动发展的理论体系，另一方面课题组将进一步加强理论与实践的结合，争取将本文所得到的相关理论和知识应用于体育赛事与城市旅游业今后的规划、开发的实践中去。

参考文献

［1］鲍明晓、赵承磊、饶远、黄海燕：《我国体育旅游发展的现状、趋势和对策》［J］，《体育科研》2011 年第 6 期，第 4～9 页。

［2］卞显红：《城市旅游空间结构研究》［J］，《地理与地理信息学》2003 年第 1 期，第 105～108 页。

［3］标志性建筑 – 百度百科［EB/OL］. http：//baike. baidu. com/view/271339. htm。

［4］曹聪慧：《试论我国 2008 年的财政政策》［J］，《经济师》2008 年第 6 期，第 149～150 页。

［5］程凯：《乘数效应的难题》［N］，《华夏时报》2013 年 1 月 10 日。

［6］程乃胜：《论类型学研究范式在法制现代化研究中的应用》［J］，《法学评论》2006 年第 1 期，第 14～18 页。

［7］程绍同：《运动赛会管理：理论与实务》［M］，台北：扬智文化，2004，第 12～18 页。

［8］陈亮：《旅游视角下的上海 F1 大奖赛》［J］，《旅游学刊》2004 年第 3 期，第 56 页。

［9］陈锡尧：《对当今国际性重大体育赛事的价值认识及其发展趋势的研究》［J］，《体育科研》2003 年第 4 期，第 25～27 页。

［10］陈志明：《大型综合性体育赛事对城市发展的影响》［J］，《科技创新导报》2008 年第 32 期，第 204～205 页。

［11］丛海彬、高长春：《创意产业影响城市竞争力的机制分析》［J］，《经济问题探索》2010 年第 4 期，第 7～12 页。

［12］E·迪尔凯姆著《社会学方法的规则（第 2 版）》［M］，胡伟译，

上海：华夏出版社，1998，第 64 页。

[13] 达文波特·贝克著《注意力经济（第二版）》[M]，北京：中信出版社，2004（1），第 37~43 页。

[14] 戴林琳：《节事旅游对乡村聚落影响的居民感知差异研究——以京郊江水河村和长哨营村为例》[J]，《人文地理》2011 年第 8 期，第 9~10 页。

[15] Dennis R. Howard, John L. Crompton 著《体育财务（第二版）》，张兆国，戚拥军，谈多娇等译，北京：清华大学出版社，2007 年 6 月。

[16] 樊震：《点燃奥运产业》[OB/EL]，http：//business. sohu. com/20080727/n258401531. shtml. 2008 - 07 - 27。

[17] 高力翔、王凯：《共生共赢：南京与青奥会共成长》[J]，《南京体育学院学报》（社会科学版）2011 年第 2 期，第 21~25 页。

[18] 高莲莲、赵立波：《发展蓝色文化 建设蓝色文化强市》[N]，《青岛日报》2010 年 11 月 26 日。

[19] 高娜：《大型事件对城市旅游空间结构影响研究——以 2008 北京奥运为例》[J]，《商业经》2010 年第 3 期，第 105~108 页。

[20] 高勇善：《青岛市旅游业空间布局演变及其机理研究》[D]，青岛：青岛大学硕士学位论文，2009。

[21] 郭瑞华：《2008 年北京奥运会对中国旅游业的影响》[J]，《集团经济研究》2007 年第 22 期，第 167~168 页。

[22] 国家体委训练竞赛综合司：《运动竞赛学》[M]，北京：北京体育大学，1994，第 1 页。

[23] 国务院关于加快发展旅游业的意见 [EB/OL] [2009 - 12 - 03]. http：//www. gov. cn/zwgk/2009 - 12/03/content_ 1479523. htm。

[24] 国务院关于推进海南旅游岛建设发展的若干意见 [EB/OL] [2010 - 01 - 04]. http：//www. gov. cn/zwgk/2010 - 01/04/content_ 1502531. htm。

［25］黄凤娟：《大型体育赛事管理中的体育场馆选址问题的建模与分析》［J］，《沈阳体育学院学报》2010 年第 6 期，第 9～13 页。

［26］黄海生：《城市营销理论及其运作模式构建研究》［D］，重庆：重庆大学，2004。

［27］黄海燕：《体育赛事与城市发展》［J］，《体育科研》2010 年第 1期，第 1～3 页。

［28］黄海燕：《体育赛事与城市发展》［J］，《体育科研》2010 年第 1期，第 15～17 页。

［29］黄海燕：《体育赛事综合影响事前评估》［D］，上海体育学院博士学位论文，2011，第 1 页。

［30］黄海燕、徐琳、骆雷、马洁：《体育赛事与上海旅游业互动发展研究》［J］，《上海体育学院学报》2013 年第 5 期，第 37～41 页。

［31］黄海燕、张林：《体育赛事的基本理论研究——论体育赛事的历史沿革、定义、分类及特征》［J］，《武汉体育学院学报》2011 年第 2期，第 22～27 页。

［32］黄海燕、张林：《大型体育赛事的正外部性及其内在化途径》［J］，《上海体育学院学报》2007 年第 1 期，第 23～29 页。

［33］黄海燕、张林：《体育赛事综合影响及其评估研究》［J］，《武汉体育学院学报》2010 年第 1 期，第 51～55 页。

［34］黄海燕、张林、李南筑：《上海大型单项体育赛事运营中政府作用之研究》［J］，《体育科学》2007 年第 2 期，第 17～25 页。

［35］来臣军、郑现伟、王磊：《信用也能产生乘数效应》［J］，《中外企业家》2009 年第 Z1 期，第 85～87 页。

［36］李创新、马耀峰、张颖：《金融危机下基于消费函数的旅游市场开发研究》［J］，《统计与决策》2010 年第 1 期，第 61～63 页。

［37］李进：《体育赛事形象管理机制的研究》［J］，《赤峰学院学报（自然科学版）》2010 年第 26（5）期，第 159 页。

［38］李南筑、袁刚编著《体育赛事经济学》［M］，上海：复旦大学出版

社，2006，8，第 22~26 页。

[39] 李南筑、袁刚编著《体育赛事经济学》[M]，上海：复旦大学出版社，2006，8，第 32~35 页。

[40] 李南筑、黄海燕、曲怡等：《论体育赛事的公共产品性质》[J]，《上海体育学院学报》2006 年第 4 期，第 10~17 页。

[41] 李晓莉：《事件对举办地的旅游形象影响与提升战略研究综述》[J]，《旅游学刊》2007 年第 8 期，第 747 页。

[42] 李亚青：《体育赛事旅游主体功能区研究——以闵行体育赛事主题功能区为例》[D]，上海：华东师范大学，2011。

[43] 刘长青：《我国网络消费研究》[D]，广东省社会科学院，2007。

[44] 刘庚权：《雅典奥运会促进了城市轨道交通发展》[J]，《现代城市轨道交通》2004 年第 4 期，第 54~57 页。

[45] 刘建和：《运动竞赛学》[M]，成都：四川教育出版社，1990，第 3 页。

[46] 刘雯：《标志性节事对城市旅游形象的提升影响研究——以中国·东盟博览会为例》，南宁：广西大学，2009。

[47] 刘永祥：《创意产业对城市品牌竞争力的影响及城市品牌营销对策——以广州为例》[D]，广东外语外贸大学，2009。

[48] 罗秋菊：《世界大型事件活动对旅游业的影响及对中国的启示——以历届奥运会和韩国世界杯为例》[J]，《商业研究》2003 年第 11 期，第 150~1528 页。

[49] 孟庆娇：《哈尔滨市旅游资源空间结构演变与优化研究》[J]，《商业经济》2010 年第 11 期，第 10~11 页。

[50] 戚拥军、张兆国：《体育项目补贴国际经验借鉴与启示》[J]，《地方财政研究》2006 年第 7 期，第 53~56 页。

[51] 沈佳：《赛事之都墨尔本的战略经营管理》[J]，《环球体育市场》2008 年第 4 期，第 66~67 页。

[52] 沈佳、姚颂平：《大型体育赛事的战略管理研究》[J]，《上海体育

学院学报》2008 年第 6 期，第 19～23 页。

[53] 圣地亚哥州立大学酒店与旅游研究中心发布的报告，http：//www2.
cybergolf. com/kemper/images/232/2008 – US – 0pen – Economic –
Impact – Analysis. pdf.

[54] 孙健、王跃：《浅谈体育赛事形象管理》[J]，《河南教育学院学报
（自然科学版）》2009，18（1），第 88 页。

[55] 孙靖帮：《基于经济全球化下的城市营销理论与战略模式研究》[D]，
新疆：新疆大学，2007。

[56] 孙有智：《大型体育赛事对城市品牌提升的路径研究——基于城市
空间理论视角的探索》[J]，《南京体育学院学报（社会科学版）》
2011 年第 4 期，第 11～15 页。

[57] 汤正刚：《现代城市形象的内涵和塑造》[J]，《长江论坛》1997 年
第 4 期，第 54 页。

[58] 田根胜、卢晓晴：《一种新的蕴涵高附加值的产业资源——城市文
化的经济学解读》[J]，《理论探讨》2006 年第 3 期，第 92～94
页。

[59] 田麦久：《运动训练学词解》[M]，《北京体育大学运动训练学教研
室》1999 年第 6 期。

[60] 田至美：《北京山区产业结构特征及其优化开发模式》[J]，《地域
研究与开发》1995 年第 6 期，第 7～9 页。

[61] 佟春雨、张家军、刘冬笑：《大型体育赛事对城市的经济影响分析》
[J]，《商场现代化》2012 年第 12 期，第 46 页。

[62] 佟春雨、赵洪明、张家军：《举办十二届全运会对沈阳的经济影响
分析》[C]，沈阳：沈阳市人民政府，2012，第 321～323 页。

[63] 涂尔干、爱弥尔：《宗教生活的基本形式》[M]，上海：上海人民
出版社，1999。

[64] 王凯军、董取胜：《四大网球公开赛的文化解析》[J]，《西安体育
学院学报》2008 年第 6 期，第 27～30 页。

[65] 王守恒、叶庆晖:《体育赛事管理》[M]，北京:高等教育出版社，2007，第34～44页。

[66] 王守恒、叶庆晖:《体育赛事的界定及分类》[J]，《首都体育学院学报》2005年第2期，第1～3页。

[67] 王婷婷:《北京市品牌赛事形成的研究》[D]，北京:首都体育学院，2010。

[68] 王文洪:《从城市竞争力视角看城市文化的重要作用》[J]，《中共浙江省委党校学报》2005年第2期，第115～118页。

[69] 王昕昕:《世界城市建设背景下北京体育赛事发展研究》[D]，北京:北京体育大学，2012。

[70] 王旭科:《城市旅游发展动力机制的理论与实证研究》[C]，天津:天津大学，2008。

[71] 王载册:《论黄石矿冶文化与城市品牌的塑造》[J]，《黄石理工学院学报》2009年第4期，第1～3页。

[72] 王志宇、王富德:《F1赛事对上海区域旅游经济的影响浅析》[J]，《北京第二外国语学院学报》2005年1月，第90页。

[73] 闻兰:《大型体育赛事人力资源管理理论与实务研究》[D]，天津:天津大学，2010。

[74] 吴明隆著《结构方程模型——AMOS的操作与应用（第2版）》[M]，重庆:重庆大学出版社，2010年10月，第44页。

[75] 吴国清:《大型节事对城市旅游空间发展的影响机理》[J]，《人文地理》2010年第5期，第137～141页。

[76] 邢晓东:《对开发山东体育旅游资源的探讨》[J]，《山东体育科技》2005年第1期，第71～72页。

[77] 肖锋、姚颂平、沈建华:《举办国际体育大赛对大城市的经济、文化综合效应之研究》[J]，《上海体育学院学报》2004年第28（10）期，第24页。

[78] 熊伟:《旅游规划与设计》[M]，北京:中国建筑工业出版社，

2011，第 62~73 页。

[79] 徐玖平、朱洪军：《赛事赞助对企业品牌资产影响的实证研究》
[J]，《体育科学》2008 年第 28（9）期，第 48 页。

[80] 许树渊著《运动赛会管理》[M]，台北：师大书苑有限公司，2003，
第 5 页。

[81] 姚芹、赵敏玲、张颖慧：《网球大师杯·上海赛现场观众基本特征
研究》[J]，《上海体育学院学报》2009 年 7 月，第 22 页。

[82] 姚颂平、沈建华、刘志明等：《国际体育大赛与大城市发展的关系
之研究》[C]，国家社会科学研究基金项目，2003，第 17~18 页。

[83] 杨国良、黄鹭红、刘波，等：《城市旅游系统空间结构研究》[J]，
《规划师》2008 年第 2 期，第 58~62 页。

[84] 杨铁黎：《关于开发我国职业篮球市场的研究》[D]，北京体育大
学，2001，第 33 页。

[85] 杨吉春、周珂：《论体育旅游的市场特征》[J]，《广州体育学院学
报》2003 年第 23（3）期，第 15~17 页。

[86] 叶庆晖：《体育赛事运作研究》[D]，北京体育大学，2003，第 15~
16 页。

[87] 易剑东：《大型赛事对中国经济和社会发展的影响论纲》[J]，《山
东体育学院学报》2005 年第 12 期，第 1~7 页；余守文：《体育赛
事产业对城市竞争力的影响》[J]，上海：复旦大学，2007。

[88] 尹莉：《现代经济计量学建立简史》[D]，西北大学，2009。

[89] 殷勤：《我国体育旅游经营管理及发展对策研究》[J]，《成都体育
学院学报》2005 年第 2 期，第 37~39 页。

[90] 俞坚：《2008 年北京奥运会对当代中国政治、经济、文化的综合效
应》[J]，《山东体育学院学报》2002 年第 3 期，第 11~14 页。

[91] 余守文：《体育赛事产业对城市竞争力的影响》[D]，上海：复旦
大学，2007。

[92] 余守文：《体育赛事产业与城市竞争力：产业关联·影响机制·实

证模型》［M］，复旦大学出版社，2008（11）。

［93］ 约瑟夫·派恩、詹姆斯·吉尔摩：《体验经济》［M］，北京：机械工业出版社，2002（8），第 135~137 页。

［94］ 张凡、薛惠锋：《西安城市旅游空间结构初探》［J］，《西北工业大学学报（社会科学版）》2004 年第 24（3）期，第 9~12 页。

［95］ 张卉、朱永亮：《基于 SCP 分析框架的我国体育旅游产业分析》［J］，《武汉体育学院学报》2010 年第 8 期，第 54~60 页。

［96］ 张林：《提升体育赛事对城市发展的贡献率》［J］，《成都体育学院学报》2012 年第 7 期，第 5~7 页。

［97］ 张林、黄海燕主编《体育赛事与城市发展》［M］，北京：人民体育出版社，2013，第 54~97 页。

［98］ 张伟、张德胜：《体育赛事微博运营的现状、问题与对策》［J］，《武汉体育学院学报》2013 年第 7 期，第 54~57 页。

［99］ 张卫国、何宛夏：《城市形象设计理论探讨》［J］，《重庆大学学报（社会科学版）》，1999 年 3 月，第 128 页。

［100］ 郑昭、李军波、刘波：《城市营销：理论回眸与前景展望》［J］，《软科学》2005 年第 5 期，第 21~26 页。

［101］ 郑昭：《国内外城市营销理论综述》［J］，《经济纵横》2005 年第 7 期，第 75~79 页。

［102］ 郑昭、刘波：《城市营销：营销学研究的新领域》［J］，《开发研究》2005 年第 4 期，第 93~97 页。

［103］ 朱达：《上海都市旅游的创意升级》［J］，《上海经济》2009 年第 10 期，第 23~24 页。

［104］ 左钰：《河北省中心城市综合竞争力研究》［D］，河北：华北电力大学，2006。

［105］ ANDREW S. Tourists'Consumption and Interpretation of Sport Event Image ［J］. Journal of Sport Tourism，2006，（11）：77–100.

［106］ AJZEN I & FISHHBEIN M. Understanding Attitude and Predicting Social

Behavior [M]. Englewood Cliffs, NJ: Prentice-Hall. 1980: 46 – 58.

[107] ANDERSON C & GERBING W. Structural Equation Modeling in Practice: A Review and Recommended Two-step Approach [J]. Psychological Bulletin, 1988, 103 (3): 411 – 423.

[108] Annals of Tourism Research, Vol. 32, 839 – 858. Ap, J. Residents Perceptions on Tourism Impacts [J]. Annals of Tourism Research, 1992: 665 – 690.

[109] ASSAKER G, VINZI E & O'CONNO P. Examining the Effect of Novelty Seeking, Satisfaction, and Destination Image on Tourists' Return Pattern: A Two Factor, Non-linear Latent Growth Model [J]. Tourism Management, 2011 (32): 890 – 901.

[110] BAADE R & MATHESON V. The Quest for the Cup: Assessing the Economic Impact of the World Cup [J]. Regional Science, 2004 (38): 341 – 352.

[111] BAKER A & CROMPTON L. Quality, Satisfaction and Behavioral Intentions [J]. Annals of Tourism Research, 2000 (27): 785 – 804.

[112] BAKER J. Sports in the Western World. Totowa, NJ: Rowman and Littlefield: 28. 1982.

[113] BARON M & KENNY A. The Moderator-mediator Variable Distinction in Social Psychological Research: Conceptual, Strategic, and Statistical Considerations [J]. Journal of Personality and Social Psychology, 1986 (51): 1173 – 1182.

[114] BIGNE E, SANCHEZ I&SANCHEZ J. Tourism Image, Evaluation Variables and after Purchase Behavior: Interrelationship [J]. Tourism Management, 2001 (22): 607 – 616.

[115] BROWN G. Emerging Issues in Olympic Sponsorship: Implications for Host Cities [J]. Sport Management Review, 2000, 3 (1): 71 – 92.

[116] BRAMWELL B. Strategic Planning before and after a Mega-event [J].

Tourism Management, 1997 (18): 167 – 176. BYON, K. & ZHANG, J. Development of a Scale Measuring Destination Image [J]. Marketing Intelligence & Planning, 2010 (28): 508 – 532.

[117] CAMPO-MARTINEZ S, GARAU-VADELL B&MARTINEZ-RUIZ P. Factors Influencing Repeat Visits to a Destination: The Influence of Group Composition [J]. Tourism Management, 2010 (31): 862 – 870.

[118] CHON K. Understanding Recreational Traveler's Motivation, Attitude and Satisfaction [J]. Tourism Review 1989, 44 (1): 3 – 7.

[119] CHURCHILL G & SUPRENANT C. An Investigation Into the Determinants of Customer Satisfaction [J]. Journal of Marketing Research, 1982 (19): 491 – 504.

[120] COLLINS A, FLYNN A, MUNDAY M&Roberts A. Assessing the Environmental Consequences of Major Sporting Events: The 2003/04 FA Cup Final, Urban Studies, 2007, 44 (3): 457 – 476.

[121] CROMPTON, L. (1995). Economic Impact Analysis of Sports Facilities and Events: Eleven Sources of Misapplication, Journal of Sport Management, 9 (1): 14 – 35.

[122] DALEN V & BENETT B. A World History of Physical Education. Englewood Cliffs, NJ: Prentice Hall: 51. 1971.

[123] DAMDC. Watt. Event Management in Leisure and Tourism, Addison Wesley Longman Limited, 1998: 2.

[124] DEBENHAM T & BRIDSON K, et al. The Explanatory Potential of Congruence in the Relationship between Retail Image, Brand Image and Retail Customer Satisfaction [M]. ANZMAC 2007: 3Rs, Reputation Responsibility Relevance, University of Otago, School of Business, Dept. of Marketing. 2007.

[125] DONAHAY B & P J ROSENBERGER III. Using Brand Personality to

Measure the Effectiveness of Image Transfer in Formula one Racing [J]. Marketing Bulletin 2007, 18 (1): 1 – 15.

[126] ECHTNER C M & RITHIE J R B. The Meaning and Measurement of Destination Image [J]. The Journal of Tourism Studies, 1991 (2): 2 – 12.

[127] Eusébio C & VIEIRA L. Destination Attributes' Evaluation, Satisfaction and Behavioral Intentions: a Structural Modeling Approach [J]. International Journal of Tourism Research, 2013 (15): 66 – 80.

[128] FINLEY I & PLEKET W. The Olympic Games. Edinburgh, Great Britain: R. and R. Clark: 55. 1976.

[129] FLOREK M&INSCH A. When Fit Matters: Leveraging Destination and Event Image Congruence [J]. Journal of Hospitality Marketing & Management, 2011, 20 (3), 265 – 286.

[130] García B. Urban Regeneration, Arts Programming and Major Events: Glasgow 1990, Sydney 2000 and Barcelona 2004 [J]. International Journal of Cultural Policy, 2004 (10): 103 – 118.

[131] GETZ D. Festivals, Special Events, and Tourism, Van Nostrand Reinhold, New York, 1991: 23 – 25.

[132] GETZ D. Event Management and Event Tourism. Cognizant Communication Corporation, Newyork. 1997: 4.

[133] GETZ D. Event Management and Event Tourism [M]. New York: Cognizant Communication Corporation: 113. 1997.

[134] GIBSON H, QI C X & ZHANG J J. Destination Image and Intent to Visit China and the 2008 Beijing Olympic Games [J]. Journal of Sport Management, 2008 (22), 427 – 450.

[135] GWINNER P. A Model of Image Creation and Image Transfer in Event Sponsorship [J]. International Marketing Review, 1997, 14 (3): 145 – 158.

[136] GWINNER P & EATON J. Building Brand Image Through Event Sponsorship: The Role of Image Transfer [J]. Journal of Advertising, 1999, 28 (4): 47 – 57.

[137] GWINNER P, SCOTT S & BRIAN L. Image Transfer in Corporate Event Sponsorship: Assessing The Impact of Team Identification and Event-Sponsor Fit [J], International Journal of Management and Marketing Research, 2009, 2 (1), 1 – 15.

[138] HALL C. Hallmark Tourist Events: Analysis, Definition, Methodology and Review, In Syme, G. , B. Shaw, D. Fenton, &W. Mueller. The Planning and Evaluation of Hallmark Events, Gower Publishing Company, London, 1991: 3 – 19.

[139] HALLMANN K & BREUER C. Image Fit between Sport Events and their Hosting Destinations from an Active Sport Tourist Perspective and its Impact on Future Behavior [J]. Journal of Sport and Tourism, 2010a, 15 (3): 215 – 237.

[140] HALLMANN K & BREUER C. The Impact of Image Congruence between Sport Event and Destination on Behavioral Intentions [J], Tourism Review, 2010b, 65 (1): 66 – 74.

[141] HILLER H. The Urban Transformation of a Landmark Event: The 1988 Calgary Winter Olympics, in "Urban Affairs Quarterly", 1990, 26 (1), 118 – 137. Hunt, D. . Image as a Factor in Tourism Development [J]. Journal of Travel Research, 1975, 13 (3), 1 – 7.

[142] HILLER H. The Urban Transformation of a Landmark Event: The 1988 Calgary Winter Olympics, in "Urban Affairs Quarterly", 1990, 26 (1), 118 – 137.

[143] Hills T L & LUNDGREN J. The Impacts of Tourism in the Caribean, A Methodological Study. Annals of Tourism Research. , 1977, 4 (5): 248 – 267.

[143] HOWARD J & SHETH J. The Theory of Buyer Behavior [M]. John Wiley and Sons: New York. 1969

[144] HUANG H, MAO L, KIM K & ZHANG J. Assessing the Economic Impacts of Three Major Sport Events in China: The Perspective of Attendees [J]. Tourism Economics Fast Track, 2013, DOI: http://dx. doi. org/10. 5367/te. 2013. 0340.

[145] HUNT D. Image as a Factor in Tourism Development [J]. Journal of Travel Research, 1975, 13 (3), 1 – 7.

[146] IOCC. Recommendations Made by the Impact of the Olympics on Community Coalition to the Vancouver 2010 Bid Corporation and its Member Partners. August 2002, http://www. olympicsforall. ca/ download.

[147] JAGO L, CHALIP L, BROWN G. Building Events into Destination Branding: Insights from Experts [J]. Event Management, 2003 (8): 3 – 14. 6.

[148] JAGO L, CHALIP L, BROWN G, MULES T & ALI S. Building Events into Destination Branding: Insights from Experts [J]. Event Management, 2003 (8): 3 – 4.

[149] JAGO L & R SHAW. Special Event Calendars: Conceptual and Research Issues, Proceedings of the National Tourism and Hospitality Conference, CAUTHE, Melbourne, 1995: 60 – 73.

[150] JOHN D HHOME & WLOFRAM MANZENREITER. Forecast and Actual Impacts of the 2002 Football World Cup Finals on the Host Countries Japan/Korea. International Review for the Sociology of Sport, 2004 (2): 187 – 203.

[151] KAPLANIDOU K & GIBSON H. Predicting Behavioral Intentions of Active Sport Tourists: The Case of a Small Scale Recurring Sport Event [J]. Journal of Sport & Tourism, 2010 (15): 163 – 179.

[152] KAPLANIDOU K & VOGT C. The Interrelationship between Sport Event and Destination Image and Sport Tourists' Behaviors [J]. Journal of Sport & Tourism, 2007 (2): 183 – 206.

[153] KIM H, GURSOY D & LEE S. The Impact of the 2002 World Cup on South Korea: Comparisons of Pre-and Post-games [J]. Tourism Management, 2006 (27): 86 – 96

[154] KOO Y, QUARTERMAN J & FLYNN L. Effect of Perceived Sport Event and Sponsor Image Fit on Consumers' Cognition, Affect, and Behavioral Intentions [J]. Sport Marketing Quarterly, 2006, 15 (2), 80 – 90.

[155] LAI F, GRIFFIN M & BABIN B J. How Quality, Value, Image, and Satisfaction Create Loyalty at a Chinese Telecom [J]. Journal of Business Research, 2009, 62 (10): 980 – 986.

[156] LAMONT J & McKay J. Intimations of Postmodernity in Sports Tourism at the Tour de France [J]. Journal of Sport and Tourism, 2012 (4): 313 – 331.

[157] LAURENCE CHALIP & B CHRISTINE GREEN. 'Effects of Sport Event Media on Destination Image and Intention to Visit', Journal of Sport Management, 2003 (3): 214 – 234.

[158] LAWSON F & BOND-BOVY M. Tourism and Recreational Development [A]. London: Architectural Press. 1977.

[159] LEE C, LEE Y & LEE B. Korea's Destination Image Formed by the 2002 World Cup [J]. Annals of Tourism Research, 2005, 32 (4): 839 – 858

[160] LI X, PETRICK J & D ZHOU Y. Towards a Conceptual Framework of Tourists' Destination Knowledge and Loyalty. Journal of Quality Assurance in Hospitality and Tourism, 2008, 8 (3): 79 – 96.

[161] LI X & VOGELSON H. Comparing Methods of Measuring Image

Change: A Case Study of a Small Scale Community Festival. Tourism Analysis, 2006, 4 (10): 349 – 360.

[163] LYNCH K. The Image of the City [A]. The MIT Press, 1960, 46 – 90. Major Events Hosting/Support Policy [EB/OB]. www. gov. ns. ca/tpb/manuals/PDF/300/30705 – 02. pdf.

[164] MANO H & OLIVER R. Assessing the Dimensionality and Structure of the Consumption Experience: Evaluation, Feeling, and Satisfaction. Journal of Consumer Research, 1993, 12 (20): 451 – 466.

[165] McDANIEL R. An Investigation of Match-up Effects in Sport Sponsorship Advertising: The Implications of Consumer Advertising Schemas [J]. Psychology & Marketing, 1999, 16 (2), 163 – 184.

[166] MILMAN A & PIZAM A. The Role of Awareness and Familiarity with a Destination: The Central Florida Case [J]. Journal of Travel Research, 1995 (3): 21 – 27.

[167] MULES T & FAULKNER B. An Economic Perspective on Special Events. Tourism Economics, 1996 (2): 107 – 117.

[168] MUSANTE M, MILNE G R & McDONALD, M A. Sport Sponsorship: Evaluating Sport and Brand Image Match [J]. International Journal of Sports Marketing & Sponsorship, 1999, 1 (1): 32 – 47.

[169] NUMNALLY C & BERNSTEIN H. Psychometric theory (3rd ed.) [M]. McGraw-Hill: New York. 1994.

[170] OLIVER R. Satisfaction: A Behavioral Perspective on the Consumer. New York, NY: McGraw-Hill. 1997

[171] PETRICK J. Integrity Capacity, Organizational Innovation and Global Technological Challenges [J], Global Business and Economics Review, 2001, 3 (1), 1 – 19.

[172] PRAYAG G, HOSANY S, NUNKOO R & ALDERS T. London Residents' Support for the 2012 Olympic Games: The Mediating Effect

of Overall Attitude [J]. Tourism Management, 2013 (3): 629 - 640.

[173] PREUSS H. The Economic Impact of Visitors at Major Multi-sport Events, European Sport Management Quarterly, 2005, 5 (3): 281 - 301.

[174] PREUSS H & SOLBERG H. Attracting Major Sporting Events: The Role of Local Residents [J]. European Sport Management Quarterly, 2006, 6 (4): 391 - 411.

[175] PUTISI W P. Winners and Losers: Redistribution and the Use of Economic Impact Analysis in Marketing [J]. Journal of Macromarketing, 1998, (18): 24 - 33.

[176] REYNOLDS H. (1965). The Role of the Consumer in Image Building [J]. California Management Review, 7 (3): 69 - 76.

[177] RICHIE B J R. Mega Sporting Events and their Role in the Development and Promotion of International Tourism Destinations. Keynote Address to the 4th Annual Conference of the North American Society of Sports Management, 1989 (3).

[178] RICHIE B J R. Lyons M. Olympics? A Post-event Assessment of Resident Reaction to the XV Olympic Winter Games [J]. Journal of Travel Research, 1990, (winter): 14 - 23.

[179] RITTICHARINUWAT B, QU H & BROWN J. Thailand's International Travel Image [J]. Cornell Hotel and Restaurant Administration Quarterly, 2001 (24): 82 - 95.

[180] RUSSELL J A & PRATT J. A Description of the Affective Quality Attributed to Environments [J]. Journal of Personality and Social Psychology, 1980, 38 (2), 311 - 322.

[181] RYAN J & BONFIELD H. Fishbein's Intentions Model: a Test of External and Pragmatic Validity [J]. The Journal of Marketing. 1980 (44): 82 - 95.

[182] SAAYMAN M & SAAYMAN A. (2012). The Economic Impact of the Comrades Marathon, International Journal of Event and Festival Management, 3 (3): 220 – 235.

[183] SHONK J & CHELLADURAI P. Service quality, Satisfaction and Intent to Return in Event Sport Tourism [J]. Journal of Sport Management, 2008, 22 (5), 587 – 602.

[184] SONG W. Impacts of Olympics on Exports and Tourism [J]. Journal of Economic Development, 2010 (4): 93 – 109.

[185] Sportcal, Global, Communications, Ltd. China is the Global Sports Nation for 2012 [EB/OL]. http://www. sportcal. com/news/ release_ article. aspx? articleid = 89863, 2013 – 04 – 15.

[186] STANDEVEN J & KNOP D. Sport Tourism, Human Kinetics: 15. 1999.

[187] STEPHEN E & BRIAN C. Olympic Games: Catalyst of Urban Change, Leisure Studies, 1998 (17): 187 – 206.

[188] TAPACHAI N & WARYSZAK R. An Examination of the Role of Beneficial Image in Tourist Destination Selection [J]. Journal of Travel Research, 2000 (37): 37 – 44.

[189] UK Department for Culture, Media and Sport. Winning: A tourism strategy for 2012 and beyond [R]. 2007.

[190] VEAL A. Research Methods for Leisure and Tourism: a Practical Guide [M]. Prentice Hall/Financial Times. 2006.

[191] WILSON T, MATHEWS L & HARVEY W. An Empirical Test of the Fishbein Behavioral Intention Model [J]. Journal of Consumer Research, 1975 (1): 39 – 48.

[192] XING X & CHALIP L. Effects of Hosting a Sport Event on Destination Brand: A Test of Co-branding and Match-up Models [J]. Sport Management Review, 2006 (9): 49 – 78.

附录1：2013年F1大奖赛问卷调查

本问卷一个市场调查问卷，仅供研究使用，对您所填写的信息我们绝对保密！对您的大力配合和支持，我们表示衷心的感谢！

上海体育学院体育赛事研究中心

第一部分：旅游经济影响

体育赛事对城市旅游经济影响的感知	强烈不同意	不同意	中立	同意	强烈同意
短期内大量外地观众会前来上海（TE1）	1	2	3	4	5
短期内促进了上海旅游消费（TE2）	1	2	3	4	5
增加了交通、餐饮、旅游等行业的收入（TE3）	1	2	3	4	5
促进了上海旅游产业的结构调整（TE4）	1	2	3	4	5
改善了上海旅游的客源结构（TE5）	1	2	3	4	5

第二部分：旅游形象印象

体育赛事对城市旅游形象影响的感知	强烈不同意	不同意	中立	同意	强烈同意
通过电视等途径宣传了上海旅游形象（TI1）	1	2	3	4	5
彰显了上海国际化大都市的形象（TI2）	1	2	3	4	5
促进了上海基础设施和标志性建筑物建设（TI3）	1	2	3	4	5
改善了上海旅游环境（TI4）	1	2	3	4	5
促进了上海形成独立的文化氛围（TI5）	1	2	3	4	5

第三部分：旅游空间影响

体育赛事对城市旅游空间影响的感知	强烈不同意	不同意	中立	同意	强烈同意
使上海赛车场成为赛车主题旅游区（TS1）	1	2	3	4	5
为嘉定旅游业发展提供了一个机遇（TS2）	1	2	3	4	5
带动了周边旅游业的发展（TS3）	1	2	3	4	5
促进了上海赛车场成为上海特色旅游景点（TS4）	1	2	3	4	5
使大量游客前来上赛场体验赛车文化（TS5）	1	2	3	4	5
使上赛场在未来成为一个旅游集散地（TS6）	1	2	3	4	5

第四部分：态度

本地居民对体育赛事的态度	强烈不同意	不同意	中立	同意	强烈同意
我为上海举办 F1 大奖赛感到高兴和自豪（ATT1）	1	2	3	4	5
上海举办 F1 大奖赛是一件好事（ATT2）	1	2	3	4	5
上海办 F1 大奖赛利大于弊（ATT3）	1	2	3	4	5
举办 F1 大奖赛是正确的决策（ATT4）	1	2	3	4	5

第五部分：支持意愿

本地居民支持体育赛事的意愿（IS）	强烈不同意	不同意	中立	同意	强烈同意
继续支持上海未来举办 F1 大奖赛（IS1）	1	2	3	4	5
支持上海举办更多像 F1 这样的体育赛事（IS2）	1	2	3	4	5
愿意到现场观看比赛（IS3）	1	2	3	4	5
愿意为上海 F1 大奖赛做志愿者（IS4）	1	2	3	4	5
愿意为上海办 F1 大奖赛支付一定的费用（IS5）	1	2	3	4	5

非常感谢您完成这份问卷！

附录 2：上海 ATP1000 大师赛、F1 大奖赛问卷调查

本问卷一个市场调查问卷，仅供研究使用，对您所填写的信息我们绝对保密！对您的大力配合和支持，我们表示衷心的感谢！

上海体育学院体育赛事研究中心

第一部分：举办地形象

	声誉及气氛	非常不同意	不同意	中立	同意	非常同意
A1	上海是个良好的城市	1	2	3	4	5
A2	上海有独特的城市氛围	1	2	3	4	5

	情感					
		极其	有点	中立	有点	极其	
A3	沮丧的	1	2	3	4	5	欢快的
A4	无聊的	1	2	3	4	5	振奋的
A5	不合意的	1	2	3	4	5	合意的
A6	悲伤的	1	2	3	4	5	惬意的
A7	传统的	1	2	3	4	5	现代的
A8	区域性的	1	2	3	4	5	国际化的
A9	人工的	1	2	3	4	5	自然的

第二部分：赛事形象

	情感					
		极其	有点	中立	有点	极其	
B1	沮丧的	1	2	3	4	5	欢快的
B2	无聊的	1	2	3	4	5	振奋的

	情感						
B3	不合意的	1	2	3	4	5	合意的
B4	悲伤的	1	2	3	4	5	惬意的
B5	传统的	1	2	3	4	5	现代的
B6	区域性的	1	2	3	4	5	国际化的
B7	人工的	1	2	3	4	5	自然的
	声誉及气氛	非常不同意		不同意	中立	同意	非常同意
B8	该项赛事具有良好的声誉	1		2	3	4	5
B9	该项赛事具有良好的赛事氛围	1		2	3	4	5

第三部分：游客满意度

	内容	非常不满意	不满意	中立	满意	非常满意
C1	住宿	1	2	3	4	5
C2	旅游资源	1	2	3	4	5
C3	场内饮食	1	2	3	4	5
C4	纪念品购买	1	2	3	4	5
C5	赛事组织	1	2	3	4	5
C6	运动员表现	1	2	3	4	5

第四部分：游客重访意向

D1. 您是否愿意再次观看该项赛事：1. 是　2. 不是

第五部分：个人信息

E1. 性别：1. 男　2. 女

E2. 年龄：

1. 18~23　2. 24~30　3. 31~40　4. 41~50　5. 51~60　6. 大于60 岁

E3. 职业：

1. 雇员 2. 私营公司老板/自由职业者/个体户 3. 无业 4. 学生

5. 兼职员工 6. 家庭主妇 7. 其他

E4. 学历:

1. 小学 2. 高中 3. 大专/本科 4. 研究生及以上

E5. 家庭年收入:

1. 少于50000元 2. 50000～99999元 3. 100000～199999元

4. 200000～399999元 5. 400000～599999元 6. 600000～999999元

7. 1000000元及以上

非常感谢您完成这份问卷!

附录3：体育赛事经济影响本地观众问卷调查表

本问卷一个市场调查问卷，仅供研究使用，对您所填写的信息我们绝对保密！对您的大力配合和支持，我们表示衷心的感谢！

上海体育学院体育赛事研究中心

第一部分

1. 您的性别：

   □（1）男　　□（2）女

2. 您的年龄：

   □（1）18~23岁　□（2）24~30岁　□（3）31~40岁

   □（4）41~50岁　□（5）51~60岁　□（6）60岁以上

3. 您平均每天在上海的花费如何？

花费的类别	金额（单位:元）
门票	
住宿费	
餐饮费	
往返车票（或机票）的费用	
市内交通费	
购买赛事纪念品消费	
邮电通讯费	
游览费用	
娱乐费用	
购物消费	
其他消费	

4. 您在观看比赛中的花费情况？

花费的类别	金额（单位：元）
自购门票花费	
为观看赛事而多花费的餐饮费	
市内交通费（如为自驾车，请填写耗油等相关支出）	
其他消费	

5. 您属于

　□来自上海的本地观众（请完成 6~8 题）

　□来自上海的外国观众（请完成 6~8 题）

　□从国内其他地区前来观赛的观众（请完成 9~14 题）

　□从国外前来观赛的观众（请完成 9~14 题）

第二部分

6. 我打算来现场观看＿＿＿＿＿＿天比赛（马拉松无此题项）

7. 如果你不到现场观看比赛，你打算离开上海吗？

　□会　　　　□不会

8. 若您不观看比赛，是否会将观看赛事的钱用于其他开支？

　□会＿＿＿＿＿□不会　　　　□有可能会

第三部分

9. 此次行程的目的＿＿＿＿＿＿＿

10. 未来 3 个月的旅行意愿＿＿＿＿＿＿＿

11. 如果没有比赛，这次你会来上海吗？

　□会　　　　□不会（直接跳至第 13 题）

12a. 如果"会"，你是否会因为这一赛事而在上海停留更长的时间？

　□是　　　　□否

12b. 如果"是"，你会因为这一赛事而多停留多少天？_____天

13. 您现场观看比赛_____次

14. 您搭乘_____航空公司

再次感谢您的配合！

附录4：大型体育赛事与举办城市的形象契合调查问卷

尊敬的先生/女士：

你好！衷心感谢您前来观看本项赛事！为了探究这一赛事与上海城市形象的契合状况，本课题组特组织本次调查。您的回答的真实性对我们至关重要。本问卷仅供研究使用，对您所填写的信息我们绝对保密！对您的大力配合和支持，我们表示衷心的感谢！

上海体育学院体育赛事研究中心

第一部分

1. 赛事形象认知

请根据实际感受描述您对本项赛事赛事形象的肯定程度。0 表示中立，数字越往两侧表示您对该侧的印象越深刻。

	2	1	0	−1	−2	
热情高涨						毫无热情
兴奋的						沉闷的
激动人心的						无聊的
愉悦的						不愉快的
放松的						压抑的
现代化的						传统的
国际性的						区域性的
商业化程度低的						商业化程度高的
知名度高						知名度低
有独特氛围						无独特氛围

2. 上海城市形象感知

请根据实际感受描述您对上海城市形象的满意程度。0 表示中立，数字越往两侧表示您对该侧的印象越深刻。

	2	1	0	-1	-2	
热情高涨						毫无热情
兴奋的						沉闷的
激动人心的						无聊的
愉悦的						不愉快的
放松的						压抑的
现代化的						传统的
国际性大都市						地域性城市
商业化程度低的						商业化程度高的
知名度高						知名度低
有独特氛围						无独特氛围

第二部分：个人信息

1. 您的性别：□（1）男　　　□（2）女

2. 您的年龄：

□（1）18~23 岁　□（2）24~30 岁　□（3）31~40 岁

□（4）41~50 岁　□（5）51~60 岁　□（6）60 岁以上

3. 您目前的职业

□（1）私营公司老板/自由职业者/个体户

□（2）专业人士（如：律师，医生等）　□（3）学生

□（4）高层管理人员（如：首席执行总裁，总监，总经理等）

□（5）中层管理人员（如：部门经理等）　□（6）行政人员

□（7）职员/销售人员　□（8）公务员，教师，警察，护士等

□（9）退休　□（10）体力劳动者（技术工或熟练工）

□（11）家庭主妇/夫　□（12）无业　□（13）其他_____

4. 您受教育的程度：

☐（1）初中及以下　☐（2）高中及中专　☐（3）大专及本科

☐（4）研究生及以上

非常感谢您完成这份问卷！

附录 5：2012 年 F1 大奖赛观赛调查问卷

尊敬的先生/女士：你好！衷心感谢您前来观看 2012 年 F1 大奖赛上海站！为了能够进一步了解这一赛事对上海旅游业的影响，本课题组特组织本次调查。您的回答的真实性对我们至关重要。本问卷仅供研究使用，对您所填写的信息我们绝对保密！对您的大力配合和支持，我们表示衷心的感谢！

第一部分

1. 您此次来上海的旅游动机是？

您此次来上海的旅游动机是？	非常贴切	贴切	一般	不贴切	非常不贴切
喜爱 F1 赛事专门来看	1	2	3	4	5
感受上海的都市风光	1	2	3	4	5
商务会议	1	2	3	4	5
看喜爱的明星	1	2	3	4	5
探亲访友	1	2	3	4	5

2. 您获得 F1 赛事旅游信息的途径？（可多选）

□（1）互联网　　□（2）电视、广播　　□（3）报纸、杂志

□（4）广告　　　□（5）朋友介绍　　　□（6）旅行社介绍

3. 您的取得赛票的方式？

□（1）官方途径购买　□（2）旅行社代购　　□（3）朋友赠送

□（4）商务馈赠　　　□（5）黄牛

4. 您此次的出游方式？（可多选）

□（1）旅行社组团　　□（2）单位组织　　□（3）亲朋结伴

□（4）个人旅行　　　□（5）参加俱乐部活动

5. 您对此次 F1 观赛之旅的满意程度：

您对此次 F1 观赛之旅的满意程度：	非常满意	满意	中立	不满意	非常不满意
自然景观	1	2	3	4	5
交通引导	1	2	3	4	5
基础设施	1	2	3	4	5
住宿	1	2	3	4	5
娱乐设施	1	2	3	4	5
餐饮服务	1	2	3	4	5
购物	1	2	3	4	5
娱乐活动	1	2	3	4	5
门票价格	1	2	3	4	5
F1 赛事的组织	1	2	3	4	5

6. 您认为 F1 在赛票的营销上还应推出哪些活动？（可多选）

　　□（1）团体优惠票　　　　　　□（2）旅游团专享优惠票

　　□（3）F1 与嘉定周边景点套票　□（4）F1 上海旅游景点套票

7. 您希望在 F1 中国站举办过程中上赛场再开展哪些形式的活动？

您希望在 F1 中国站举办过程中上赛场再开展哪些形式的活动？	非常同意	同意	中立	不同意	非常不同意
F1 嘉年华	1	2	3	4	5
车迷俱乐部活动	1	2	3	4	5
赛车展	1	2	3	4	5
F1 论坛	1	2	3	4	5

8. 您认为在 F1 举办期间上赛场在体育旅游的发展上需要提升什么？

您认为在 F1 举办期间上赛场在体育旅游的发展上需要提升什么？	非常有必要	有必要	一般	不需要	非常不需要
赛车文化的融入	1	2	3	4	5
交通便捷度	1	2	3	4	5
宣传推广	1	2	3	4	5
赛票营销	1	2	3	4	5
相关配套活动、设施	1	2	3	4	5

9. 观看比赛后还准备去周边其他景点进行游览？

　　□（1）是　□（2）否（请直接回答第 11 题）

10. 如果会，准备去游览的景点包括？（可多选）

　　□（1）赛事附近的景点（嘉定区景点）

　　□（2）上海的旅游景点（城隍庙、外滩等）

　　□（3）江浙一带的景点

　　□（4）视情况而定

11. 如果有机会可以参加旅行社组织的包含观赏上海体育赛事（譬如 F1）的旅游，您会有兴趣参加吗？

12. □（1）是　　　□（2）否

第二部分

1. 除了来观看 F1 赛事，您还来过上海国际赛车场吗？

　　□（1）是　□（2）否（请直接回答第 3 题）

2. 您来上赛场的目的是什么？（可多选）

　　□（1）观看其他赛车赛事的比赛

　　□（2）旅游参观

　　□（3）参与上赛场周边活动

　　□（4）卡丁车体验、自驾体验

3. 如果条件允许，您还会再来上海国际赛车场吗？

　　□（1）会　□（2）不会（请直接回答第 5 题）

4. 如果再来，您主要的目的是什么？（可多选）

　　□（1）观看 F1　□（2）观看其他赛车赛事的比赛

　　□（3）旅游参观

　　□（4）参与上赛场周边活动

　　□（5）卡丁车体验、自驾体验

5. 您认为上海国际赛车场作为旅游目的地还需要做哪些方面的完善？

您认为上海国际赛车场作为旅游目的地还需要做哪些方面的完善？	非常有必要	有必要	一般	不需要	非常不需要
其他汽车赛事(摩托 GP)	1	2	3	4	5
赛车主题酒店	1	2	3	4	5
车迷俱乐部活动	1	2	3	4	5
配套赛车主题公园	1	2	3	4	5
赛车博物馆	1	2	3	4	5

6. 您认为上赛场今后在体育旅游的发展上需要提升什么？

您认为上赛场今后在体育旅游的发展上需要提升什么？	非常有必要	有必要	一般	不需要	非常不需要
赛车文化的融入	1	2	3	4	5
宣传推广	1	2	3	4	5
交通便捷度	1	2	3	4	5

第三部分：个人信息

1. 您的性别：

□（1）男　□（2）女

2. 您的年龄：

□（1）12 岁以下　□（2）13～18 岁　□（3）19～23 岁

□（4）24～30 岁　□（5）31～40 岁　□（6）41～50 岁

□（7）51～60 岁　□（8）60 岁以上

3. 您目前的职业

□（1）私营公司老板/自由职业者/个体户

□（2）专业人士（如：律师、医生等）　□（3）学生

□（4）高层管理人员（如：首席执行总裁、总监、总经理等）

□（5）中层管理人员（如：部门经理等）　□（6）行政人员

□（7）职员/销售人员　□（8）公务员、教师、警察、护士等

□（9）退休　□（10）体力劳动者（技术工或熟练工）

□（11）家庭主妇/夫　□（12）无业　□（13）其他

4. 您受教育的程度：

□（1）初中及以下　□（2）高中及中专　□（3）大专及本科

□（4）研究生及以上

5. 您目前的家庭成员平均年收入：（家庭成员年总收入/家庭人口数）

□（1）3 万元及以下　□（2）3 万~5 万元　□（3）5 万~8 万元

□（4）8 万~12 万元　□（5）12 万~20 万元　□（6）20 万~30 万元

□（7）30 万~50 万元　□（8）50 万~100 万元

□（9）100 万元以上

非常感谢您完成这份问卷！

附录 6：2012 上海 F1 观众旅游
消费需求和行为分析

本问卷一个市场调查问卷，仅供研究使用，对您所填写的信息我们绝对保密！对您的大力配合和支持，我们表示衷心的感谢！

上海体育学院体育赛事研究中心

1. 您的性别：a. 男　b. 女

2. 您的年龄：_____岁

3. 您的年家庭收入（单选）（单位：人民币）

   a. 5 万元以下；　　b. 5 万～10 万；　　c. 10 万～20 万；　　d. 20 万～40 万；

   e. 40 万～60 万；　　f. 60 万～100 万；　　g. 100 万以上

4. 您的婚姻状态（单选）

   a. 单身　b. 已婚　c. 离婚　d. 丧偶　e. 其他

5. 您的文化程度

   a. 中学生　b. 高中毕业　c. 大学在读　d. 大专/本科毕业

   e. 硕士及以上　f. 其他

6. 您的职业（单选）：

   a. 管理人员　b. 工程师　c. 自由职业者　d. 销售人员　e. 神职人员

   f. 教育工作者　g. 技术人员　h. 非熟练工　i. 其他

7. 您属于

   a. 来自上海的本地观众（请填写第 12～16 题）

   b. 来自上海的外国观众　c. 从国内其他地区前来观赛的观众

   d. 从国外前来观赛的观众

8. 如果没有比赛，这次你会来上海吗？

    a. 会　b. 不会（直接跳至第 9 题）

8a. 如果"会"，你是否会因为这一赛事而在上海停留更长的时间？

    a. 是　b. 否

8b. 如果"是"，你会因为这一赛事而多停留多少天？ _____天

9. 您是否有兴趣参加旅行社组织的包含观赏上海体育赛事（譬如 F1）的旅游？

    a. 是　b. 不是

10. 您是否会在观看比赛后还准备去周边其他景点进行游览？

    a. 是　b. 不是

11. 您会考虑去哪些景点？a. 上海的旅游景点（城隍庙、外滩等）

    b. 嘉定区景点

    c. 视情况而定

    d. 江浙一带的景点

12. 您获得 F1 赛事旅游信息的主要途径是什么？

    a. 互联网　b. 电视和广播　c. 朋友介绍　d. 报刊和杂志

    e. 广告　f. 旅行社介绍　g. 其他

13. 您取得赛票的方式是什么？

    a. 官方途径购买　b. 朋友赠送　c. 商务馈赠

    d. 旅行社代购　e. 黄牛

14. 您的出游方式是什么？

    a. 个人旅行

    b. 亲朋结伴

    c. 单位组织

    d. 旅行社组团

    e. 参加俱乐部活动

15. 您平均每天在上海的花费如何?

花费的类别	金额(单位:元)
门票	
住宿费	
餐饮费	
往返车票(或机票)的费用	
市内交通费	
购买赛事纪念品消费	
邮电通讯费	
游览费用	
娱乐费用	
购物消费	
其他消费	
总计	

16. 您在观看比赛中的花费情况?

花费的类别	金额(单位:元)
自购门票花费	
为观看赛事而多花费的餐饮费	
市内交通费(如为自驾车,请填写耗油等相关支出)	
其他消费	
总计	

非常感谢您完成这份问卷!

附录 7：2012 上海马拉松参赛者及观众旅游消费需求和行为分析

1. 您的性别：a. 男　b. 女

2. 您的年龄：_____岁

3. 您属于

　　a. 来自上海的本地参赛者（请填写第 8～10 题）

　　b. 来自上海的外国参赛者，来自_____（请填写第 4～10 题）

　　c. 从国内其他地区前来观赛的观众（请填写第 4～10 题）

　　d. 从国外前来的参赛者，来自_____（请填写第 4～10 题）

　　e. 来自上海的本地观赛者（请填写第 11 题）

　　f. 来自上海的外国观赛者，来自_____（请填写第 4～11 题）

　　g. 从国内其他地区前来观赛的观众（请填写第 4～10 题）

　　h. 从国外前来的观赛者，来自_____（请填写第 4～11 题）

4. 你会因为这一赛事而多停留多少天？_____天

5. 您是否会在观看比赛后还准备去周边其他景点进行游览？

　　a. 是

　　b. 不是

6. 您会考虑去哪些景点？

　　a. 赛事途经的景点

　　b. 上海代表性的旅游景点（城隍庙、外滩等）

　　c. 江浙一带的景点

d. 视情况而定

e. 其他

7. 您的出游方式是什么？

    a. 自助旅游   b. 旅行社组团   c. 其他

8. 您是第一次参加或观看比赛吗？

    a. 是   b. 不是

9. 您获得马拉松赛事旅游信息的主要途径是什么？

    a. 互联网   b. 电视和广播   c. 报刊和杂志   d. 广告

    e. 旅朋友介绍   f. 其他

10. 您平均每天的花费如何？

花费的类别	金额(单位:元)
住宿费	
餐饮费	
往返车票(或机票)的费用	
市内交通费	
购买赛事纪念品消费	
邮电通讯费	
游览费用	
娱乐费用	
购物消费	
其他消费	
总计	

11. 选择观看上海国际马拉松赛

    a. 作为家庭活动   b. 一日游休闲活动

非常感谢您完成这份问卷！

图书在版编目（CIP）数据

体育赛事与城市旅游业互动发展研究／黄海燕著

. －－北京：社会科学文献出版社，2017.12

ISBN 978－7－5201－1841－5

Ⅰ.①体…　Ⅱ.①黄…　Ⅲ.①运动竞赛－关系－城市

旅游－旅游业发展－研究－上海　Ⅳ.①G812.751

②F592.751

中国版本图书馆 CIP 数据核字（2017）第 289668 号

体育赛事与城市旅游业互动发展研究

著　　者／黄海燕

出 版 人／谢寿光
项目统筹／邓泳红
责任编辑／陈　雪　吴云芩

出　　版／社会科学文献出版社·皮书出版分社 （010）59367127
　　　　　地址：北京市北三环中路甲 29 号院华龙大厦　邮编：100029
　　　　　网址：www.ssap.com.cn
发　　行／市场营销中心 （010）59367081　59367018
印　　装／三河市东方印刷有限公司

规　　格／开 本：787mm×1092mm　1/16
　　　　　印 张：20　字 数：295 千字
版　　次／2017 年 12 月第 1 版　2017 年 12 月第 1 次印刷
书　　号／ISBN 978－7－5201－1841－5
定　　价／98.00 元

本书如有印装质量问题，请与读者服务中心 （010－59367028）联系